U0492246

中国思想史系列

古代中国的
正义两难

治大国

熊逸 著

北京联合出版公司
Beijing United Publishing Co.,Ltd.

图书在版编目（CIP）数据

治大国：古代中国的正义两难 / 熊逸著. — 北京：北京联合出版公司，2020.3

ISBN 978-7-5596-3891-5

Ⅰ.①治… Ⅱ.①熊… Ⅲ.①法伦理学－研究－中国－古代 Ⅳ.①D90-053

中国版本图书馆CIP数据核字（2020）第012261号

治大国：古代中国的正义两难

作　者：熊　逸　　　　　　　产品经理：魏　偍
责任编辑：管　文　　　　　　特约编辑：丛龙艳
封面设计：人马艺术设计·储平　美术编辑：任尚洁

北京联合出版公司出版
（北京市西城区德外大街83号楼9层　100088）
北京联合天畅文化传播公司发行
廊坊市祥丰印刷有限公司印刷　新华书店经销
字数 227千字　880毫米×1270毫米　1/32　10.75印张
2020年3月第1版　2020年3月第1次印刷
ISBN 978-7-5596-3891-5
定价：68.00元

版权所有，侵权必究
未经许可，不得以任何方式复制或抄袭本书部分或全部内容
如发现图书质量问题，可联系调换。质量投诉电话：010-57933435/64258472-800

自 序

近几年我的兴趣主要集中在观念史上,《古代中国的正义两难》是计划要写的观念史系列的第一部,探讨古人对正义问题的纷纭复杂的或清晰、或模糊的认识。这个系列接下来还想写的有《古代中国的诗歌生活》,从社会功能而非审美的角度分析诗歌的历史流变;以及《古代中国的怪力乱神》,梳理古人信仰的历程与旁门左道的观念背景。

不同于将重点放在各大思想家与思想性名著之上的思想史,我所谓的观念史,关注的是各种流行一时的社会观念或社会思潮,当然,思想家在其中也扮演着或隐或现而不可或缺的角色。《古代中国的正义两难》可以看作《谋杀正义——正义观念的心理根源、经典谎言与两难问题》的续篇,事实上后者原本是作为前者的序言来写的,是希望在进入具体的古代中国的语境之前,先做一番抽象的思辨性概述,结果想说的话太多,不知不觉就形成了一本书的篇幅,于是就拿出来单独出版了。

《谋杀正义》最先在香港出版,后来出大陆简体版时,出版方迫于市场压力,将书名改成了颇具公知风采的《我们为什么离正义越来越远》。其实我对现实问题早已失去了关心,多年来过着足不出户、目不窥园的日子,不看电视不读报,如果不是因为显示器上总有新闻弹窗出现而我又不懂屏蔽技术的话，我会连现任国家主席是谁也不知道。

我总是对一些远离现实的东西兴味盎然，因为在我看来，那里边往往潜藏着一些更为本质性的奥秘，而其相关材料，只要我不惜气力，就完全可以竭泽而渔，不至于如现实问题那样只能让我拥有盲人摸象般的管窥视角。所以，我既不知道也不关心正义是否真的离我们越来越远；假定该命题为真，我也既不知道也不关心我们为什么离正义越来越远。我略知且关心的是，正义问题在抽象思辨中的逻辑终点及其在古代社会里的复杂呈现——《谋杀正义》聚焦于前者，《古代中国的正义两难》聚焦于后者。

《谋杀正义》，正如书名所暗示的那样，否定了迄今一切正义理论的自洽性，亦即无论自由主义、社群主义，无论孔子的"己所不欲，勿施于人"，康德的定言令式还是罗尔斯的无知之幕，以及其他种种试图给正义做出自洽性框定的理论都是在逻辑上无法自圆其说的。尤其是那种规则性的命题，当其被代入实际问题的时候，只要改变表述方式就会导致不同的甚至相反的答案。归根结底，正义只是一种相当模糊的、内部充满歧义的观念，对正义的诉求首先取决于对平等的理解。换言之，平等先于正义，对平等的不同理解导致了对正义的不同理解。

刘宋王朝山阴公主的一段名言可以为之做一个虽然妥帖却略嫌有碍观瞻的佐证："妾与陛下，男女虽殊，俱托体先帝。陛下六宫万数，而妾唯驸马一人，事太不均！"皇帝显然

认同了姐姐的逻辑，欣然赐给她三十名面首。(《资治通鉴》卷一百三十)

耐人寻味的是，在男尊女卑的世界里，女人通常只会在女人圈里寻求公平，想不到要和男人平起平坐。因为这实在是自然秩序使然，若颠倒这一秩序，在古人看来必会导致"牝鸡司晨，惟家之索"(《尚书·牧誓》)的灾难性结果。而细分起来，即便同在女人的圈子里，妾婢一般也不会要求和夫人平起平坐，妾婢的公平仅仅局限于妾婢阶层。山阴公主意识到在"俱托体先帝"这一点上，自己与身为男子且位登九五的弟弟其实具有平等身份，由此而生的推理是，身份既然平等，权利自然也应当平等。其实正是历史上无数人或多或少地如山阴公主这般萌生出身份意识上的或道德、或不道德、或非道德的反思，才有了正义观念的不断流变。

《古代中国的正义两难》延续了对自洽性正义规则的否定，并且试图揭示，在古人的观念里其实已经具备了这样的否定性精神。顾名思义，这本书主要探讨的是古人所面临的伦理上的两难困境，其中不乏一些相当有趣的问题。诸如亲情与国法孰先孰后；法律面前是否应该人人平等；法律条文是否应该向全社会公开；特权制度是否应该受到道德表彰；敌人阵营里的起义者是否应该受到我们的热情接纳；一切的侵略战争是否都是非正义的；在利益足够大的时候，见利忘义是否才是唯一合乎道德的选择……

这些问题在今天看来似乎没有任何值得讨论的必要，然而古人的深思熟虑往往使我们大吃一惊,而在我们认真听过他们的理由之后,又不得不承认在这些看似荒诞的理由之中确实饱含着真知灼见。古人的观念的确与现代人隔阂太大,以至于我们必须先从观念上懂得他们,然后才能妥当地理解他们的言谈与举止、憧憬与顾虑,乃至他们社会生活的方方面面。

本书分为三个部分,分别讨论三则虽不同却不失相关性的议题。原本我还计划列入更多的议题,只是顾虑到出版的难度,不得不谨慎地控制篇幅。最后,同以往一样,我的书依然在寻找那些逻辑清晰、既不预设立场也不预设作者立场且耽于思辨趣味的读者。

熊逸

2013年11月

目 录

第一章 圣天子的违法逃亡 1

第二章 特权的道德依据 93

第三章 叛徒·正义的边界 279

第一章

圣天子的违法逃亡

1

苏轼讲过，关于人性善恶的争论起自孟子。孟子以性善立论，仿佛变成了一只靶子，不管谁看见他都想拉弓射上一箭。(《子思论》，《苏轼文集》卷三) 当然，孟子有着和他的勇气颇相称的口才，所以不那么容易被人射中要害。

在先秦诸子当中，最善辩的人恐怕非孟子莫属了。在他迎击过的所有箭矢里边，我以为最刁钻的一支并非出自任何一名论敌之手，却是他的学生桃应射过来的。

桃应的箭矢是这样一个问题："假如舜为天子，皋陶为法官，舜的父亲瞽瞍杀了人，怎么做才是对的？"

在儒家传统里，舜是理想型的天子，皋陶是理想型的法官，舜的父亲瞽瞍则是一个理想型的坏分子。瞽瞍和那个同样卑鄙恶劣却占有自己的全部父爱的小儿子象一起，三番五次地安排毒计，大有不把舜害死誓不罢休的势头。尽管瞽瞍是一个坏到令人发指且坏得完全不可思议的父亲，舜却始终是一个无怨无艾、一心尽孝的好儿子。那么，对桃应的问题我们便可以换一种表达方式：天子是完美的，法官也是完美的，如果天子的坏父亲杀了人，应该怎样处理才是对的？

对这个貌似需要长篇大论来反复论证的问题,孟子只给了一个极其简单明了的回答:"把瞽瞍抓起来就是了。"仿佛在孟子看来,桃应的问题根本就不成其为问题。

在孟子的直截简略面前,桃应不免错愕,于是追问道:"难道舜就不加阻止吗?"

这个追问看来正在孟子的意料之中,而孟子继续给出了一个直截简略得近乎过分的回答:"舜怎么能去阻止呢?瞽瞍杀了人,当然应该被捕。"

桃应更加困惑了:"难道舜就这样任由父亲被捕不成?"

今天的读者已经不太能够理解桃应的困惑。在中国传统的法律理想里,有一句众所周知的名言,即"王子犯法与庶民同罪",也就是说,在法律面前应当人人平等。皇亲国戚或任何特权阶级肆意作奸犯科而不受法律制裁,这虽然在现实生活中比比皆是,但在法理上毫无疑问是大大不该的。然而事情的另一面是,儒家认为国家法理是家族伦理的自然拓展,孝道处于毋庸置疑的核心位置。桃应的问题便关乎法理,其言下之意是,舜如果听任父亲被捕服法,作为儿子显然有违孝道,那么以儒家的标准来看就很不合适了。

亲情与国法似乎不可兼得,换言之,对于此时的大舜而言,天子的身份与儿子的身份哪一个才应该是第一位的?桃应问题的刁钻之处正在于此,而孟子自然晓得其中的关键,所以最终还是给出了一个似乎两全其美的解决方案:"舜把抛弃天子之位看得就像丢掉旧鞋子一样。他会偷偷地背着父亲逃走,逃到政府找不到的地方,度过快乐的后半生，快乐得忘记天下。"[1]

2

我们有必要把孟子的意见做一番粗略的整理：天子的父亲杀人，在这件事上，完美法官和完美天子分别有自己的一套行为标准。法官的行为标准是正常执法，绝不因违法者的特殊身份而法外开恩；天子的行为标准则有两条：

（1）作为天子，履行天子职责，不去阻挠正常执法，听任父亲接受最严格意义上的法律制裁。

（2）作为儿子，偷偷把父亲救走，一同逃离国境，在避世隐居中尽孝道以享天伦之乐。

"逃离国境"在这里是有显著意义的，它既意味着主动放弃天子的职务，也意味着主动放弃了子民的身份。于是，大舜对于他原先治理过的天下而言，既无天子之责，亦无臣民之义，而唯一余下的责任关系就是父子之道。这也就意味着，在孟子的理想规范里，血缘伦理优先于政治伦理，家庭亲情优先于社会责任。明代学者马明衡言简意赅地归结过这个道理："皋陶但知有法，舜但知有父。"

---

[1] 桃应与孟子的这段对话见于《孟子·尽心上》第三十五章。原文"窃负而逃，遵海滨而处"，"海滨"当非字面义，我在正文里解释作"政府找不到的地方"。参见《尔雅·释地》："九夷、八狄、七戎、六蛮，谓之四海。"

（《尚书疑义》卷一）

孟子的解决方案至少透露出两条主要原则：

（1）法律面前，理应人人平等。

（2）家事重于国事，家里的一口人重于全国其他所有人。

对于今天的读者来讲，第一点完全不难接受，第二点就有些匪夷所思了。孟子似乎没有考虑到一个最基本也最原始的正义原则：加害者理应对受害者做出相应的补偿。那么，假如在瞽瞍杀人案中，受害者的妻儿老小来找孟子理论，孟子是不是真的可以应付裕如呢？

3

《搜神记》是一部奇特的书，书中的内容尽管充斥着看似荒诞不经的怪力乱神，作者干宝却显然是以严肃的史家姿态加以撰述的。在他看来，书中的这些事情哪怕再如何离奇古怪，读者都不应该以奇谈视之。所以，对于以下这则超乎常理的故事，至少干宝本人是笃信不疑的：

嘉兴有一个叫徐泰的人，自幼父母双亡。叔父徐隗将他抚养成人，待他比待亲生儿子还好。后来叔父生了病，徐泰很尽心地照料他。一天晚上，徐泰梦见两个人乘船而来，走上自己的床头，然后打开一个箱子，取出一本簿子对自己说："你叔父的死期到了。"徐泰在梦里连连向这两人叩头哀求，后者终于心生恻隐，便问他道：

"这县里面还有没有和你叔父同名同姓的人？"

故事说到这里，我们自然知道这两个人要做什么：徐隗固然难逃一死，但可以找一个同名同姓的人代他死。也就是说，他们的职责就是将一个名叫徐隗的人带到阴司，至于这个人究竟是此徐隗抑或彼徐隗，那倒完全可以通融。这就等于抛给了徐泰一个道德难题：叔父当然是最亲的亲人，但牺牲一个无辜者的生命来挽救叔父，可以这样做吗？

最后亲情战胜了一切。故事的后文是，徐泰确实想找这样一个替死鬼出来，却实在想不出本县还有谁和叔父同名同姓，搜肠刮肚之下，只想到有一个叫张隗的，与叔父同名而不同姓。那两个人答道："这也可以，姓名差不多就行。念在你苦心侍奉叔父的分上，我们就成全你的孝心。"言讫，两人消失不见，待徐泰醒来，叔父的疾病果然痊愈了。(《搜神记》卷十)

从故事讲述者的态度来看，徐隗、徐泰这两叔侄的感情是最令人动容的。他们虽然不是父子关系，但徐隗待徐泰如亲子，徐泰也事徐隗如生父。故事的讲述者显然相当赞同这种伦理关系，对孝道的认同超越了血缘局限。于是，讲述者的难题就是怎样处理那个张隗的结局——如果在表彰徐泰之孝道的同时加给他一个枉杀无辜的罪名，这实在令人难以接受，索性就避而不谈好了。读者当然晓得张隗肯定是做了徐隗的替死鬼，但故事毕竟不曾明白地交代这一点。看来，在故事讲述者的道德权衡里，虽然认为徐泰枉杀张隗的做法不甚妥当，但终于还是褒扬其大体而不去深究细节了。

倘若我们给这则故事增添一点内容：假设张隗也有一个事亲至孝

的儿子，其人还清楚知道了父亲的死因，他又该何去何从呢？——遗憾的是，在瞽瞍案件中被孟子回避的那个问题在《搜神记》里同样地被回避了。

4

其实在儒家的思想体系里，对这个问题是有标准答案的，只不过这个答案会使局面变得更加复杂甚至混乱起来：无论是瞽瞍犯罪，还是舜背着父亲逃亡，乃至徐泰救活叔父，张陨的儿子为父亲讨还公道，每一个问题孤立来看都有妥善而具体的正义方案，但当这些问题搅在一起的时候，虽然各自的方案依然不变，但总体看起来就不那么令人愉快了。

按照儒家的原则，解决方案应该是这样的：受害者家属应该做的事情就是天涯海角地追捕杀人凶手，甚至不妨手刃仇人；皋陶，那位公正的法官，应该做的则是在自己的职权范围之内不懈地追捕逃犯，直到将逃犯（瞽瞍和舜两个人）缉捕到案为止；瞽瞍应该做的是投案自首，主动认罪服法（虽然他这个至奸至恶的角色绝不肯这么做，但也不排除他有朝一日终于被大舜成功感化的可能，而这显然是儒者最乐于看到的结局）；舜应该做的是继续协助父亲潜逃，处心积虑以求永远都不要被法官和仇家找到；张陨的儿子应该去找徐泰复仇，毕竟杀父之仇不共戴天，徐泰显然就是他的杀父仇人，张隗的儿子为父报仇如同徐泰为叔父延命一样都属于孝道之大者；徐泰应该想方设法保全性命以继续对叔父尽孝，待为叔父送终并完成传宗接代的责任之后应该去找张隗的儿子谢罪；如果张隗的儿子杀了徐泰，徐泰的儿子也应该为父报仇……也就是说，不同的角色各有其相应的"正确"解决方案，尽管这些各自"正确"解决方案彼此之间并不相容。

所谓儒家传统与法制社会的冲突，上述情形就是一种相当典型的例证。儒家鼓励犯罪者的亲属包庇罪犯，也同样鼓励受害者的亲属不经执法部门而手刃大仇。这如实地反映出儒家思想所诞生的土壤是一个文明程度较低的社会（必须承认的是，两千多年来我们的确"文明"了不少），然而也正是出于同样的原因，这样的一种儒家思想比我们现代所熟悉的各种"文明化"的社会规范更加自然地贴近人心，或者说更加符合人性之天然。

是的，如果你的至亲骨肉犯了罪，你天然地就想包庇他；如果你就是受害者的亲属，你天然地就想手刃仇人。儒家传统认为，这两者都是出自天然的亲情，都是孝道的体现，都没有错。譬如《周易》明夷卦的六二爻，爻辞为吉，《象传》解释道："六二之'吉'，顺以则也。"何谓"顺以则"，清人王心敬很擅长以人事阐发易理，他解释这句话说：顺以则，就是顺人心、合天则。臣子为解救君父之难，不惜委曲求全地效法大舜"窃负而逃"的手段。这依然不失正途，合乎人心，顺乎天则。（《丰川易说》卷六）

5

汉武帝讨伐匈奴的时候，牧羊人卜式上书，愿意捐献半数家产以资助边防用度。武帝派人问他："你是想做官吗？"卜式答道："我从小以牧羊为生，不知道该怎么做官，所以不想做官。"再问："你是家里有冤情想申诉吗？"卜式答道："我这一辈子与世无争，看到同乡有穷人就借钱给他，看到有不善的人就教他做善事，和乡里乡亲一贯和谐相处，没有任何冤情。"再问："那你到底想怎么样呢？"卜式答道："天子讨伐匈奴，我认为贤者应当死节，有财产的人应当奉献资财，如此则匈奴可灭。"然而这般高尚情操并没有换来与之相称的回应——武帝将这件事和丞相公孙弘商量，后者的意见是："这实在有违人之常情，希望陛下不要应允他的请求。"于是武帝没有接受卜式的好意，卜式只好又回家牧羊去了。（《汉书·卜式传》）

儒者为政，最重人情，对那些有违人情的高尚举动往往报以怀疑的眼光。在一切的人情之中，骨肉亲情最是人之常情，国法却偏偏不是。而问题恰恰在于：骨肉亲情正是儒家思想的一大基石，儒家理想中的国法可以说就是在血缘伦理上衍生出来的社会伦理，于是当亲情与国法发生冲突的时候，最自然、最顺理成章的选择便是以亲情为重。毕竟对至亲的爱胜过对远亲的爱，对远亲的爱胜过对陌生人的爱,这是天伦,儒家便是由此整理发扬出仁爱之说的。

仁爱,亦即等差之爱。在儒者看来,维护仁爱不但是维护天伦,同样也是在维护首要的政治纲领。《汉书·刑法志》讲仁爱的意义,说人在生理条件上比不过动物,之所以比动物高贵完全在于智力优越,人要依靠智力以群体合作的方式在天地之间博取生存,而如果没有仁爱,人就不能组织成群,也就谈不到生存与繁衍了。

这就意味着,仁爱是人类赖以维系群体组织的最重要的生存本领,而大舜和徐泰的所作所为恰恰体现了仁爱精神,所以,即便他们确实给社会造成了一些困扰,仍然是应该受到鼓励和表彰的。

若仅仅以谈玄论道的姿态谈一谈社会人生的至理,我们对这样的论调倒也不会太难接受。但是,倘若这样的事情当真在现实生活中发生,想来依然能够泰然接受的人就不会真有很多了。

譬如以大舜的情况而言,即便他对天子的权位毫无恋栈,但普通百姓恐怕也不会乐于见到一代圣明天子因为家庭问题,一夜之间便抛下国家不管。所以时至宋代,苏辙起而翻案,认为孟子的解决之道是野人之言,并非君子之正论;天子的亲属犯了罪需要"议之",谁说天子的父亲杀了人就可以免死呢?(《孟子解》)

苏辙所谓"议之"并非独创之见,而是源自儒家另一部经典《周礼》。《周礼·秋官司寇·小司寇》有所谓"八辟"之说,也就是对八种特权人士的特殊议罪程序。这八种人分别是国君的亲族、故旧、贤者、能者、有功者、尊贵者、勤劳国事者和宾客。

不同于孟子的解决方案,这套"八辟"之说在中国历史上才真正被付诸实践了,历朝历代多有沿袭,在法律条文里一般被称为"八议",也就是被苏辙称为"议之"之"议"。被议的人和议罪的人通常都属于同一个阶层,要么是皇亲国戚,要么是达官显贵,要么兼而有之。这是一种在法理上被光明正大地认可的官官相护,也是一种在法理上被光明正大地认可的统治阶级的特权。

统治阶层并不掩饰自己的特权,并且这种特权是受到儒家经典认可的,所以在平民百姓看来,他们也许很坏,但至少并不虚伪。而平民百姓假如受到足够的儒风熏染的话,也不会认为统治者们这样堂而皇之地大搞特权真的很坏——甚至恰恰相反,在这种时候不搞特权才是不正义的。

特权是如何具有正义性的,这是第二章将要讨论的问题,这里暂且搁置不论,先把焦点集中在大舜"窃负而逃"的"高尚行为"上。这个问题之所以耐人寻味,是因为大舜一身而兼具天子与儿子的双重角色,天子角色与儿子角色的冲突事实上就是公与私的冲突。不难想象的是,倘若大舜不是天子,而是臣子,问题就会简单一些;倘若他只是一介普通百姓,问题就会简单很多了。

6

楚昭王的宰相石奢是一个坚直廉正、无所阿避的人。有一次他在巡视地方的时候,正巧遇到路上有人杀人行凶。石奢赶忙追捕凶手,却惊讶地发现凶手原来是自己的父亲。石奢接下来的做法是被司马迁当作表彰范例记录在案的：他放走了刚刚犯下杀人罪行的父亲，把自己捆缚起来，派人通报楚昭王说："杀人犯是我的父亲。如果我秉公执法，是对父亲不孝；如果我徇私枉法，是对国君不忠。我放走了父亲，甘愿自己认罪服法。"

楚昭王显然很愿意宽恕石奢，巧妙地找了个台阶给石奢下："你只是追捕凶手没有追上罢了，这不怪你，你还是回去继续当好你的宰相吧。"看来除了死者将永远含冤九泉之外，事情本来可以皆大欢喜，但石奢是个坚守原则的人，他说："不偏私自己的父亲，这是不孝；不尊奉君主的法令，这是不忠；君主赦免了我的罪过，这是君主的恩惠；我自己伏法而死，这是臣子的职责。"于是，石奢没有接受楚昭王的宽赦，自刎而死。

司马迁将石奢的事迹载入《史记·循吏列传》，列传篇首有序，说法令的意义在于引导人民，刑罚的意义在于禁止奸邪。之所以法令和刑罚虽不完备而良民仍然有所戒惧，懂得自我约束，这都是因为官吏不曾乱来。官吏只要奉职循理，就可以治理好百姓，又何必动用威严的刑罚呢？

清代学者方苞读《史记》，认为司马迁将《循吏列传》安排在《酷吏列传》之前是大有深意的，是先将循吏的事迹罗列出来，作为官吏施政的标杆，继而就可以让人们看到那些酷吏在多大程度上背离了这个标杆。而酷吏们之所以在汉武帝一朝大行其道，这要怪后者欲望太多而不能自我克制。所以参照司马迁《循吏列传》的序言，方苞得出这样一个结论：统治者若能做好修身的工作，官吏们就不会乱来。(《史记评语》，《望溪先生文集外文补遗》卷二)

在《韩诗外传》和《新序》的版本里,石奢故事的结尾附有孔子的名言,那是记载于《论语·子路》的一则对话。叶公对孔子说:"我们那里有一个诚实耿直的人,他的父亲偷了别人的羊,他就把父亲告发了。"孔子答道:"我们那里的耿直之人与你们那里不同,父亲替儿子隐瞒,儿子替父亲隐瞒。"

这就是儒家"父为子隐,子为父隐"的经典命题,直接影响到后世历朝历代的司法实践。叶公的看法颇似我们今天所谓的"偷窃就是偷窃,无论以何种身份或何种理由,而同罪必受同罚",但孔子认为至亲之间互相包庇罪行,这才叫"直"。

所以在孔子看来,判断是非的标准不是抽象的正义,而是具体的人性。石奢遵循了大舜的行为模式,所以不仅在伦理上正确,同时也在政治上正确。当然,石奢作为楚昭王的臣子,出于臣子应负的责任而不能"窃负而逃",大舜作为天子却不必如石奢一般必须以死谢罪,比较之下,后者似乎还是有一点利用特权的嫌疑。但是,利用这点特权似乎并不为过。朱熹《论孟精义》引述谢良佐的意见说,大舜在偷偷背着父亲逃走的时候,心里只有亲情,根本无暇去计较什么是非对错。朱熹又引述杨时的意见说,父子之间互相包庇,这是人之常情,所谓"直",就在这顺应人情之中。(《论孟精义》卷七上)

看来我们可以说舜是一个好儿子,但可否说他同时也是一个好天子呢?依照苏辙的意见来看,舜大约有些失职,但儒家的主流毕竟还是和谢良佐、杨时他们一道在附和孟子的。他们的理据是,正因为大舜轻易地为了亲情而放弃天下,他才是一位好天子;假若他以天下为重,大公无私,反而是个不称职的天子。换言之,一个连亲生父亲都不包庇、袒护的人显然就是一个泯灭了基本人性的人，而一个泯灭了基本人性的人怎么可能成为一个好天子呢？

这就意味着，即便站在天下生民的立场上，出于对全社会的福祉的关怀来考虑问题，也一样应该认同大舜的做法，因为这其实是一个两害相权取其轻的抉择：舜抛弃了天下人，这固然对民生不利，但如果他大义灭亲，听任皋陶秉公执法，那么可想而知的是，这样一个灭绝人伦的天子一定会给天下带来更大的灾难。引申之，倘若我们纯粹以公利来评判政治人物而不计其私德的话，我们的公利反而会遭受更大程度的损害。

儒家的理想君主和道家的理想君主在这一点上竟然惊人地合拍：他们都不是那种以天下为己任、全心全意为民造福的人，反而同样是最不把天子的地位和天下的事务放在心上的人。只不过在细微的差别上，道家认为天下事不如自己重要，儒家认为天下事不如血缘天伦重要。尽管随着社会结构的变化，学术思潮自然也随之而变，但无论学术思潮如何随社会结构的变化而变化，血缘天伦毕竟是儒家思想的理论基石，倘若连这座基石也变掉了，儒家也就不成其为儒家了。宋代以后的两大儒学主流，朱熹讲"存天理，遏人欲"，但认为父子亲情不是人欲而是天理；王阳明讲"心即理"，也认为父子亲情就是心之本然，因而也就是理之本然。那么，当亲情与国事当真在一位天子身上发生冲突的时候，大家究竟会怎样议论呢？

7

明代正德帝去世之后，继承人问题遇到了不小的麻烦。依照《皇明祖训》，如果没有皇子，必须兄终弟及，但只能立嫡母所生的孩子，而庶母所生的孩子即便年长也不可继位。正德帝既无子嗣，亦无兄弟，生前更没有预定继承人。这也就意味着，在此时此刻的天潢贵胄之中，实在找不出一个名正言顺的继承人。

退而求其次，继承人便只能到正德帝的旁系兄弟中去找。内阁首辅杨廷和责无旁贷地担纲了这项高风险与高回报并存的工作。在他与张太后商议之后，人选问题终于尘埃落定：这个人就是正德帝的堂弟朱厚熜，亦即后来的嘉靖帝。

朱厚熜是兴献王朱祐杬的嫡长子。其时朱祐杬已故，朱厚熜亦已袭爵。正德十六年，朱厚熜从封国安陆启程赴京，四月廿二日登奉天殿即皇帝位。谁都不曾逆料的是，这位新皇在登基之始，便给朝臣们出了一个天大的难题：仅在即位后的第五天，朱厚熜便下令礼官集议对兴献王的称谓和典礼。

不可否认的是，在"圣朝以孝道治天下"的儒家传统里，这倒确实是一个相当紧迫的事情。朱厚熜已由藩王入承大统，拜祭生父时应该如何行礼呢？母亲蒋氏马上也要进京了，如果自己是皇帝，母亲是皇太后，父亲是诸侯王，一家之内岂非尊卑失序？而尊卑长幼问题正是儒家的核心意识形态问题，一旦行差踏错，不仅朱厚熜自己无法接受，也会给全天下乃至身后万世传下笑柄。毕竟，以堂弟继承堂兄，以旁支继承大宗，一切事出非常，非但没有现成的典礼可以因循，通观前代典章制度也找不出足够合宜的先例可资参照。

礼仪事务照例由礼部负责，礼部尚书毛澄敏锐地意识到了这个问题的棘手性，便不敢自作主张，转而向内阁首辅杨廷和请示。作为当时最有权势的朝臣，杨廷和摆出了独裁专断的姿态，叮嘱毛澄以汉代定陶王和宋代濮王的继位历史为依据，如果有谁提出异议，谁就是奸谀小人，应当毫不留情地予以诛戮。

杨廷和并非奸佞，甚至算得上国家栋梁，但为什么在兴献王尊号问题上如此缺乏气量，以至于不但容不得任何反对意见，还扬言异议分子必为奸谀小人，论罪当诛？

诚然，杨廷和不仅在解决方案上援引前代范例，就连这个正邪不两立的姿态也得自古代名臣大儒在处理同类问题时给后人留下的优良传统。当初宋仁宗没有子嗣，收养了堂兄濮王赵允让的儿子赵曙为子。仁宗去世之后，赵曙继位，是为英宗。英宗应该如何称呼自己的生父赵允让，这引发了一场不小的政治波澜。司马光、王珪等人认为英宗应该仅称养父为父，欧阳修、韩琦等人则认为对养父母和亲生父母皆应以父母相称。斗争异乎寻常地尖锐，司马光一派痛斥欧阳修等人是败坏朝纲的卑鄙小人，应当通通斩首以谢天下。

司马光是千古名臣，杨廷和效法司马光应该算不上什么过错。在当时的社会背景下，皇族称谓问题确属"国本"，不但是国家政治的核心问题，亦是世道人心的基本准绳，如何维护都不为过。古今差异往往如此，正如今人视领土问题为原则问题，没有任何条件可谈，古人却往往将领土视为一种财产，既然是财产，当然可以买卖、转让，甚至抛弃；今人看古人这些皇族称谓上的争议，往往觉得愚蠢、无聊，在古人看来却是断然不可让步的原则问题。试想一下，倘若作为天下表率的天子可以有两位地位相等的父亲，那岂不是"天有二日，民有二王"同样可以成立？同理，父亲也可以设立两个嫡子，男人可以娶两位正妻，这些早已被历史一再以铁与血证明过的乱政之源岂不是通通获得合法地位了吗？

宋朝旧事，殷鉴不远。杨廷和所援引的"濮议"，便是理学大宗师程颐所写的《代彭思永上英宗皇帝论濮王典礼疏》，其中讲到如果英宗称生父为父，实为"乱伦"。[1]

"乱伦"一词在今天的语言里只与性关系有关，而其原意要宽泛许多，完全可以望文生义地理解为"搅乱人伦"，任何破坏正常亲属之人伦关系的行为皆属乱伦。

乱伦之所以可鄙，是因为伦理大防是人类之所以区别于禽兽的一项特质，乱伦就意味着从人类做回禽兽，乱伦者自然被任何一个良善的人类社会以禽兽目之。荀子有言："水火有气而无生，草木有生而无知，禽兽有知而无义，人有气、有生、有知，亦且有义，故最为天下贵也。"（《荀子·王制》）今人会怀疑这是人类的自尊神话，

---

[1] 见（宋）程颐著《代彭思永上英宗皇帝论濮王典礼疏》，选自《二程集》（中华书局，1981年出版），第516页。另，关于定陶王一事，本书正文不做详论。清人赵翼《廿二史劄记》卷四"外藩入继追尊本生"一节批评明臣不读书，否则以定陶王为先例完全可以顺利解决大礼议问题。这段史论脉络井然，情理兼备，故此摘引如下，仅供对这个问题有深入兴趣的读者参考："外藩入继大统，始自汉哀帝。当成帝无子，立弟定陶共王子欣为皇太子。帝以太子既奉大宗，不得复顾私亲，乃立楚王子景为定陶王，奉共王后。帝崩，太子即位，是为哀帝。是时成帝母称太皇太后，成帝赵后称皇太后，而帝祖母傅太后与母丁后，自以定陶为称。有董宏上书，言：'秦庄襄王母本夏氏，而为华阳夫人所子。及即位后，俱称太后，宜立定陶共王后为皇太后。'师丹等劾奏宏大不道，免为庶人。傅太后大怒。于是追尊定陶共王为共皇，傅太后为共皇太后。又有段犹等奏：'不宜引定陶藩国之名以冠大号。'于是直称共皇，并徙定陶王景为信都王，不复为定陶王立后，欲以己为定陶王后也。其时师丹议曰'冠以定陶者，母从子、妻从夫之义也。为人后者为之子，故为所后服斩衰三年，而降其父母期，所以重正统也。陛下既继体先帝，奉大宗，不得奉定陶共皇'云云（《师丹传》），此固礼之正也。然身为帝王追尊其本生父母，亦情理所必至。自哀帝尊其本生父为共皇之后，遂以故事。东汉安帝入继时，其本生父清河王庆尚在，未加尊称。及薨，葬以龙旗虎贲之礼，追谥为孝德王，妣左氏为孝德皇后，祖妣宋贵人为敬隐皇后（祖即章帝，故不必追谥）。桓帝入继时，追尊其祖曰孝穆皇，夫人赵氏曰孝穆皇后，考蠡吾侯曰孝崇皇，夫人马氏曰孝崇园贵人，生母匽贵人为孝崇后。灵帝入继时，追尊祖曰孝元皇，夫人夏氏曰孝元皇后，考曰孝仁皇，夫人董氏为慎园贵人。盖当时论者，以为三皇无为，五帝有事。故身有天下者称帝，身未有天下而追尊者称皇。（说见太上皇帝条内。哀帝又尊祖母曰帝太太后，母曰帝太后，不曰皇而曰帝，亦以身自为帝，故后号怨仅称帝，以协母从子之义。）所以示区别，而立庙京师，既足伸人子之情，兼不紊昭穆之序，此理之得者也。前明世宗入继大统，其初亦只欲不没其本生父母之称，尚未有意过为崇奉。使当日议礼诸臣援此例奏请，追称为兴献皇，立庙京师，则世宗之意亦塞矣。乃举朝不闻援引及此，但力争不许其追尊，争之不得，反议尊以帝称，而靳一皇字，卒至激而成称皇称帝，并入庙称宗，立主于武宗之上。此则明臣不读书之随也。"

古人却是笃信这个道理的。在古人看来，人类社会在很大程度上是以纲常伦理维系的，乱伦是一种败坏纲常伦理的极明显的行为，具有星星之火可以燎原的危险潜能。

当然，不同的时代有不同的人伦，我们且以汉朝皇室为例：汉惠帝的皇后就是皇帝亲姐姐的女儿，此即以外甥女为妻，既乱了血缘，又乱了辈分，但在当时看来并没有什么不正当的。（《汉书·高后纪》）再如汉明帝的家庭：汉明帝为太子的时候，马氏女与其异母姐姐的女儿贾氏女皆被选入太子宫，这是姨母与外甥女同事一夫。不仅如此，贾氏生有一子，取名刘炟，汉明帝将刘炟交给马氏抱养，即以姨婆为嫡母。后来马氏被册封皇后，刘炟子以母贵，继位为汉章帝。这在今人看来是何等败德的乱伦丑剧，古人却视之为当然，还将马皇后标举为母仪天下的后妃典范。（《通鉴》卷四十四）[1]

章帝专以马氏为外家，对贾氏亲族不加荣宠。建初四年，马太后崩，章帝终于对生母有所表示，但也只是将她的绶带加至诸侯王的等级，多赐了一些钱财与奴婢而已。（《通鉴》卷四十六）

所以乱伦与否、乱伦有害与否，不取决于事实本身，仅取决于时代观念。无论如何，儒家对乱伦是最不能容忍的。所谓大学之道，自天子以至于庶人，壹是皆以修身为本，"其本乱而末治者否矣"；又所谓"修齐治平"，修身既然有亏，又该如何齐家，遑论治国、平天下。伦理即政治，政治即伦理，这都是古代读书人从小背诵并终

---

[1]（清）赵翼《廿二史劄记》卷三有"婚娶不论行辈"一章，可参看："汉惠帝后张氏乃帝姊鲁元公主之女，则帝之女甥也。吕后欲为重亲，遂以配帝，立为皇后，是以甥女为妻也。哀帝后傅氏，乃帝祖母傅太后从弟之女。太后初为元帝昭仪，生定陶共王，王生哀帝（入继成帝，故为帝），是哀帝乃傅太后之孙。而傅太后欲重亲，以侄女妻之，则以外家诸姑为妻也。汉时法制，疏阔如此。"

生浸淫于其中的道理。

士大夫乱伦便已不堪,设若皇帝乱伦,天下必然礼崩乐坏,儒家的礼教纲纪再也无从维系,甚至华夏堕落为夷狄。再者,濮议之乱伦虽然与性关系全然无涉,危害却更大,因为它要被堂而皇之地公诸天下,既不可以遮掩,更不可以批判和惩罚。朝廷内外那些正人君子的痛心疾首绝对是可以理解的:自己若侍奉这样一位以乱伦出名的皇帝,眼睁睁看着各种文献、典礼无不应用乱伦的称谓,这简直就是陪着皇帝一起乱伦,令人情何以堪呢?

今人论述此事,往往脱离具体的历史背景,率然以"迂腐"指责之,而只有明白了上述关节,给古人多一些同情的理解,今人才会懂得这看似无谓的称谓问题为什么值得那么多朝廷大员大动肝火,甚至不惜以性命来维护。

8

要在儒家学说里解决兴献王的称谓问题确实不太容易,甚至可谓棘手。难题有二:

(1)嘉靖帝朱厚熜以藩王身份继承皇位,政治上是继谁的统,血缘上是继谁的嗣,继统与继嗣是合二为一的还是可以分别两说?

(2)兴献王已无其他子嗣,如果把朱厚熜算作皇室的血缘直系,兴献王岂不是就此断子绝孙?这在"不孝有三,无后为大"的时代,

朱厚熜就算贵为皇帝，也要担一个不孝的罪名，而"不孝"不但是最大的伦理罪名，在政治上更属于"大乱之道"……[1]

要解决这些问题，必须借助儒家的一门技术性很强的专门学问：礼学。

于是，在杨廷和的指点之下，礼部尚书毛澄集合一众礼官引经据典，让嘉靖帝改称正德帝之父（弘治帝）为父，称自己的亲生父母为叔父母。这不单是杨廷和与毛澄两个人的意见，也是广大朝臣们的一致意见。

儒家礼学的技术壁垒足以令年仅十五岁的嘉靖帝望而却步，但他说理虽然说不过那些礼学专家，却发自内心地不满意这种安排。假若嘉靖帝时值壮年，老谋深算，想来不会为这件事在即位伊始就和所有朝臣翻脸，但一个十五岁少年的单纯心智就是无法接受亲生父母在一夜之间变成了叔父、叔母。

出于少年人的天真和固执，嘉靖帝驳回原案，要求群臣另议。但事关最高意识形态，事关国本，大臣们维持原案，绝不妥协。事情就僵在了这里。

如果遵循朝臣们的意见，不要说以嘉靖帝天子之尊，就算庶民百姓也会觉得委屈。朝臣们当然也理解这种委屈，只不过他们认为这种委屈是必须忍受的，因为这是公义与私情的冲突，私情当然要服从公义。

早在宋英宗濮议事件中，司马光就定过这个调子，所谓"为人后

---

[1]《孝经·五刑章第十一》："子曰：五刑之属三千，而罪莫大于不孝。要君者无上，非圣者无法，非孝者无亲，此大乱之道也。"

者为之子，不得顾私亲"（《宋史·司马光传》），也就是说，根据儒家礼学的规定，旁支入继大统，继谁的位，就算是谁的儿子。亲生父子的血缘关系虽属天伦之情，但这时候也只能置之不论了。

今人会觉得问题完全可以简单解决，生父和继父都是父亲，但当时欧阳修和韩琦就是这么讲的，因此险些招来杀身之祸。因为在儒家的意识形态里，天下只能"一统"，而上述方案分明导致了"两统"，由此则必然招致天怒人怨、王纲解纽。濮议当时适逢大雨成灾，御史中丞贾黯于是病中上疏，说正是那些"两统二父"之说导致了"七庙神灵震怒，天降雨水，流杀人民"。（《宋史·贾黯传》）

这样的说法在今天看来似乎夸大其词，而古人出于稳定压倒一切的考虑，历来把尊卑次序看得极重。无论政治生活、社会生活还是家庭生活，尊卑次序一以贯之，就连男人续弦在严格的尊卑意义上讲都是不应该的。——续弦意味着再娶一个妻子，后妻与前妻同样是正妻身份，于是后妻与前妻所生的嫡长子天然就会势同水火。北齐名士颜之推观察自己身边的社会现象，说江左的风俗是正妻死后以妾媵主持家务，妾媵的身份不高，也永无升格为正妻的可能，所以一家之内，小摩擦或未能免，大矛盾却很少会有；而河北一带风俗相反，妻子死后总要续弦，以至于一旦男主人身故，这种家庭往往"辞讼盈公门，谤辱彰道路"。（《颜氏家训·后娶第四》）

若严格依循礼制的话，续弦本不会造成那么大的危害。儒家丧服制度巨细靡遗，几乎已经把任何可能出现的情况都考虑进去了，诸如为生母服什么丧、为继母服什么丧、为被休的生母及母家亲属服什么丧。这些复杂烦琐的丧服制度，其核心目的只有一个：让人明确即便在外亲之中"亦无二统"。[1]

娶妻尚且如此,何况为政?所以任何一个尊位——无论是国君、父亲、妻子、嫡长子——都不应该出现名义上或事实上的"两统"局面,否则就是动乱的先声。

为了避免"两统"乱象的出现,先哲们精心构想出了一些理论方针,譬如上述为司马光所援引的"为人后者为之子"。这条原则在明代以前的历史上已经发挥过若干次作用,若在嘉靖帝身上再用一次,似乎亦无不可。但少年嘉靖帝就是固执,雪上加霜的是,其时嘉靖帝的母亲蒋氏夫人正在进京途中,听说自己即将变成亲生儿子的叔母,当真怒不可遏,竟停在通州拒不动身了。此时此刻,朝臣们恐怕或多或少会在心中叹息"女人就是不识大体"吧?

嘉靖帝得知了母亲的态度,忍不住潸然泪下,径自向张太后提议:自己甘愿放弃皇位,陪着母亲返回安陆。在亲情与国事的矛盾当中,十五岁的嘉靖帝毅然决然地选择了前者,让我们仿佛看到背着父亲潜逃出狱的大舜的影子。

当然,嘉靖帝也许仅仅是做个姿态罢了,但无论如何,这并非利益之争,他在尽最大的努力坚持着自己心中的正道;而大臣们也不松口,以同样坚定的姿态捍卫着自己心中的真理。于是,这个问题越争论越复杂,聚讼长达数年之久,所关涉者,陆续有百余位大臣下狱,十余人死于廷杖,这便是嘉靖朝前期最著名的事件"大礼议"。

---

[1] 见(清)顾炎武著《日知录》卷六之"继母如母",出自《日知录集释》(上海古籍出版社,2006年出版),第314页:"'继母如母',以配父也;'慈母如母',以贵父之命也。然于其党则不同矣。《服问》曰:'母出,则为继母之党服。母死,则为其母之党服。'郑氏注曰:'虽外亲,亦无二统。'夫礼者,所以别嫌明微,非圣人莫能制之,此类是矣。"

9

在这场将会旷日持久的斗争当中，嘉靖帝倒也不全是孤立无援的。新科进士张璁甘犯众怒，先后进呈《大礼疏》《大礼或问》，以扎实的礼学素养逐条批驳一众朝臣的公议。

朝臣们的阵营也并非那么紧密。随着争议的加剧，既有人一往无前，也有人痛改前非，陆澄就是后者中的典型。陆澄字原静，又字清伯，归安人，正德丁丑年进士，授刑部主事。他本来是和嘉靖帝唱反调的，还为此丢了官职，但在向老师王阳明求教之后，竟然顿觉今是而昨非。陆澄再向嘉靖帝上书，改弦更张，因此官复原职。后来黄宗羲撰写《明儒学案》，在提到这件事情时说："儒家学者议论功过，大抵以天下为重而不返回本心之所安，张璁的《大礼或问》说：'天下只是身外之物，父子之情却是天伦。舜背着父亲瞽瞍潜逃的时候，心里只有父亲而没有天下。'这话说得很对，就算圣人复出，也不会有所更易。王阳明所谓'心即理'，正是在这种地方体现出来的。世间儒者只以为理在天地万物，便向前代典籍中寻求准则，反而走错了路。王阳明虽然赞同张璁的观点，却深知张璁是个小人，所以不愿意参与讨论，陆澄却是从老师那里得到了问题的正解，坦坦荡荡地知非改错，因为自信其心，便也不怕被别人讥为反复无常、见风使舵。"

黄宗羲的这番议论，正见得阳明心学对当时儒学的意义所在：学问绵延得太久了，难免就教条化了，而随着教条的日渐繁复，这门学问的核心思想反而日渐模糊，所以王阳明索性抛开一切教条，直接从本心入手。在"大礼议"事件中，朝臣们引经据典，不惮烦琐，而少年嘉靖帝没那么多理论好讲，只是心里割舍不下父母亲情而已，然而以最为传统的儒家标准衡量之，反而是嘉靖帝站在了正确的一方。远溯北宋，司马光——千古名臣，程颐——一代儒宗，都强调公义重于私情，张璁却援引了《礼记》的一条核心准则：礼"非从天降也，非从地出也，人情而已矣"（《礼记·问丧》），也就是说，所谓礼，并非来自什么天赋观念或抽象教条，只不过由基本人情而做出的自然推演而已。

若以这个标准来看"大礼议"事件，就会发觉所有疑难问题瞬间涣然冰释。事情简单得简直超乎想象：无论拿出多么高深的义理，只要它违背了基本人情，自然就属"非礼"，而违背父子天伦岂不正是违背最基本的人之常情吗？亲情为重，国事为轻，这也是最基本的人之常情，所以孔子才会鄙薄那种不惜检举至亲骨肉的所谓"正直"，所以孟子才会赞许大舜放弃天下而甘愿背着父亲潜逃海滨的行为。在他们看来，这才是最基本的人性，因而才是最基本的伦理规范，因而才是最基本的政治准绳。

但是，至此我们难免生出一个疑问：所谓"为人后者为之子"，亦是儒家经典明文所载，何况"大礼议"之时，代毛澄担任礼部尚书的汪俊更在奏疏中提到一个统计数字：和张璁意见相同的只有主事霍韬、给事中熊浃与桂萼三人而已,而站在对立面的朝臣则有二百五十余人(《明史·汪俊传》),难道占如此比例的高级知识分子都一同把书读错了不成?而且在汪俊的这个统计里,不但人数的对比判若云泥,地位的对比同样悬殊:不但霍韬、熊浃与桂萼人微言轻,就连首倡其事的张璁也不过是一名新科进士,如何能与杨廷和、毛澄、汪俊这样的朝廷大员相提并论呢?在朝臣们的主流意见里,即便杨廷和所援引的汉代定陶王和宋代濮王的事例类比不伦,但"为人后者为之子"这条来自经典的不刊之论难道也错了不成?

事实颇有几分荒诞:"为人后者为之子"虽然出自经典,但自经典本身就已经错了,只是这个错误司马光不知道,杨廷和也不知道,直到2000年才被李衡眉教授考证出来,这倒也不能苛责先贤了。[1]

10

上述对天伦的支持难免会令我们思考这样一个问题:天子的突然离职必然会带来巨大的政治动荡,野心家自然蠢蠢欲动,下一任天子会不会非桀即纣呢,如此重大的社会责任该不该由那位弃天下若敝屣的高尚天子来承担呢?

这个问题确实不易回答,但幸好也可以避而不答。儒者们并不希

---

[1] 详情见李衡眉《从一条错误的礼学理论所引起的混乱说起——"礼,为人后者为之子"缘起剖析》,出自《史学集刊》2000年第4期,此不赘述。

望看到理想天子大舜面临如此这般的两难抉择,所以张璁的《大礼或问》说大舜在背着父亲瞽瞍潜逃的时候,心里只有父亲而没有天下,所以明代学者马明衡说其时"皋陶但知有法,舜但知有父"。也就是说,做事只要符合道义原则就足够了,完全不必考虑结果如何。"正其谊(义)不谋其利,明其道不计其功",仅此而已。

可惜现实总是比理论残酷。大舜将要和犯了罪的父亲一同以逃犯的身份度过漫长的后半生,就算潜逃的时候心里只有父亲而没有天下,但总会有重新想起天下的时候;设若大舜在几年之后听说国内因为自己的突然离职而致使野心家篡位,国家板荡,民不聊生,会不会后悔自己当初的选择呢?

既然亲情重于天下,无论如何大舜都应该是无怨无悔的。毕竟人们在做很多事情的时候都无法逆睹结局,不能以结果来证明手段的合理性。譬如医生救治婴儿,那个时候难道会因为顾虑到这个婴儿有可能成长为一名杀人魔头而放弃救治吗——这个例子虽然不是一个十分恰当的类比,但或多或少总是与上述情形有几分相通之处吧。

只不过当我们从如此角度来排疑解惑的时候,依旧避不开两难的局面:儒家所推崇的古圣先贤,素来以"尧舜禹汤文武周公"连称,其中又以舜与周公最为突出;舜是天子的理想型,周公是辅臣的理想型;所谓"周公制礼",周公被认为是儒家礼制的创始人,但是,周公在处理亲情与国事的矛盾时,却偏偏选取了与大舜截然相反的大义灭亲的解决方案,而且千古传为楷模。

那是在周武王灭掉殷商之后,殷商的王畿被重新划分为几个部分,北部作为纣王之子武庚的封国,中部和东南部作为"三监"的封国。顾名思义，设置"三监"的意义就是监视武庚治下的殷商遗民。大略而言，"三监"即管叔、蔡叔和霍叔。周武王的同母兄弟共有十人。当时，周文王长子伯邑考已经去世，次子便是周武王，三子管叔鲜，四子周公旦，五子蔡叔度，六子曹叔振铎，七子成叔武，八子霍叔处，九子康叔封，十子冉季载。这就是说，周武王、周公与"三监"都是一母同胞的兄弟，其中管叔还是周公的兄长。

后来武王去世，其子成王年纪尚幼，便由周公主持政局。而管叔等人散布流言，说周公将要趁着这个主少国疑的时候篡夺王位。在做足了舆论铺垫之后，管叔和蔡叔发动叛乱，开中国历史上"清君侧"之先河，武庚也联合殷商遗民企图趁乱复辟（周公指责武庚与管叔、蔡叔有勾结）。此情此景之下，周公应当如何呢？

今天的民族主义者和主权论者很自然地会把正义的旗帜派给武庚，因为周人灭商属于落后文明征服先进文明、藩国征服宗主国，与明清易代堪有一比；再者，侵略战争总归是非正义的，而周人显然就是侵略者，就算商纣暴政真实不虚，而不是周人作为敌对方对征服者的肆意污蔑，但这毕竟属于殷商内政，轮不到周人横加干涉。

若换到功利主义立场，正义性取决于谁能给最大多数人带来最大的利益，那么我们将会无从判别——也许武庚或管叔的统治会带给万民更大的福祉，谁知道呢？

仅在周人内部而言，武庚的叛乱当然一定要彻底敉平，这是革命（就"革命"一词的原始意义而言）与反革命阵营之间的大是大非的问题，但周公和管叔、蔡叔的矛盾不过是同一革命阵营的内部纠纷罢了，接受管叔、蔡叔未必就比接受周公的情况更坏。何况管叔是周公的同母兄长,也是周文王在世的嫡子当中年纪最大的一个,周人服膺管叔甚至比服膺周公更加顺理成章。

倘若我们援引舜的成例,重申亲情重于国事这一原则,那么为了避免手足相残的悲剧,周公分明应当避让管叔、蔡叔才对;一旦由后者主持政局,分明也可以辅弼成王,安定武庚,国事就算不会更好,想来也不会更坏到哪里去。退一步说,即便管叔废黜成王而自立,即便管叔、蔡叔没有能力阻止武庚的复辟,那又如何呢?正其谊(义)不谋其利,明其道不计其功,问心无愧也就是了。

11

事实上周公选择了武力对抗,不惜兄弟之间兵戎相见。广大周人似乎对周公的做法缺乏足够的支持,这在《尚书·大诰》里很有体现。周公在决定东征之后,宣谕周人这场战争的必要性,其文辞被辑入《尚书》,是为《大诰》。从《大诰》来看,对于周公的东征决策,周人上上下下的反对者很多,王室与诸侯公室内部亦不乏管叔、蔡叔的响应者,周公再三强调自己已为东征卜得吉兆,但令人惊异的是,在那个尚且迷信天命的时代,竟然有相当数量的周人不肯遵循这次占卜的结果。

周公克服了重重阻力,终于发起东征,诛杀了管叔和武庚,流放了蔡叔。至此,瞽瞍杀人,舜抛弃天下而携父潜逃,被儒家奉为楷模；周公诛杀亲兄管叔，流放亲弟蔡叔，也被儒家奉为楷模。正义性究竟何在，确是一个颇费猜详的问题。

宋代学者林之奇的意见很有参考价值，他认为武王伐纣和周公诛管叔用心都是一样的。武王伐纣是以臣伐君，周公诛管叔是以弟杀兄。周公在听说叛乱发起之后，唯恐祸患延及天下，这才起兵征伐。为了社稷宗庙而重伤了天伦之情，这也是不得已的呀。（《尚书全解》卷二十六）

林之奇为周公辩护，强调的是国事重于亲情，陆九渊的学生杨简更明确赞成周公杀兄："立君为民，不可用私情。"（《五诰解》卷二）同样师承陆九渊的袁燮也颇有几分心学气质地说周公此举是"义所当为"。（《絜斋家塾书钞》卷十）这些意见虽然也算言之成理，但毕竟无法圆融经义。此外尚有一些剑走偏锋的理解方式，譬如宋人史浩认为，诛杀管叔的是成王而不是周公，周公位为人臣，并无专杀之权；经籍之所以称周公诛管叔，恰恰表现出周公完美履行了臣子之道，主动把国君的过错揽到自己头上，是谓"善则称君，过则称己"。（《尚书讲义》卷十七）再如明儒郝敬，对《尚书》字义采取别一种训诂，认为周公只是避开了管叔而已，所谓杀兄之事纯属误传；后人以此误传作为义理依据而做了太多坏事：明明骨肉相残，却说是大义灭亲。灭亲倒是有的，大义从何而来呢？（黄宗羲《孟子师说》引郝敬语）

当然，上述解释显然都不够圆满，成王其时年幼，国政确实由周公做主，史浩的辩护并不成立；郝敬的意见从训诂上看倒也不无道理，可备一说，只是若综合史料来看就站不住脚了；至于林之奇、杨简和袁燮的辩护,却让人只看到义而看不到爱:周公对管叔可谓赶尽杀绝,手足之情究竟存有几分呢?

此时似乎有必要援引儒家的另外一条经义:为尊者讳,为亲者讳。管叔之于周公自然要算"亲者",周公如果尚存骨肉亲情的话,即便非杀管叔不可,也应该有所讳言,不该让管叔身败名裂,背负千载骂名,也不应该使自己直接承担杀兄的恶名。譬如《春秋·庄公三十二年》记载"公子牙卒",公子牙并非自然死亡,而是被弟弟季友杀死的,《公羊传》解释这段经文,说《春秋》之所以这样记载,是讳言季友的杀兄行为;公子牙有作乱的图谋,所以季友不得不杀掉他,这是在履行君臣之义,但杀掉的毕竟是自己的兄长,季友心中伤痛而不忍面对这个事实,便当作公子牙是自然病故的一般,这便是所谓亲亲之道。

季友杀公子牙和周公杀管叔,前后如出一辙,但前者为亲者讳,大有亲亲之道,后者却做得决绝,难道是周公不如季友吗?儒者自然不能接受这种结论,唐代治《春秋》的学者陆淳援引师说,说兄弟之亲不可不爱,君臣之义亦不可不立,季友可谓爱义两全,所以孔子修《春秋》才把公子牙之死写成他自己死掉的,以示无讥。有人说,周公诛杀管叔,流放蔡叔,明正典刑,并不曾维护兄弟的名誉,这是为什么呢?因为管叔、蔡叔罪恶昭彰,就算周公想遮掩也遮掩不住。(《春秋集传微旨》)

如此弥缝经义,这在今人看来大有以事实迁就理论的嫌疑。这更加令我们疑惑:难道舜与周公这两个例子当真是水火不容的吗?不过,分析进行到这里,看似两者的对立性越来越强,其实距离契合点仅有一步之遥了。接下来我们会发现，这个正义性上的两难局面，原本并不存在。

12

陆淳既然认为季友杀公子牙兼顾了亲情与公义，那么，如果两者不可得兼，如何选取才对呢？宋代学者赵鹏飞在《春秋经筌》里便追问了这个问题，并且给出了一个相当明确的答案：权衡轻重也就是了。

赵鹏飞的理由是，君臣之义是尊尊之道，是公义；兄弟之情是亲亲之道，是私义。公义，天下系之；私义，一家系之。君子若遇到两难的局面，只有以公义灭私义，因为天下为重，一家为轻。古人中就有这么做的，周公诛杀管叔而天下安定，废掉兄弟之情而存留君臣之义，后世不以为非，这就是因为周公懂得轻重取舍之道。（《春秋经筌》卷四）

这实在是一种典型的功利主义意见。如果要为这种意见找一个实际且通俗的版本，那么韩安国的谏言恰如其分：汉景帝朝，韩安国劝谏梁孝王，以本朝皇族的历史向后者阐明了一个道理：您不要以为自己和皇帝是骨肉至亲就胆敢放肆妄为，想想临江王本是太子，却以废黜与自杀收场，何况是您？要知道"治天下终不用私乱公"，正如俗语所谓"虽有亲父，安知不为虎？虽有亲兄，安知不为

狼？"。(《汉书·韩安国传》)

  韩安国所引述的俗谚表明了世人对骨肉亲情的一种令人齿冷的深刻洞见，而关于公私之辩的凿凿之言显然更容易得到更多人的认同。但是，如果沿着这个思路推演下去，那么一种行为只要造福大于为祸就是可取的、正确的。为了挽救千万人而杀掉一两个人，这似乎没错；为了挽救六十万人而杀掉三十万人，这对不对呢？——确实有很多人认为这并非不可，譬如晚唐的罗隐做过一个比喻，说为了除掉虎豹之害而焚山，就顾不上野人的菽粟；为了除掉蛟蜃之害而断流，就顾不上渔夫的钓网；武王伐纣就好比焚山断流；伯夷、叔齐扣马而谏就好比计较菽粟与钓网。(《谗书》卷四之《辨害》)如此来说，这个问题其实就是一个关乎何为最大多数人的最大利益的计算问题，而周公东征，死的人绝对不止管叔一个。

  对于我们接下来要做的分析，赵鹏飞的这番话是一个很好的引子。他斩钉截铁地把私情与公义对立了起来，同样也把家与天下对立了起来，这正是大舜与周公的两件事之所以不能融洽的症结所在。在赵鹏飞的想法里，周公所做的事情完全符合儒家的一条经典义理：大义灭亲。

13

  大义灭亲，典出《左传·隐公四年》。卫公子州吁弑同父异母的兄长卫桓公，自立为君。既然搞出这么大的乱子，"稳定"自然成为新君即位之后的当务之急。于是为了稳定国内，也为了争取一些同盟国以便给自己的弑君行为贴上一点正义的金箔，州吁打算帮助宋国攻打曾经与卫国有隙的郑国。这起重大的国际事件一时间成为人们议论的焦点。鲁隐公请本国大夫众仲预测一下州吁能否获得成功，众仲说自己只听说用德行来使君民和谐，没听说用战争手段也可以达到这个目的，所以州吁必将众叛亲离。

其实就州吁的策略本身来看，技术上并不能算是失策。今天凡是稍有一些社会学素养的人都会晓得，冲突或对外战争在很多时候非但不是坏事，反而是增强社会凝聚力的绝佳手段，而社会凝聚力也正是州吁当下最需要的东西。这个道理甚至不需要齐美尔和科塞来讲，春秋时期的范文子就提出过应当保留外患以提高国内的紧张感，宽松和谐的国际环境对于危机四伏的内政来说绝对不是什么好事。

当然，一本正经的儒者与春秋时代以贵族血统自矜的君子们都不会讲这种略嫌偏门的道理。按照《左传》的记述惯例，既然率先借由众仲之口讲出了这一套以德治国的政治哲学，那么州吁就必将沦落到众仲所预言的那般悲惨下场。

州吁的君位果然一直没能坐稳，其党羽石厚便向自己的父亲石碏问计。石碏是卫国老臣，他给儿子出主意，建议让州吁去朝见周天子，若得到天子认可，名分也就稳固了。待石厚询问细节，石碏便建议道："陈桓公正得到周天子的宠幸，陈国又正与我们卫国交好，如果先去拜会陈桓公，托他向天子请求，事情便一定可以办到。"

听上去这确实是个好办法，石厚便陪同州吁前往陈国，殊不知老谋深算的石碏已经向陈国派出使者，请陈国协助除掉这两个弑君之徒。陈国依从石碏的意见，扣住州吁和石厚，请卫国派人过来处理。卫国以国家身份派出右宰丑到陈国诛杀州吁，石碏则以家长身份派了家臣獳羊肩诛杀石厚。

在事件叙述完毕之后，《左传》继而评论说，石碏是一位纯臣，厌恶州吁而把儿子石厚也杀了。所谓"大义灭亲"，说的就是石碏这样的人吧。

《春秋》三传中，《左传》长于叙事，《公》《穀》长于义理。对于"大义灭亲"这件事，《公羊传》不称亲，只称贼，《穀梁传》甚至讥讽卫国人没能及时在国内讨伐弑君凶手[1]，看来石碏的做法得到了三传的一致认可。

14

随着《左传》升格为经，"大义灭亲"遂成为万世不移的一则经义。此时我们再来回顾赵鹏飞对周公诛杀管叔的那些议论，会发现那其实不过是对"大义灭亲"的合乎逻辑的发挥阐扬而已。这倒也是儒家的主流见解。清人刁包《易酌》径称"大义灭亲，周公之御寇也"，不称杀兄，而称御寇，这正是孔门"正名"的春秋笔法——

---

[1]《公羊传·隐公四年》："其称人何？讨贼之辞也。"《穀梁传·隐公四年》："于濮者，讥失贼也。"

只把管叔当成敌人来看，根本不认他的兄弟血脉。既然管叔是寇而非兄，杀他自是理所当然。

可以与之参照的是《左传·昭公十四年》的一段记载：晋国邢侯与雍子争夺一处田产，许久没有结果。叔鱼代理法官职务，审理旧案，认为罪在雍子。雍子将女儿嫁给叔鱼，叔鱼便颇识时务地改判邢侯有罪。怒不可遏之下，邢侯直接在朝堂上杀死了叔鱼和雍子。执政大臣韩宣子请教叔向应该如何给这些人定罪，叔向说："雍子明知曲在自己，却通过贿赂以求胜诉，叔鱼收受贿赂而不秉公执法，邢侯擅自杀人，三个人的罪行轻重相等。处决活着的人，将已死的人曝尸示众即可。己身为恶而妄图掠取美名，是为昏；贪污受贿，玩忽职守，是为墨；肆意杀人，毫无避忌，是为贼。《夏书》有载：'昏、墨、贼，三者皆应处死。'"于是处死邢侯，将他的尸体和叔鱼、雍子的尸体一同示众。

在这件事里最耐人寻味的细节是，叔鱼是叔向的兄弟，而叔向对叔鱼直斥其恶并严断以法，对此《左传》引述了孔子的一段评价：

> 仲尼曰："叔向，古之遗直也。治国制刑，不隐于亲，三数叔鱼之恶，不为末减。曰义也夫，可谓直矣！平丘之会，数其贿也，以宽卫国，晋不为暴。归鲁季孙，称其诈也，以宽鲁国，晋不为虐。邢侯之狱，言其贪也，以正刑书，晋不为颇。三言而除三恶，加三利，杀亲益荣，犹义也夫！"

叔向先后有三次指称弟弟叔鱼的恶行，一点不留情面，而这三次指称皆为晋国挽回了名誉，做出了贡献。孔子称赞叔向不包庇亲人，有古人的正直遗风。杀死亲人（陈尸示众，与杀无异）而增加了荣誉，这是合乎道义的啊。

那么基于孔子的教诲，大舜完全应当学习石碏和叔向的榜样，大义灭亲，不隐于亲，杀亲益荣，为什么偏偏要窃负而逃呢？——正是因为《左传》所记的这则孔子之言与《论语》《孟子》之精神大相异趣，完全无法调和，所以后世学者们必须做出艰难的二选一。杜注、孔疏都认为直与义不是一回事，孔子仅仅称许叔向之直，至于叔向是否符合义的标准，"犹义也夫"是一个疑问句。叔向所为非但不合于义，反而是以直伤义。如果孔子认为叔向所为合于义，应该说他是"古之遗义"才对，而非"古之遗直"。（《春秋左传注疏》卷四十七）

这个意见也许合乎义理，却并不严格合乎训诂。元代学者赵汸指出，《左传》用"也夫"为语助者甚多，未必都表示疑问，而《左传》从上下文来看分明就是以直为义的。——这样看来，赵汸似乎是不隐于亲、杀亲益荣的支持者，但事实上他既不与训诂原则妥协，也不与义理原则妥协，在两不妥协之下得出的结论是，《左传》自"治国制刑"以下恐怕都不是孔子的话。（朱鹤龄《读左日钞》卷九引赵汸语）

从义理上讲，儒学主流普遍认为叔向应当顾全兄弟之谊，而不隐于亲、杀亲益荣这种精神是绝不可取的。洪迈历数《左传》有害理处"，杀亲益荣就是其中之一，并且推断孔子一定不会说这种歪理。（《容斋三笔》卷十四）

以今天的标准看，很多人都会认为大义灭亲是一种相当崇高的精神，杀亲也确实足以益荣。如果皇亲国戚犯了罪而皇帝不肯包庇他们，这显然是广大人民群众乐于看到的事情。民间传说包公案，铁面无私的包公斩了自己寡嫂的独生子，这是人们所津津乐道的。尤其是，包公自幼由寡嫂抚养成人，所以在戏剧里包公称寡嫂为嫂娘，而就连这样的亲情与恩情都没能让包公对寡嫂之子手下留情。更何况在儒家的丧服制度里，为兄弟的儿子服丧与为自己的儿子服丧实在是同样的规格，其意义在于密切兄弟之间的关系。（《礼记·檀弓上》）这当然也会让人感觉到，杀兄弟的儿子就如同杀自己的儿子。

这样的大义灭亲的确相当令人感佩，终于——至少在京剧《赤桑镇》里——也赢得了寡嫂的理解。

但是，也有人对"大义灭亲"不以为然，譬如宋代学者洪迈在《容斋续笔》里写过一则"二传误后世"，是讲儒家两部经典危害后世之甚，一是《公羊传》，因其提出"子以母贵，母以子贵"的理论，后人便据此而废长立少、以妾为妃，惹出过不少乱子；另一个就是《左传》，因推举石碏的"大义灭亲"，后人便援以为据，杀子孙，害兄弟——诸如汉章帝废太子庆，魏孝文杀太子询，唐高宗废太子贤，不可胜数。（《容斋续笔》卷二）

洪迈这种论调很容易被人讥为妇人之仁，尤其儒家尚有一种经权之说：经即原则性，权即灵活性，二者相辅相成。亲亲之道虽然是经，但必要时亦须权变。南宋治《春秋》最著名的学者胡安国就曾经赞许过发生在后晋时期的一次大义灭亲之举，认为其"变而不失其正"。

这件事发生在杨光远的身上。杨光远原本在后唐为官，后来降了后晋，又勾结契丹反叛后晋。政治投机没能换来相应的福利，耶律德光率领的契丹军很快便败于后晋之手，没能按计划和杨光远的叛军会合，致使杨光远困守孤城，城中已经到了人人相食的地步，眼见得连人肉都没得吃了。杨光远的儿子杨承勋劝说父亲开城投降，但杨光远说："我在代北的时候，曾用纸钱祭祀天池，纸钱入水即沉，人们说我当做天子。我们还是再等等时机，不要随便议论投降的事。"杨承勋显然不是一个笃信天命的人，见劝说无效，他竟然将父亲幽禁起来，随即派人向城外递送降表。

事情的结局是，杨光远毫无意外地被处以死刑，杨承勋则因为大义灭亲的壮举而继续留在后晋做官。其后耶律德光灭亡后晋，专门派人将杨承勋召至京师，当面申斥他的忤逆不孝，"使脔其肉而杀之"。

15

杨承勋劫父请降究竟算是大逆不道还是大义灭亲，至少在胡安国看来当属后者，实在值得褒奖。胡安国的学术曾经风行宋、元、明三代，专擅科举考场三百多年，影响力相当惊人，其学脉直迄清代才被斩断（因为胡安国的名著《春秋胡氏传》正写于南宋偏安背景之下，颇多应时激愤之语，重点就在于"尊王攘夷"和"复仇大义",而这恰恰触犯了清朝统治者的忌讳)。

在胡安国的学理下,后晋政权纵然谈不上什么清平世界,终归还算是中原政权,而杨光远妄图勾结契丹颠覆后晋,这是以夷乱华,罪不可逭;因此,杨承勋的所作所为自然是忍私情而全大义的。——当然,这种事情只能一时一地而论,后晋高祖石敬瑭本是沙陀人,他的建国历程也是以勾结契丹为基点,甚至对契丹自称儿皇帝,出卖幽云十六州,完全不顾最基本的尊严体统;而杨光远居然亦非汉人,其具体血缘虽已难以确定,但很可能和石敬瑭一样属于沙陀血脉。

杨承勋的例子恰恰是儿子"大义"灭了父亲,如果我们认同这个"大义",那么大舜似乎就于"大义"有亏了。清乾隆四十六年,四库全书馆臣进呈南宋叶隆礼编撰的《契丹国志》,乾隆帝阅后很不愉快。后者特意提到,这部书在讲到杨承勋的时候引述了胡安国的评语,说他什么"变而不失其正",而杨承勋何正之有?他分明和父亲一同被晋军围困,怕自己难逃一死,这才劫持了父亲向晋军请降,结果父亲被杀,他自己倒受了晋国的爵禄赏赐。所谓"大义灭亲",父可以施之于子,子不可施之于父。父亲叛国,儿子只有一死以答君亲,"岂有灭伦背义尚得谓之'变而不失其正'",这不过是胡安国华夷之辩芥蒂于心,袒护逆子,惑乱纲常,真是一派"胡说"。(《钦定重订契丹国志》卷首)

这份意见该算是清代"钦定"的正义标准。父亲就算犯了叛国这样的大罪,儿子也不应该揭发检举,更不能大义灭亲,唯一的正确做法就是一死了之。国事虽大,但大不过父子天伦。这也体现了古代社会的父权背景,父亲杀儿子是可以的,但反过来不行。

事实上专制帝王从私心上讲最不愿意施行这样的法律原则，所以自秦汉以后的国家立法，若有危及皇权的行为，甚至仅仅是无法确证的有可能危及皇权的念头，便不再讲什么亲亲相隐的原则。真正在实际操作的层面上，例外是极少的。譬如明太祖洪武七年，兰州人郭买的造反，引诱番兵入寇。诏书立下赏格，务求捕获郭买的。兰州长官派出郭买的的哥哥著沙与弟弟火石歹去叛军阵营里施行招抚，而兄弟三人相见之后，话不投机，著沙与火石歹竟然趁夜割下郭买的的首级回报长官。长官上奏，请朝廷按照事先许诺的赏格赏赐这一对功臣兄弟，没想到太祖发话："叛贼固然该死，但做兄弟的可以劝说他，劝说不成可以抓捕他，总不该亲手杀他。兄弟相杀有乖大伦，如果这也论功行赏的话，何以号令天下？将所获得的牛马给这对兄弟也就是了。"（顾炎武《日知录之余》引《明太祖实录》）

以"除三害"闻名的周处也曾判过一个类似的案子：一名李姓女子杀了自己的父亲，因为她发现父亲正在计划叛国出逃。这真是大义灭亲的壮举啊，但周处认为，李姑娘违反了亲亲相隐的人子之道，论罪当杀。周处的判决得到批准，李姑娘当真被处死了。(《太平御览》引王隐《晋书》)

那么，石碏杀石厚，是为"大义灭亲"；杨承勋劫杨光远，是为"灭伦背义"。同理，大舜如果任由皋陶将瞽瞍明正典刑，应当也是"灭伦背义"的。

16

但这并不是问题最终的答案。在石碏的例子里，很少有人注意到一个细节，即处决者的人选：卫国派出右宰丑到陈国诛杀州吁，石碏派出家臣獳羊肩到陈国诛杀石厚。我们的问题是，如果石碏的行为确乎出于天下公义，或者出于国家利益，那么他为何不将儿子交付有司以国法制裁（正如右宰丑代表卫国处决州吁一样），却派自己的家宰动用私刑呢？

州吁和石厚明明被关押在一起，完全没必要派两个人分别行刑。之所以做出这种似乎画蛇添足的事情，是因为右宰丑处决州吁，办的是国事；獳羊肩处决石厚，办的是家事。石碏灭亲之"大义"是家法之义，而非国法之义，这实是基于周代特殊的社会结构。

若以秦汉以后的普通眼光来看，石碏的所作所为无论大义灭亲与否，首先便该算是赤裸裸的弑君。州吁一则是卫桓公的异母兄弟，二则已经做了卫国的君主，如果因为君主有过错，臣下便可以弑杀之，这显然不是政治哲学的主流所能认同的。但在春秋的特定社会结构下，石碏的杀子与弑君却有着十足的习惯法的依据，所以《左传》对他才有"纯臣"之誉。

若我们站在社群主义的角度为石碏的所作所为寻找道德动机的

话,就会把问题追溯到周代的开国时期。周人以宗法建国,以血统维系政统,政治结构建筑在家族结构的基础之上,所以才有儒家"修身、齐家、治国、平天下"的说法。周初分封诸侯,卫国的始封君是周武王的同母兄弟康叔封,上文提及周文王共有十位嫡子,康叔封在其中排行第九。在宗法制度里,周天子是天下大宗,百世不迁,诸侯国君于周天子为小宗,于本国为大宗。诸侯在本国分封亲族,是为卿大夫之分封,卿大夫也像诸侯一样世代相传,这便是周代的世卿世禄制度。在这样的政治格局下,即便数代相传,卿大夫和国君仍然保有血缘关系。卫国是姬姓诸侯,传统上,历代周天子会对卫国国君以叔伯相称;石碏其时为卫国上卿[1],姓姬,石为其氏。[2]也就是说,石碏与卫桓公、州吁都是同一个家族里的亲人,或者说,石碏并不是一个被国君"聘用"或"雇用"的大臣,而是一位在卫国握有相当股权的股东。

《左传·襄公三十年》载,子产刚刚在郑国执政,有事情安排伯石去办,为此授伯石以采邑。子大叔很有意见,对子产说:"国是大家的国,为什么独独分采邑给伯石?"——这里出现的三个人物都是郑穆公之后,也同为郑的世卿,所以子大叔口中的"大家"指的是"我们所有贵族"。这并不像霍韬给嘉靖帝的上疏中仅仅在理论上成立的所谓"天下是天下人之天下",而是国家确乎属于贵族共同体所有。既然政治结构有别,臣子对国事所能行使的权利自然也就不同。

正如孟子对齐宣王言及,公卿分为两种,有贵戚之卿,有异姓之

1《史记集解·卫康叔世家》引霍逵语。
2《通志·氏族略三》:石氏,姬姓,靖伯之孙石碏有大功于卫,世为卫大夫。

卿。如果国君犯下大错，贵戚之卿有废立之权，异姓之卿则仅能尽规劝之力。[1]孟子说这话的时候已是战国之际，各国政治都是中央集权之势日盛，西周乃至春秋时期的世卿世禄制度已经在悄然瓦解了，所以齐宣王对孟子所谓贵戚之卿的说法便表现出相当程度的诧异。石碏在卫国恰恰属于贵戚之卿，行废立之事自是顺理成章。而从宗法制度上讲，石碏于卫君为小宗，在自家则是大宗宗主，有维护宗族利益的义务。所以对于石碏来说，杀石厚自然属于家务，杀州吁则既属国事，相当程度上亦属家务。

孔子也讲过类似的道理。《左传·宣公九年》载，陈灵公与孔宁、仪行父一同和当时著名的美女夏姬私通，这一君二臣简直到了厚颜无耻的地步，对私通行为非但不加掩饰，甚至还穿着夏姬的内衣在朝堂上戏谑。大臣泄冶规劝陈灵公说："国君与卿宣扬淫乱，人民无法效法，何况这名声实在太坏，君王还是收敛一下的好。"泄冶的意见义正而词严，陈灵公没有任何理由为自己开脱。对泄冶虚与委蛇一番之后，陈灵公找来孔宁和仪行父商议对策。后者于此时此刻表现出了完美意义上的讳疾忌医与怙恶不悛，提议杀掉泄冶。于是，在陈灵公的默许之下，直言进谏的泄冶死于非命。

按照一般的想法，我们在谴责陈灵公、孔宁和仪行父之余，对泄冶应当大加褒奖才是。然而孔子的看法是：《诗》说'人民多有邪

---

[1]《孟子·万章下》。《礼记》也有同类的说法。清人龚自珍有一篇名文《宾宾》，其中说道："异姓之卿，固宾籍也，故谏而不行则去。"异姓之卿既为宾籍，相应地，贵戚之卿便属主位。

僻之事，你就不要再自立法度'，说的就是泄冶这样的人吧。"[1]

泄冶无疑是个直言敢谏的忠臣，即便比之前述"大礼议"事件中的殉道者们亦不遑多让，但孔子居然对此不以为然，道理何在呢？在《孔子家语》里，子贡就问过老师这个问题，说泄冶堪比殷商的忠臣比干，可以当得起一个"仁"字吧？孔子答道："比干之于纣王，论血缘是诸父，论官职是少师，忠报之心在于宗庙，希望能以自己的死令纣王幡然悔悟，用心确实称得上仁；但泄冶之于陈灵公就不同了，论官他只是一名普通大夫，论亲他和陈灵公也不存在骨肉之情，只不过眷恋于国君的恩宠，出仕于昏乱的朝廷，妄想以区区一己之力扭转一国的淫乱风气，这样的人当不得仁人之称，只当得起一个'狷'字。"（《孔子家语·子路初见篇》）

《孔子家语》的这段记载也许是从《左传》敷衍而来的，但它的确合乎先秦儒家的一贯宗旨。后来世道嬗变，专制日深，便常有学者怀疑孔子这番议论的真实性，因为如此这般的一种臣子之道已经随着宗法制度的瓦解而不再具有政治上的正确性了。

---

[1] 孔子所引之诗"民之多辟，无自立辟"出自《诗经·大雅·板》。《左传·昭公二十八年》中，司马叔游也在类似的情景下引过这两句诗。其时晋国祁盈的家臣祁胜与邬臧易妻行淫，祁盈打算把这两人抓起来，找司马叔游征求意见。叔游说："《郑书》讲过'恶直丑正，实蕃有徒'，如今无道之人掌权，你应当谨慎小心。《诗》说'民之多辟，无自立辟'，我看还是缓一缓吧。"后来祁盈没听司马叔游的意见，被害身死。

17

考察儒家礼学,《礼记·曲礼下》给出过这样一种教诲:臣子规劝国君的过错,再三规劝而无效之后,臣子就应该出逃国外;儿子规劝父亲的过错,父亲就算执意不听,儿子也只能号泣着跟随父亲。

这就意味着,君臣之道并非天伦,彼此是可以选择的,父子之道则是天伦,彼此无可选择。这样的臣,显然属于孟子所谓的异姓之卿。如果换作贵戚之卿,与国君兼具血缘与政治上的双重关系,不知道该做如何选择呢?

后世伦理从来先国后家,宣扬诸如"大河有水小河满""舍小家、为大家"的观念,而宗法伦理恰恰相反,先家后国,名正言顺地将家族利益摆在国家利益之上,将自己所属的诸侯国的利益摆在"天下"的利益之上,这恰恰符合儒家伦理中"齐家而后治国,治国而后平天下"一语的原始含义。

再者,今天我们讲"国有国法,家有家规",家规不但远远弱于国法,更不能违反国法;而在宗法时代,家规不仅优先于国法,而且完全可以违反国法。在石碏的例子里,设若在州吁被杀之后,卫国的国法宽恕了石厚,石碏也一样可以执行家法杀掉石厚。

在春秋观念里,作为大家长,作为一族之宗主,首要之务便是维护家族。若为了这个目的而牺牲掉亲生儿子，在道德上无疑是正确的。《左传·文公十六年》中，宋国的公孙寿不肯做官，却安排儿子替自己做官，其理由是时逢政治乱局，做官太危险，不做官又无法庇护家族，若是让儿子来替自己做官，纵然儿子死了，总还可以保全家族，若是自己做官而死，整个家族都无法保全。

同样，獳羊肩的行为准则也不大容易被后人理解。石厚虽然可以被定性为乱党，但毕竟是国家大臣；从这层意义来看，獳羊肩分明是以家臣的身份，尊奉家长的命令，对一位朝廷大臣执行死刑。獳羊肩是石碏的家宰，本身并不在逐级分封的封建系统之内，也就是说，他既没有贵族身份，也不存在和石碏的血缘关系，他只是石氏家族的大管家而已。在春秋观念里，家臣的效忠对象只有自己的主君（大家长）。

譬如《国语·晋语八》，晋国权臣栾盈出奔楚国，晋国执政大臣范宣子下令禁止栾氏的家臣随行，违者处死，但栾氏的家臣辛俞不听禁令，还是追随栾盈去了。辛俞被捕之后，晋平公问他："国家已经发布了禁令，你为什么胆敢触犯呢？"辛俞却理直气壮地答道："我明明服从了禁令，哪敢触犯？执政大人下令说'无从栾氏而从君'，是明令必须从君。我听说过这样的话：'一连三代做人家的家臣，就该视家主人为君；两代以下做家臣的，就该视家主人为主。'事君以死，事主以勤，这是国君您的明令。当初我的祖父因为在晋国没有靠山，所以世代隶属栾氏，到我这里已经三代了，我怎敢不视主人为君？如今执政大人说'不从君者处死'，我怎敢背叛君主以触犯死罪呢？"晋平公很欣赏辛俞的说辞，极力挽留他，又以厚礼相赠，但辛俞只是固辞，晋平公便终于放他走了。

在这段记载里，晋平公与范宣子在禁令中所谓的"君"无疑是指国君，即晋平公本人，辛俞却巧妙地偷梁换柱，阐明栾氏正是自己的"君"，所以违背禁令追随栾盈恰恰正是遵从禁令当中所谓的"从君"。晋平公是栾盈的"君"，但不是辛俞的"君"，虽然栾盈违背了晋平公，但辛俞完全不必考虑这些，更不必考虑对国家的忠诚度问题。作为累世之家臣，他的义务仅仅是服从自己的"君"。而面对辛俞的这番辩解，晋平公非但不发作，反而表现出相当程度的认同和欣赏。

再如《左传·昭公二十五年》，当时鲁国国政把持在孟孙氏、叔孙氏、季孙氏三大家族手中，其中又以季孙氏势力最盛，国君鲁昭公为了除掉季孙氏而终于采取了军事行动。在这个局势不明、动辄得咎的紧要时刻，在叔孙氏那边，家臣鬷戾急忙召集手下人商量政治站队的问题。鬷戾率先表态："我，家臣也，不敢知国。"——鬷戾这是在强调自己作为家臣的义务，即效忠叔孙氏，而鲁国的国事与自己无关。在摆出这个原则之后，鬷戾问大家："我们应该考虑的是，到底是有季孙氏对我们叔孙氏更有利，还是没有季孙氏对我们叔孙氏更有利。"大家都说："没有季孙氏，就没有我们叔孙氏。"鬷戾说："那就去援救季孙氏吧。"就在鬷戾出兵之后，一直观望战局的孟孙氏也加入进来，想来其理由亦与鬷戾的考虑无异。鲁昭公敌不过三大家族的联手反抗，只好逃出鲁国，从此在流亡中度过余生。

后来《韩非子·内储说下》以这件事作为历史教训，用以说明人臣之不忠根源于君臣利益之不一致。在韩非子的时代，政治结构已经日趋集权化，自然无法接受分封制下逐级效忠的观念了。

在严格意义上的封建制度下，作为家臣，若是把国家利益放在主君利益之上，反而是不道德的，因而会遭到君子的讥讽。譬如《左传·昭公十四年》载，季平子的家臣南蒯反叛主君，事败后逃到齐国，齐景公戏称他为叛徒，南蒯辩解说自己反叛主君是为了使公室强大，这番话立即招致了齐国大夫子韩皙的责难："身为家臣却想使公室强大，没有比这更大的罪过了。"

南蒯虽然言不由衷，子韩皙却连他这一粉饰之词本身都不以为然得很。其时鲁国的形势是"三桓"渐次将公室架空，南蒯所服务的季孙氏正是"三桓"之中势力最大的一个家族。卿大夫的家族势力挤压国君的权力，这显然是非礼的，后来孔子在鲁国从政，一大事业就是压制"三桓"以使公室强大。但同样的话语，经孔子说出来就名正言顺，经南蒯说出来就罪莫大焉，原因就在于两人身份的差别：孔子服务于鲁国公室，南蒯则是季氏的家臣。家臣效忠主君而非效忠国君，这在当时的人们看来是天经地义的。这对于将"国家利益高于一切""天下兴亡，匹夫有责"视为天经地义的今人来说，确实要多做一些同情的理解。

这就可以看出，之所以儒家以血缘天伦为理论基石，并且把它放在头等重要的位置，是因为儒学秉承周礼，而周礼建基于周代特定的宗法结构，国建立在家的基础上，政治结构建立在血缘结构的基础上。历任的周天子，首先是"天下"的大宗之主，其次才是最高政治领袖。也就是说，宗主身份优先于君主身份，父权优先于君权。

若在这种认识之下回顾先前的两难问题，周公诛管叔的确存在一些可以被人指摘的地方，而大舜的窃负而逃和石碏的大义灭亲，虽然行为上南辕北辙，道德基础却不存在什么本质差别。

先秦百家之学，只有儒家的原创性最弱，很大程度上只是在"复礼"而已，即试图恢复周初宗法基础之上的礼制，所以其学说的宗法背景最强；而在秦汉之后，宗法制度瓦解，儒学却被推尊为官方意识形态，这便难免会有理论难题不时出现，让人正也不是，反也不是。

18

西汉初年，开国功臣郦商在汉高祖刘邦死后继续辅佐孝惠帝和吕后，直至病重而不能理事。其时吕后专权，诛杀刘姓宗亲，在重要岗位上安插吕家亲属，刘姓政权面临着被吕姓和平演变的风险。若不是吕后"及时"身故，这一潜在的危险大有可能成为现实。

于是，忠于刘姓的元老大臣们开始谋划诛除吕氏家族，如此则需要控制兵权，而兵权依旧掌握在吕氏手里。从吕氏手里夺取兵权来诛除吕氏，听上去真是一个不可能完成的任务。如果说事情还有一线转机的话，那就是郦商的儿子郦寄和吕禄是好朋友，而吕禄恰恰就任北军统帅。计从此出，太尉周勃派人胁持了郦寄的父亲郦商，迫使郦寄诱骗吕禄外出，以便创造时机入营夺权。道德与利益的难题一并摆在郦寄面前,他究竟应该何去何从呢?

郦寄的抉择似乎不应太难,毕竟天平的一端是亲生父亲的生死安危,再加上正统王朝的君臣之义,另一端只是一个好朋友罢了,何况这个朋友在政治上还是个乱臣贼子。事情是这样发展的:郦寄果然按照周勃的安排去诱骗吕禄,而出于对朋友的充分信任,吕禄轻轻松松地和郦寄一同出游了。周勃就是趁着这个时机入据北军,成功诛灭了吕氏家族。

但是,这个似乎不该受到任何道德谴责的郦寄异乎寻常地受到了普遍的道德谴责——《史记》和《汉书》在记述整件事情的经过之后都有一句话说,天下人皆称郦寄卖友。

郦寄卖友其实颇有家庭传统,郦氏家族为刘邦献出的第一功就是郦寄的叔父郦食其靠卖友赢来的。其时沛公正值反秦义军各擅胜场之际,沛公刘邦领兵经过陈留,郦食其求见,提出愿为刘邦拿下陈留。郦食其一介平民,之所以有这样的底气,只是因为他与秦朝的陈留县令素来交好。郦食其趁夜去见陈留令,以利害相游说,陈留令虽然不为所动,却说了一番有情有义的话:"秦朝法律至为严厉,您千万不要乱说话,乱说话的人是要被杀光的。您对我说的这番话,不符合我的心意,请您不要再说了。"以秦法之重,陈留令对郦食其这个乱臣贼子可以毫不追究,不出卖朋友以博取上位,这实在是难能可贵的,而郦食其对他的回报是,趁着留宿之便,夜半斩下陈留令的首级,翻越城墙而出。刘邦将陈留令的首级挂在长竿上以示陈留守军,就此兵不血刃地夺取陈留。(《史记·郦生陆贾列传》)

郦寄卖友远不及乃叔那般冷酷无情,只是后者占了乱世的便宜,

第一章　圣天子的违法逃亡　·　51

竟然不曾招致任何指责。事情的另一面是：如果郦食其可以为自己的卖友行为辩护的话，想来他会认为这是为大义而灭小义。——可资参照的是，郦食其为刘邦游说齐王，为韩信所卖，齐王置鼎欲烹杀之。郦食其于此时留下了人生的最后一句话："做大事的人不会谨小慎微，有高尚道德的人不在意别人的责备。"这是一种直到今日依然相当普遍的人生哲学：善是分等级的，为了追求更高的善，一个人完全应该牺牲较低的善。那么，为了追求天下太平，万世一统，无论背弃亲朋好友也好，诛戮千万无辜也好，完全具备道德上的合法性。

班固正是以这样的逻辑为郦寄做辩护的："孝文帝时，天下人都认为郦寄卖友，但是，所谓卖友之人都是见利忘义之辈，郦寄却不一样——他的父亲是汉朝功臣，又受了周勃的劫持，何况郦寄虽然害了朋友吕禄，却安定了国家社稷，无论于君臣之义还是父子之义皆无亏欠，他这样做是没有错的。"（《汉书·樊郦滕灌傅靳周传赞》）

班固的这番辩护，无论从义理上还是从逻辑上都很通畅，但仍然掩盖不了这样一个事实，即整个"天下"都在谴责郦寄的卖友行为。也就是说，如果取从众原则的话，郦寄无疑是一个卑鄙小人，出卖吕禄这件事亦无疑就是他身上永远洗不掉的道德污点。即便到了唐代，李瀚编写《蒙求》以方便小孩子记诵历史掌故，文中仍然有"郦寄卖友"一句。这就意味着，在成年人为小孩子树立正确价值观的行为里，郦寄已经沦为极不光彩的反面教材了。

普罗大众的见识当然不会有班固这样的高级知识分子来得深刻，他们判断问题往往较少地诉诸条分缕析的严密逻辑，而往往诉诸直观感受。我们不难想象,若是孝文帝时期的"天下人"可以和班固论辩的话,他们的发言很可能破绽百出,不值一驳,但正如今天很多人坚信无论在何种情况下 murder is murder 或者 a deal is a deal 之类的标准一样,他们一样会坚信卖友就是卖友,而无论有怎样的前提和理由。

而另一方面是,"天下人"对郦寄的谴责至少可以说明以下事实:

(1)刘氏与吕氏对最高权力的争夺虽然搞得腥风血雨,但其范围基本限于统治阶层内部,不曾波及整个社会。

(2)"天下人"对汉王朝的认同感并不很强,社会观念仍有先秦遗风。

那么,如果我们承认道德即任一社会里的主流价值观,并且相信天伦式的道德标准来自对天性的直观认知而非缜密的逻辑推理,我们又该怎样评价郦商呢?到底是班固错了,还是"天下人"错了?

19

回顾"大礼议"事件,正如前述,在这场旷日持久的"战争"中同样蕴含着理性与直观的对立,或者说蕴含着学理分析与天性好恶的对立。《礼记·曲礼上》有一条论礼的标准,"礼从宜",礼应当顺从时宜;先秦诸子中的慎到也有一句名言,叫作"礼从俗,政从上,使从君"。如果我们本着"礼从宜"或"礼从俗"的这一社群主义思路,无论郦寄是否卖友小人,嘉靖帝也应该服从压倒多数的朝臣意见呢?张璁等人作为少数派,甚至是极少数派,若探讨的是科学意义上的真理,自当义无反顾地坚持下去,而探讨的若仅仅是本当从俗的道德礼法时,是否他们作为极少数派这一事实本身就已经说明了他们的谬误呢?

这些问题所意味的是,道德礼法之所以"从俗",遵循社会的主流价值观,为的是起到维护社会稳定的作用,而当主流价值观发生了改变,那么任何与之尖锐对立的观念,哪怕该观念完全能够在学理上找到无懈可击的依据,反而会对社会稳定起到相当程度的破坏作用,而坚持这一观念也就等于违背了道德礼法最核心的功能意义。

但辩论的双方都不肯以这样的角度看待问题。他们始终相信真理的唯一性和永恒性,而不能接受一种变动不居的判断准绳,尽管事实上他们的价值观念早已经不同于儒家经典渐次成型的那个古老年代了。

一位叫作霍韬的官员是张璁寥寥可数的同道人之一,他在给嘉靖帝的上疏中揪出了宋人"濮议"当中的一点"不合于圣贤之道"的地方:宋人劝宋英宗说,仁宗皇帝从宗室当中特地选择了他来继位,他之所以富有四海,子孙万世相承,都要仰赖仁宗皇帝之德。霍韬于是讥议道:"这分明是说因为宋仁宗把天下给了宋英宗,宋英宗便应该感恩戴德地舍弃亲生父母而认仁宗夫妻为父母。但天下是天下之天下,不是某个人的私产。舜窃负而逃,是父母重而天下轻,若依宋儒的看法，则是天下重而父母轻，恰恰与圣贤之道相悖。"[1]

霍韬这番话恰恰道出了思想风气的一番变局。儒家经典专有一部《孝经》，长久以来都被用作蒙学教材；及至宋代，朱熹以学术宗师的身份质疑《孝经》并非孔子亲撰，其论理之处也多有所浅陋、不妥。《孝经》既遭受如此严重的打击，孝道的神圣性也难免受些连带影响。近代学者顾实在《汉书艺文志讲疏》里有一段很有感情色彩的评论，大意是说，唐代之前没有质疑《孝经》的，所以就算是东晋偏安江左，也能延续一线正朔；隋唐两代皇帝虽然血统不纯，却也能使汉风重振。到了南宋，才有朱熹之徒开了大肆质疑《孝经》之先河。可悲呀，把帝位看得比父母还重，宋儒的罪过实在太大了！

顾实的意思是说，元亡宋、清亡明，其祸根在很大程度上都是由于朱熹质疑《孝经》而萌生的。顾实哀悼汉家圣贤之道的泯灭，而霍韬的上疏也正是抓住了宋儒的这点罪恶。而且在霍韬看来，帝位相传是公义而非私恩，就算现任天子请你来做他的继承人，你也没理由对他做出任何私人性质的回报，更别说将他认作父亲了。——当然，宋儒的话其实也能从儒家经典里寻到一些依据[2]，而对霍韬的意见我们更不能揆诸实际，只能视之为一种政治理想罢了，因为天下其时确实已经变成了皇家的私产。不过更加重要的情形是，这种与现

---

[1] 见《明史·霍韬传》。
[2]《穀梁传·闵公元年》认为鲁闵公受国于子般，从血缘来看，子般不是闵公的父亲；从尊卑来看，子般也不曾做过国君（还没即位就被谋杀了），但他之于闵公就像国君和父亲那样，因为闵公正是从他的手里接受了国家权力的。《穀梁传·文公二年》记载鲁国太庙祭祖，提升鲁僖公的神主位次，认为文公将僖公的神主放在闵公之前是不对的，尽管僖公是闵公的庶兄，但闵公为君在前，僖公即位在后。《穀梁传》就此归纳一则春秋大义："君子不以亲亲害尊尊，此《春秋》之义也。"

实相悖的政治理想在当时看来具有相当程度的道德正义性——尽管可以质疑其可操作性，但不能质疑其正义性。

至于被霍韬明确归纳出来的"父母重而天下轻"的圣贤之道，自汉代以来一直都是国家立法的一条核心原则。但是，现实永远比理论复杂很多，就连理论也因为社会结构的变迁而在两难之中陷入纠结。

20

明代靖难之变，明成祖朱棣以十族性命威胁方孝孺，而方孝孺毅然选择了天下公义，舆论则压倒性地站在方孝孺一边。另有一则事例，东汉灵帝熹平六年，辽西太守赵苞派人回山东老家接取家眷，没想到一家人在赶赴赵苞任所的途中遭遇了敌军（鲜卑）部队，不幸通通被抓做人质。两军阵前，赵苞望着母亲悲号失声，可他能怎么做呢，是投降鲜卑以保全家人性命呢，抑或忠孝不能两全，坚决和鲜卑人开战呢？

按照上文中乾隆帝对杨承勋事件的定性，我们不妨推测一下赵苞最合乎道德准绳的做法：拔剑自刎，把战事委托给自己的部下，不复考虑母亲的生死和城池的存亡。——历史上的确有人为赵苞想出过这个办法，他就是明清易代之际三大思想家之一的王夫之。(《读通鉴论》卷八）如果让边沁主义者来看，这或许是所有可能的方案中最坏的一个，因为这样一来，赵苞既保不住家人，也很难保住城池，更丢了自己的性命。王夫之当然也看到了这一层，但他作为一代醇儒，是可以为了捍卫原则而不计后果的。至于抽象的原则与具体的后果孰轻孰重，这又是一个颇难论定的问题了。

赵苞事件的真实结局是这样的：两军阵前，赵苞对母亲说："从前我是您的儿子，现在我是皇帝的臣子，义不得顾私情。"母亲答道："人各有命，你就勉励尽忠吧！"于是赵苞决然开战，虽然打败了敌人，自己一家人却无一幸免。皇帝为了表彰赵苞，封以侯爵，而赵苞在回乡安葬了家人之后，对乡人说："食禄而避难，非忠也；杀母以全义，非孝也。如是，有何面目立于天下！"在留下这一番豪言壮语之后，这位尴尬的英雄呕血而死。(《通鉴》卷五十七)

必须承认的是，赵苞的死法相当符合当时的主流道德期待，设若赵苞不死，他这番作为势必成为人们道德争议的一大焦点，也就是说，面对忠孝不能两全的局面，如果不以死亡来回避选择的话，到底应该忠优先于孝抑或相反呢？

江盈科记有郑克敬的一则逸事：明洪武年间，御史郑克敬即将奉公出使，临行前明太祖特地赐宴以示恩宠。郑克敬却不肯饮食，说时值亡父忌辰，不忍下箸。明太祖说："君尊于父，难道因为父亲的缘故就可以不听君命吗？"郑克敬答道："臣听说先有父子关系，然后才有君臣关系。"(《闻纪·纪圣明》)这个回答很有先秦儒家的风范，在明代却多少有点不合时宜，只是饮食与否的问题说到底并不构成太大的矛盾，所以明太祖还是对这个回答表示了欣赏，以赐钞五锭作为皆大欢喜的收场。

21

假如可以忽略时代异同的话,那么楚国士人申鸣一定可以有理有据地驳斥郑克敬。申鸣是楚国著名的孝子,一直居家不仕,奉养父亲。父亲问他:"楚王想要任你为国相,你为什么不接受呢?"申鸣答道:"不再做父亲的孝子而改做国君的忠臣,这又何必呢?"父亲劝说:"可我很希望你去做官,那样的话,既能享受国家的俸禄,又能在朝廷上树立道义,难道不是皆大欢喜的事情吗?"申鸣于是接受了楚王的聘任,一连三年担任国相,而致命的考验终于降临了。

政治世界永远云谲波诡,白公胜忽然兴兵作乱,杀死了司马子期,局势危殆至极。申鸣决定冒死一战,父亲赶忙拦阻他说:"你难道要抛下父亲去送死吗?"申鸣答道:"我听说出仕做官的人性命归于国君,俸禄归于亲人,三年前我就已经离开父亲去侍奉国君,难道不应该为国尽忠吗?"申鸣于是辞别父亲,率领军队与白公胜交战。

白公胜对申鸣颇为忌惮,不愿正面冲突,于是找家臣石乞商量对策。石乞建议道:"申鸣是天下闻名的孝子,我们只要把他的父亲抓来,他就一定会来和咱们谈判。"白公胜依计而行,抓来申鸣的父亲,威胁申鸣:"你若帮我,我和你平分楚国;你若不帮我,我就杀掉你的父亲。"

可惜文献并未记载申鸣的父亲此时此刻持何立场，而接下来申鸣的一番话是全文的关键：申鸣流着泪回复白公胜说："当初我是父亲的孝子，现在我是君王的忠臣。我听说吃谁的饭就要为谁效死力，接受谁的俸禄就要为谁奉献全部的才能。如今我已经不能再做父亲的孝子了，就好好去做君王的忠臣吧，哪敢考虑自我保全的事？"说罢，申鸣擂鼓进兵，终于杀死了白公胜，而他的父亲最终未能幸免于难。

待尘埃落定，楚王准备重赏申鸣，申鸣却自刎而死，其临终遗言是："吃君王的饭而不赴国君之难，这是不忠；安定了君王的国家却陷自己的父亲于死地，这是不孝。忠孝不能两全，我没有脸面再立身于世了。"《韩诗外传》记述其事，末尾附上《诗经》之一句："进退维谷。"（《韩诗外传》卷十，第二十四章，申鸣故事又见《说苑·立节》。）

尽管申鸣事迹的真实性相当值得怀疑（据《左传·哀公十六年》，白公胜为叶公子高所败，途穷而自杀），但这并不重要，重要的是它作为道德范本的严峻意义。申鸣虽然很落俗套地以自杀收场，事实上已经相当明确地阐释出忠与孝的优先级应当是怎样排列的：未出仕时，以孝为先；既已出仕，以忠为先。

出仕标志着责任关系的一种转变，换言之，一个人的身份变了，那么他所承担的社会责任也就相应地变了，忠与孝的排序也自然就随之而变了。按照这个逻辑，申鸣大可不必自杀——事实上，后世真正遵循申鸣这套逻辑的人已经能够以大公无私的高尚姿态大大方方地活着了。即便不好意思公然宣称做官应该置父母于度外，至少可以宣称应该置妻子儿女于度外。

西汉酷吏郅都自述"倍（背）亲而仕"，意味着出仕本身就是一种背离父母的行为，那么他既然已经倍亲而仕，就认为自己的责任应当是"以全部生命尽忠职守，无暇顾及妻子儿女"。郅都正是因为如此的人生观才为自己赚到了仕途上的第一桶金：那时候他担任中郎将，随汉景帝到上林苑游猎。贾姬如厕，没料到有野猪突然冲进了厕所。景帝给郅都使眼色，郅都不动；景帝情急之下要自己拿着兵刃去救贾姬，郅都赶忙跪上前拦阻道："死掉一个姬妾还会有新的姬妾，天下哪少贾姬一人，陛下纵然自轻，却该怎么向宗庙和太后交代呢？"景帝于是放弃救援，野猪竟然也自动离开了。太后听说此事之后，赏赐郅都百金，从此另眼相看。(《史记·酷吏列传》)

郅都之所以不理会汉景帝的眼色，想来是有如下的合理动机：此地野猪出没，自己必须全神贯注以保护皇帝的周全，贾姬迫在眉睫的生命危险不如皇帝的潜在安危来得重要。景帝之所以理应对贾姬遇险袖手旁观，是因为帝王身系江山社稷，不值得为地位低下的人（哪怕是亲人）冒任何一点风险。

依这样的逻辑可以做如下推理：

（1）对于公职人员而言，凡是属于私人范畴且具有可替代性的人力资源都是可以轻易牺牲掉的。

（2）甘冒风险救人于危难虽然算是一种美德，但是尊者没必要为卑者犯险。

上述推理（1）直到当代仍然有着相当程度的道德认同，公而忘私、国而忘家的人经常以楷模的光辉形象出现在新闻报道的显要位置，只不过动机由忠君变成了爱国。推理（2）是当代平民社会的主流道德观所无法容忍的，即便古人也难免生出这样的质疑：一个连亲人都吝于援手的帝王，难道还会在意外人的生死祸福吗？当年刘邦与项羽会战于广武，项羽准备烹杀刘邦的父亲来要挟刘邦投降。刘邦给出了那个"幸分我一杯羹"的著名回答。此时项伯对项羽的劝说也是相当耐人寻味的："天下事未可知，且为天下者不顾家，就算杀了刘邦的父亲也没有什么好处，只会益发结怨罢了。"（《汉书·项籍传》）刘邦自己也会以同样的逻辑揣摩他人——江山定鼎之后，刘邦的女婿赵王张敖涉嫌谋反，吕后以亲属关系的角度为之力辩，刘邦大怒答道："假使张敖据有天下，哪会在乎你的女儿？"（《汉书·张耳陈馀列传》）

不知道赵苞之类的英雄豪杰在读到这段历史的时候会生出怎样的感慨呢？在醇儒的价值标准里，刘汉政权的合法性完全可以因为广武事件而轰然倒塌。事实上这般悖逆人伦的"大义"君主可以为之，臣子却不可为之，州官可以放火，百姓无权点灯。

22

更加耐人寻味的是，今人做出公而忘私、国而忘家的选择时，一般的出发点都是在两善之间理应选择更大的善，而赵苞、申鸣与郐都看上去全无这样的考虑——忠并不是比孝更大的善，而是在一个人的身份发生转换之后所必然伴随的责任转换,换言之,如果你不愿出仕,那么理所当然应该做好孝子,做孝子也绝不比做忠臣低人一等;如果你选择出仕,那就意味着你已经自动放弃了孝的优先权,因为从此以后是国君而非你的父母给你以及你的家人提供一切衣食所需。

若站在帝王的立场,自然会赞赏赵苞、申鸣与郤都的抉择,因为他们首先捍卫了帝王的江山,而且他们为达到这一目的而采取的方式并没有对主流意识形态造成多么沉重的冲击。但是,站在同样的立场上,若是更进一步,号召臣民们无论出仕与否都应该全心全意地献身于(帝王私属的)国家,任何事物——无论是父母亲情还是手足之情——都不应该成为阻碍,甚至都可以被毫不犹豫地牺牲掉,这不是更有利的事情吗?

专制政体当然有足够的能力来完成这种移风易俗的工作,之所以没能完成,一定"非不能也,是不为也"。为何不为,在正义性的原因之外,一定还有功利上的理由。

23

韩非子正是先秦诸子当中最具功利色彩的人物,但他也有贬低巧诈、推崇拙诚的时候。当然,这道理经由韩非子讲来,肯定不会是出于正义性的考虑。

韩非子讲了两则故事,第一则是乐羊的事迹。魏国将军乐羊进攻中山国,中山国君抓了乐羊的儿子烹成肉羹,派人送到乐羊的军营,没想到这份肉羹完全不曾动摇乐羊的心志——乐羊似乎全然不为所动,径自将肉羹吃完,后来终于攻克了中山国。魏文侯大受感动,对堵师赞说:"乐羊为了给我打下中山国,不惜吃了自己儿子的肉。"但堵师赞不以为然:"他连儿子的肉都吃,还有谁的肉不吃呢?"于是,魏文侯虽然赏了乐羊的战功,却开始怀疑他的心迹与为人。

第二则故事的内容恰恰与第一则相反,是说孟孙猎得一只小鹿,安排秦西巴运它回去。一路之上,母鹿一直尾随在后,悲啼不已。秦西巴于心不忍,就擅自把小鹿放掉了。孟孙对这种自作主张的渎职行为大为恼怒,当即赶走了秦西巴。但令人惊异的是,孟孙在不久后又把秦西巴召唤回来,安排他做自己儿子的老师。为孟孙驾车的人不解道:"先前怪罪他,现在却召他来做孩子的老师,这是为什么呢?"孟孙答道:"他对小鹿尚有不忍之心,何况对我的儿子呢?"(《韩非子·说林上》)

唐代诗人陈子昂用诗的语言重述这两则故事道:

> 乐羊为魏将,食子殉军功。
> 骨肉且相薄,他人安得忠。
> 吾闻中山相,乃属放麑翁。
> 孤兽犹不忍,况以奉君终。
> ——《感遇》之四

陈子昂这首诗加重了故事的说教色彩。事实上,儒家和法家虽然势同水火,在这个由基本人情而推己及人的主题上却不存在任何龃龉(道家更是完全认同这个逻辑),因为这正是周代的公共知识背景。人们普遍相信,一个灭绝天伦、泯灭人性的人,是不值得信任的;即便他不惜巨大的个人牺牲来为你做出奉献,你最多只可以利用他,却不可以信任他。清代顺治帝亲自撰写过一部《资政要览》,存心为朝野与子孙立准绳,其中论及乐羊,便说他"灭绝天性,则人伦所不齿也"。(《御定资政要览》卷一,父道章第三)

24

事实上乱世的伦理往往与治世有别,乐羊式的人物也可以有广阔的发展空间。

唐武德三年,高祖李渊准备派隋朝降将屈突通辅佐李世民,征讨据守洛阳的王世充,但顾虑到屈突通的两个儿子都在洛阳。屈突通向高祖表示:"臣本为阶下囚,当获死罪,承蒙陛下施恩宽免。那时我就默默立誓,希望能在有生之年为陛下尽节。如今有幸充任前锋,两个儿子又有什么值得顾惜的呢?"这番义气深获高祖赞赏,而屈突通仕唐之后,的确鞠躬尽瘁,建功立业,后来图于凌烟阁,赢得莫大殊荣。(《通鉴》卷一百八十八)

耐人寻味的是,屈突通的这番义节也曾经献给过隋朝。当时李渊已经擒获屈突通的全部家眷，派屈突通的儿子在阵前劝降。屈突通不为所动，对儿子喝骂道："昔日与你为父子，今日与你为仇雠。"于是命令左右射箭。但隋朝毕竟大势已去，在唐军的攻心战下，屈突通的部下纷纷弃甲投降，屈突通无可奈何，终于也走出了投降的一步。（《旧唐书·屈突通传》）

以儒家的标准来看，屈突通为做隋朝忠臣不惜射杀亲子，为做唐朝忠臣而再度置二子于不顾，虽然无论仕隋仕唐皆有赫赫功业，但这只是乱世当中的特殊现象，实在不足取法。屈突通可谓义士，却不可谓君子。而李渊之所以理解屈突通，是因为他自己也是一个可以为了某种更高的善或更大的利而贬低亲情的人。

李渊最初在太原起事的时候，有不少亲族仍然留在长安。李靖和卫文升作为隋朝的长安守将，尽职尽责地收捕了李渊的亲族，依律将其处死。后来李渊平定关中，诛杀卫文升等人，李靖在屠刀面前为自己辩解说："您平定关中，如果只是为了报私仇，就不妨杀了我，但如果您志在天下，就不该杀我。"这番话果然打动了李渊，李靖从此便效力于唐营。后来在李靖担任岐州刺史的时候，有人为了迎合李渊的心意，告发李靖谋反。李渊派了一名御史审理此案，叮嘱道："李靖谋反之事一旦查明属实，就可以立即处置他。"（《大唐新语·举贤第十三》）

看来李渊虽然心怀天下，为成大事而可以不拘小节，但对于家族仇恨始终不能释怀，这倒也是人之常情。后来刺史辨明了李靖的无辜，李渊便也没有再为难他。李靖后来为李唐王朝立下赫赫战功，李渊也许会因此觉得那些长安亲人的牺牲也算是值得了吧。

如果坚守儒家的复仇大义的话，那么李渊显然算不上一个合格的君子，当然更没资格号令天下。《礼记·檀弓》记有一段子夏与老师孔子的对话，子夏问："对杀害父母的仇人应该怎么办？"孔子回答说："睡在草垫子上，拿盾牌当枕头，不去做官，决不跟仇人生活在同一个世界上。不论在集市上还是在朝堂上，只要一遇到仇人，无论身上是否带着武器，都应该马上动手杀他！"子夏又问："那么，对杀害亲兄弟的仇人又该怎么办？"孔子答道："不和仇人同朝为官。如果自己奉国君之命出使外国，在外国遇见了仇人，不能跟他动手，要以公事第一。"子夏又问："那么，对杀害叔伯兄弟的仇人又该怎么办？"孔子答道："自己不带头报仇，如果死者的亲儿子或者亲兄弟找仇人动手，那就拿着家伙在后边助威。"《礼记·曲礼上》也有类似的明确规定：杀父之仇不共戴天；杀害兄弟的仇人一旦遇到，不管手里有没有武器，都应该立即动手报仇；至于杀害朋友的仇人，不能与他在同国生活。

儒家以亲属关系与天伦人情作为治国之本，主张在顺应天性中略做节制。在这样的标准下，屈突通与李渊显然都悖逆人伦，不足为法；李靖更是一副小人嘴脸，大为君子所不齿；而屈突通的那种激昂感奋可谓既不近人情，亦不合中道。

25

君子奉行中道,通晓过犹不及的道理,不会做出那种义愤感激的极端行为。

君子伦理源于周代,周人以礼立国,讲究规范和节制,要求君子乐而不淫,哀而不伤,怨而不怒。总而言之,一切超乎常规的极端感情都是不好的。

平民社会一般不喜欢君子的礼仪风范,认为这纯属忸怩作态——为什么要用那么多规矩来束缚自己的天然情感呢?笑就该大声去笑,哭就该大声去哭,高兴时就该大呼小叫,难过时不妨呼朋唤友,尽情发泄。正如贵族社会所推崇的节制在平民社会看来纯属装腔作势一样,平民社会所推崇的真挚在贵族社会看来简直粗俗野蛮得如同野兽。所以当我们抛开贵族或平民的立场之后,就会发现极端的情感表达其实未必都蕴藏着恶意。

比如爱情,许多为爱疯狂而不顾一切的人在我们看来并不那么面目可憎,甚至值得同情和感动。晋人荀奉倩和妻子的感情极笃,有一次妻子患病,身体发热,体温总是降不下来,当时正值隆冬,荀奉倩情急之下,脱掉衣服,赤身跑到庭院里,让风雪冻冷自己的身体,再回来贴到妻子的身上给她降温。如是者多次,但这般深情并没有感动上天，妻子还是死了，荀奉倩也被折磨得病重不起，很快也随妻子而去。

这一悲剧在今天看来分外感人，而《世说新语》却将之记入"惑溺"一章，反而认为荀奉倩是违背正常人情的，如吸毒一般在一段不该投入太多感情的人际关系里一发不可收拾。深爱妻子的纳兰性德在悼亡诗词里常常引述荀奉倩这则掌故，诸如"不辞冰雪为卿热"云云。今日年轻人心目中的这个爱情楷模倘若生在晋代，一定也会被《世说新语》记入"惑溺"一章加以讥讽的。

但究竟怎样才算惑溺，倘若荀奉倩将"不辞冰雪为卿热"的行为用在父母身上，哪怕是用在继母身上，非但不会被讥为惑溺，反而会受到官府的表彰和世人的景仰。明清之际，理学大家张履祥撰《辨惑》，讲到有孝子不惜割自己的肝脏给继母治病，乡人为之嗟叹，前去探访的先后有上千人，或者敬拜，或者以钱米相赠。事情传到官府那里，官府给以隆重表彰。（《杨园先生全集》卷十九）

如果从人类的天然情感来讲，儿女对父母剖肝疗疾倒也是一往情深所致，儿女对继母显然没有这样的天伦之情。换言之，在一般意义上，一个人对继母的天然感情一定远远小于对恋人的天然感情，然而荀奉倩被讥为惑溺，为继母剖肝疗疾的孝子却受到景仰与表彰，显然其评价标准不是由人性天伦，而是由风俗道德所决定的，人们实在没理由断言后者之真而讥讽前者之伪。

再者，正因为有些牺牲是绝大多数人都做不出来的，当某人真的做出来之后才显得格外感人。也许乐羊真的太爱他的国君或他的职责，为国家建功立业的激情无时无刻不充满他那颗火热的心。这样的感情当然有可能是真挚的——必须承认我们身边不乏这样的例子——至少我们没有确凿的理由怀疑其中一定存在着什么心机与诈伪。

26

竖刁、易牙也是乐羊式的人物。

管仲病重,齐桓公在探病的时候问道:"万一您离我而去,竖刁可以继任执政吗?"管仲答道:"不可。竖刁阉割了自己以求侍奉在您的身边,他对自己的身体尚且这般狠心,对您还有什么做不出来的呢?"桓公再问:"这样的话,让易牙继任执政可以吗?"管仲答道:"易牙肢解了自己的儿子给您吃肉,他对亲生儿子尚且这般狠心,对您还有什么做不出来的呢?如果您重用这样的人,将来一定会被诸侯耻笑。"(《说苑·权谋》)

幸或不幸的是,管仲的预言确实得到了应验。齐桓公终于还是感动于竖刁、易牙对自己的异乎寻常的爱意,结果后者暴露了奸佞嘴脸,动乱齐国。这也验证了孟子的名言:"于所厚者薄,无所不薄矣。"(《孟子·尽心上》)一个人如果于自己所亲厚的人尚且以凉薄待之,难道他会对其他人热忱起来?

然而,若我们就事论事地思考管仲与孟子的逻辑本身,那么令人困惑的是,它可以解释竖刁和易牙,或许可以解释乐羊,却该如何解释介子推呢?

介子推追随晋国公子重耳流亡各地，于绝粮之际割下自己大腿的肉给重耳吃。后来重耳返国即位，那时候"介子推割股，天下莫不闻"（《韩诗外传》卷十第三章里凫须语）。这件事向来传为美谈，人们并不以对竖刁和易牙的怀疑来怀疑介子推。细究原委，大约是因为盖棺论定地来看，竖刁、易牙表现出了过人的卑鄙，介子推表现出过人的高尚，他们的人品以及人生的结果证明了他们彼此相类的行为究竟是应当鄙薄的还是值得钦佩的。而后世的孝子节妇们一直都有割肉疗亲的孝道传统，世俗认为他们能忍常人所不能忍，应当予以表彰。

古人并不在意其间的矛盾，既会表彰介子推割股奉君与孝子节妇的割肉疗亲，也会谴责竖刁、易牙的其身其子之忍，至于乐羊式的将领，对他们保持一点最基本的防范总是很有必要的。在对一位"忍人"尚无法盖棺论定的时候，人们到底倾向于怀疑他是竖刁、易牙，至少也是乐羊，却很少相信他是介子推，所以除非身处非常局面，否则还是远离这样的人为好。

故此，往往是在乱世需要急功近利的时候，乐羊式的人物才会被唯才是举地表彰。宋代学者王应麟讨论战国名将吴起被魏文侯聘任的事情，说吴起其人道德品质败坏，魏文侯却任他为将军，难道做将军只要有才而不需要有德吗？考之周代制度，文武之道本来不分，天子的六卿同时亦是天子的六军之帅，大国诸侯的三卿同时亦是诸侯的三军之帅，掌管比闾族党的官吏同时亦是伍两卒旅的军官。即便到了春秋时代，晋国设置元帅仍然以诗书礼乐为先，文治既能搞好，战争也能打赢。在孔门弟子中，冉有、樊迟、有若，都是有

军事才能的人。只是到了战国初期,风气才为之一变。(《通鉴问答》卷一)

相反地,在太平时代,孝道往往更受推崇。即便以亲亲相隐为法理基础的法律制度严禁子女检举或状告父母,甚至不允许父母检举子女[1]因而使太多的罪行无法受到(在今天看来)公正的审判,但站在统治者的立场上,如果不承担这个代价的话,纲常的紊乱反而会大大增加管理成本。

在前述李姓女子大义灭亲的那个案例中,周处论述当判死刑的缘由,半句没提杀人偿命的道理,也完全不曾参照任何法律法规,所有的指证都围绕着"伤化污俗"这四个字。也就是说,周处在断案时所关注的并非杀人本身,而是这件事对社会所可能产生的"道德影响"。

27

这样的道德观,看上去完全是穆勒式的功利主义,处处致力于一个更大的、更长远的"善"。但与西方不同的是,中国古代政治、法律的建设尤其注重人之常情。很多时候,无论是礼还是法,只不过是将人之常情做了条文化的处理而已。

---

[1] 譬如唐代白居易判过一个案子,是某甲检举儿子盗窃,并以大义灭亲的理由为自己辩护,白居易的判词谓某甲为父不慈,有伤教化。见(唐)白居易《白居易集》卷六十七(中华书局,1979年出版),第1416页。

这种自动自发的人之常情当然不可能仅仅限于血缘关系,譬如《左传·襄公十四年》中,卫国孙文子叛乱,追杀卫献公。公孙丁为卫献公驾车跑在前面,尹公佗和庚公差在后面追。公孙丁曾是庚公差的箭术老师,庚公差又是尹公佗的箭术老师,也就是说,当下的状况是徒弟和徒孙在一道追击师父。眼看已经追到了弓箭的射程之内,射,还是不射?什么才是尹公佗和庚公差各自的符合道义的选择呢?

孟子讲过这段故事的另一个版本:郑国派出子濯孺子进犯卫国,卫国派出庚公之斯追击。这两人都是著名的神箭手,庚公之斯的箭术老师恰恰就是子濯孺子的学生。眼看已经追到了弓箭的射程之内,跑在前面的子濯孺子偏偏疾病发作,拿不了弓。在这个紧要关头,庚公之斯该不该射向自己的师公呢?

对于事情的结果,《左传》的后文是这样交代的:庚公差非常为难,说道:"射的话是背弃老师,不射的话自己回去会被论罪处死,射应该是合乎礼的吧?"

《左传》评论是非对错,最主要的标准就是"礼",褒奖之辞常用"礼也",批判之语常用"非礼也"。古人注重师道,尤其此刻要以老师教授的箭术射杀老师,可谓极大的道德重负。但师恩是私情,交战则是公义,若徇私情则无法向主君交代。一番权衡之下,庚公差还是选择了射,但他手下留情,发两箭射中车軛而回。

尹公佗说:"他是你的老师,和我的关系就远了。"于是回车再追,看来对师公不准备手下留情。公孙丁驾车载着卫献公跑在前面,见情形危殆,便把缰绳交给卫献公,回身向尹公佗发箭,一箭贯穿了尹公佗的手臂。

依儒家的伦理标准来看,尹公佗欲射师公也自有一番道理。儒家宣扬等差之爱,关系远则亲爱之情浅,责任与义务亦相应减少。所以庾公差不忍"欺师",尹公佗却甘愿"灭祖"。但尹公佗的手段仍然显得决绝而不近人情,爱做道德训诫的《左传》作者便也乐得记载他追击不成却反被师公射中的窘态。

在孟子的版本里,故事被放到了两国相争的背景之下,两难之情便益发凸显出来。

子濯孺子疾病发作,拿不了弓,眼看就要被庾公之斯追上。但当他得知后面追来的是庾公之斯时,却庆幸自己这回能逃一死了。驾车者很不理解,问道:"庾公之斯是卫国著名的神箭手,您怎么反而说自己死不了呢?"子濯孺子答道:"庾公之斯的箭术是跟尹公之他学的,尹公之他的箭术则是跟我学的。我了解尹公之他,他是个正直的人,他挑的学生一定也是正直的人。"

不久,庾公之斯追了上来,当他看到以箭术闻名的子濯孺子并不拿弓,便没有急于射击,而是先去问明情况。在得知师公今天因为疾病而无法射箭之后,庾公之斯说道:"我的箭术是跟尹公之他学的,尹公之他的箭术是跟您学的,我不忍用您传下来的箭术伤害您。但今天的事情是国家的公事,我也不敢完全废弃。"说罢,庾公之斯抽出箭矢,在车轮上将箭镞敲掉,射了四箭就回去了。(《孟子·离娄下》第二十四章)

孟子的这番讲述,与回答桃应问题的用心一般无二。也就是说,大舜与庾公之斯在不同的两件事情当中有着同样的道德根据,不要说在国事与亲情的权衡中,就算是在国事与并无血缘纽带的"人情"的权衡中,后者都毋庸置疑地优先于前者。

28

诚然,在人的自然感情里,和谁越近也就和谁越亲;和谁越亲,对谁承担的义务也就越大。我们不妨来看这样一个问题:《穀梁传·定公元年》记载周王室为天子办丧事,鲁国也在为本国国君办丧事,那么鲁国该不该派人去周王室吊唁呢?

依照惯常的理解,诸侯的丧事当然比不上天子的丧事重要,但实际情况是,周王室派了人来鲁国吊唁,鲁国却不派人去周王室吊唁。《穀梁传》给出的解释是,鲁国去世的国君是周天子的臣子,周王室自当派人吊唁;周天子是天下共主,鲁国当然应该由国君亲自前往吊唁,但鲁国的新君正在为上一任国君办理丧事,抽不开身,若派大夫去吊唁天子则属非礼之行。所以周王室派人来鲁国吊唁,鲁国却没人去吊唁周天子。

当独尊儒术之后,这种伦理精神写入立法,就出现了不少在现代人看来会觉得匪夷所思的法律条文。譬如《宋刑统·名例律》甚至规定,只要不涉及谋反罪,四世以上的亲属都可以合法地包庇罪犯,甚至向犯罪的亲属通风报信也属正当;亲属关系只有在小功以下时,才可以论包庇罪,但仍然享有罪减三等的优待。

这并不意味着对关系越远的祖先就越是恩轻义浅。《礼记·大传》谈及父与祖的关系，认为从"仁"的角度上看，从父母一代代追溯到祖先，对越远的祖先自然感情越浅；从"义"的角度上看，没有祖先就不会有后人，所以越远的祖先就越应该受到尊重。

　　遗憾的是，并非所有的相关问题都可以在这样的理论框架里得到妥善解决。徒弟不可以射师父，徒孙却可以射师公，当真是亲亲减杀的话，在祖父和父亲的冲突中又应该站在哪一边呢？

　　这确曾是儒家一个大费争议的问题。东汉年间，贵族子弟丁鸿从小学习《尚书》，饱受儒家思想的熏陶。在父亲死后，他想把承袭爵位的资格让给弟弟，于是在留下一封信之后悄无声息地离家出走。丁鸿一路跑到东海，不想遇到了老同学鲍骏。为怕身份暴露，丁鸿便故意装作陌路人，但眼尖的鲍骏还是认出了他，继而责备道："当年伯夷和季札弃位而走是因为遭逢乱世，而你仅仅因为兄弟之间的友爱之情便放弃了皇帝赐给你父亲的爵位继承资格，你这样做完全错了。《春秋》之义，不以家事废王事。"[1]

　　鲍骏的理论依据出自《公羊传·哀公三年》，当时卫灵公的太子蒯聩流亡国外，卫灵公想立庶子子南继位，但子南拒不接受；待卫灵公死后，卫国人便立了蒯聩的嫡长子辄，也就是卫灵公的嫡孙。

　　这个继承顺序合法与否呢？按照"殷道亲亲"的传统，太子蒯聩如果不在，同母弟应该接班；按照"周道尊尊"的传统，则是太子

---

[1] 见《后汉书·丁鸿传》。案：丁鸿此举，也属汉代风气使然，参见：(宋)苏轼著《刘恺丁鸿孰贤论》，出自《苏轼文集》(中华书局，1986年出版)，第44—46页；(宋)苏辙著《刘恺丁鸿孰贤论》，出自《栾城应诏集》第十一卷、《苏辙集》(中华书局，1990年出版)，第1339—1340页。

的嫡长子接班。所以辄的接班是符合"周道尊尊"的儒家义理的。

辄即位之后,亲生父亲蒯聩却准备回国夺权,于是问题就出现了:从正义性的角度上讲,辄要不要服从父亲的命令,让出君位?

其时孔子刚好就在卫国,《论语·述而》里的一段对话就是在这个背景下发生的。——冉有和子贡聊天,冉有问道:"你说咱们老师会支持卫君吗?"(冉有所谓的卫君,是指蒯聩的儿子辄,辄此时已经即位为君了。)子贡没有直接回答,很稳妥地说:"且等我去问问老师。"

子贡见了孔子,问了一个和时局风马牛不相及的问题:"老师,您觉得伯夷和叔齐是怎么样的人?"孔子回答说:"他们是古代的贤人。"子贡又问:"那他们互相推让君位而双双逃跑之后可有什么怨悔之情吗?"孔子话:"求仁而得仁,又何怨?"子贡找到冉有,对他说:"咱们老师是不会支持卫君的。"(《论语·述而》)

子贡是借着伯夷和叔齐的问题探知了孔子对卫君辄的态度。伯夷和叔齐是兄弟相让,蒯聩与辄却是父子相争,孔子既然认同前者,自然就不会认同后者。[1]

但是,孔子不支持卫君辄,难道会支持蒯聩吗?当然也不会,最大的可能就是孔子两边都不支持。但是,当下的问题是:作为父亲的蒯聩不会罢手不争,作为儿子的卫君辄也不会甘心让位,如果一定要解决其中的正义性问题,应该怎么做呢?

这个问题实在是经学史上的一大辩题,古文经学与今文经学各执

---

[1] 后人对此也有异说,参见程树德《论语集释》(中华书局,1990年出版),第886页,引全祖望《鲒埼亭集·正名论》。

一词，前者认为卫君辄子拒父命，大逆不道，后者认为这时候拒绝父命是一点都不错的。[1]

子拒父命，大逆不道，这个说法容易理解，那么公羊家的意见又有什么根据呢？

《公羊传》给出了这样一条原则：当父亲和祖父有了矛盾冲突，应该听从祖父的，因为这顺乎父子之道；当家事与王事发生了冲突，应该让王事优先，因为这顺乎尊卑之道。(《公羊传·哀公三年》)——此即前述鲍骏所援引的"《春秋》之义，不以家事废王事"的经典出处。

《穀梁传》也站在辄的一边，认为顺从父亲之命而拒绝祖父之命是不对的。(《穀梁传·哀公二年》)至此，儒家今文经学与古文经学两大阵营各执一词，谁也说不服谁。

29

现实远比理论复杂，接下来我们再看春秋时期的另一则案例。

《左传·襄公二十二年》，楚令尹子南擅政专权，国人不满，楚康王因此动了杀念。子南的儿子弃疾却是一个谨慎守礼的人，做楚

---

[1]（汉）郑玄注、（唐）孔颖达疏《礼记正义·檀弓下》引（汉）许慎《五经异义》及（汉）郑玄《驳五经异义》："《异义》：'卫辄拒父，《公羊》以为孝子不以父命辞王父之命，许拒其父。《左氏》以为子而拒父，悖德逆伦，大恶也。'郑《驳异义》云：'以父子私恩言之，则伤仁恩。'则郑意以《公羊》所云，公义也；《左氏》所云，是私恩也。故知今子之报杀其父是伤仁恩也。"

康王身边的侍御，颇受宠爱。楚康王每次见到弃疾都会流泪，弃疾请问缘由，康王说道："令尹为恶，这你是知道的，国家将要讨伐他，而你能不能继续留下来呢？"

弃疾应该怎么办呢？是听任楚康王杀掉自己的父亲，自己继续在楚国为臣，继续享受康王的宠爱；还是静待父亲被国法所诛，然后自己弃国而走；又或者赶紧把消息透露给父亲，让他早做提防？

如果让孟子来做这个选择，我们很清楚答案会是什么。但是，除了人与人的差异之外，我们还必须考虑到楚国独特的文化背景。中原诸侯向来把楚国看作蛮夷之邦，不在华夏文明的范畴之内。譬如当时作战，若中原诸侯击败蛮夷，按礼应该向周天子献俘；如果战争是在中原诸侯之间发生，献俘则属非礼。《左传·成公十六年》载晋、楚鄢陵之战，晋国作为战胜国，便派了使者向周天子献俘，这显然是把楚国当作夷狄看待的，尽管当时的楚国已经和晋国并列为"天下"最强盛的两个国家。[1]《穀梁传·庄公十年》解释《春秋》之所以把楚国当作蛮夷看待，很刻薄地说因为楚国是"圣人立，必后至；天子弱，必先叛"。至鲁宣公十二年，楚人入陈，帮助陈国平定内乱，《穀梁传》又认为陈国人并不愿意接受楚人的帮助，因为"不使夷狄为中国也"。

再如《左传·成公四年》记载，鲁成公有意改变外交政策，叛晋而附楚，季文子在劝阻成公时引用了前代史籍中的一句话："非我族类，其心必异。"说楚国虽大，但非我族类，必不会照顾我们

---

[1]《左传·成公十六年》载晋国范文子语，说当年的秦、狄、齐、楚都很强大，但如今其中三大强国都已顺服，晋国的敌手只剩下楚国一个。

鲁国。[1]

其实季文子如是说时，楚国早已摆脱了筚路蓝缕时的荒蛮，而是赫赫然的南方强国，与中原晋国相雄长，争夺霸主的位置，并不以夷狄自况[2]，但季文子仍然目之以"非我族类，其心必异"。而这一点也暗示出事情的另一方面：楚国发展之快，国力之强，很大程度上要归功于它的集权程度比中原诸侯高，因此行政效率相应也高，而这同时也就意味着楚国的君权更重。所以在这样的背景下，弃疾的选择自然比孟子为难。更何况弃疾身为楚康王身边得宠的侍御，和康王的关系自然很近，即便彼此没有血缘关系，但在前述《左传·襄公十四年》的例子里，在那个"天地君亲师"的伦理还没有固定成型的时代，庚公差与公孙丁又何尝有什么血缘关系呢？

于是对于弃疾来说，无论哪个选择，不但都要付出高昂的代价，也都无法在道义上做到无可指摘。《左传》给出的结局是，弃疾回答楚康王道："如果父亲遭到诛戮，儿子留下不走，君王还怎么能加以任用呢？而泄露君王的命令只会加重罪责，臣也不能这样做。"楚康王于是就在朝堂上杀了令尹子南，曝尸示众。

曝尸是颇具侮辱性的，对于重尊严甚于性命的贵族来说，这实在比死刑更加令人难以忍受。子南的家臣便请弃疾发话，希望能将

---

1 甚至可以说楚国不在"中国"的范畴之内。春秋时代以"中国"称中原华夏文明之诸侯，以"蛮夷"与"中国"对称，如《左传·成公七年》载吴国伐郯，吴国亦属蛮夷，季文子谓"中国不振旅，蛮夷入伐"。后世儒家此见尤重，如《穀梁传·襄公十年》释《春秋》经文之"郑虎牢"，谓"决郑乎虎牢也"，晋人范宁《春秋穀梁传集解》认为这是因郑国在晋、楚之间首鼠两端，反复无常，终于追随了楚国，所以经文才通过特殊的笔法将郑国排除在中原诸侯之外，当作外国看待。
2《左传·定公四年》载吴国伐楚，楚国大臣申包胥向秦国求救，在转述楚昭王的话里有"夷德无厌"云云，是说夷人天性贪婪，而这话是在指斥吴国，楚国自己俨然已经以中原礼仪之邦自居了。

尸体窃回安葬。弃疾明确拒绝了这项提议，坚持要依礼而行。依礼，曝尸不过三日，于是在第三天上，弃疾向楚康王请求收葬父亲的尸体并获得了康王的准许。然而安葬完毕，弃疾又面临新的难题。家臣问道："要不要出逃国外？"弃疾答道："父亲被杀，我是帮凶，就算出逃，又能去哪里呢？"家臣又问："那么继续留在楚国为臣吗？"弃疾答道："抛弃父亲而侍奉杀父仇人，我做不到。"

其实从"现实"上讲，弃疾并非没有选择。如果他出逃国外，康王当然不会阻拦；而如果他留在国内，康王依然会信任有加，很可能还会对弃疾多有补偿。只是从"道义"上讲，弃疾已经实在找不到自己的一块立锥之地了。失去了道德立足点的弃疾，最后只能自缢而死。

弃疾不曾做错什么，楚康王亦不曾做错什么，而在道义的规则制约之下，弃疾之死竟然是一个完全可以预期的、除此之外别无他途的结局，这一悲剧也正是因此具有了深刻的美学意义。

30

弃疾的道德两难是否有解，这是一件令后人大伤脑筋的事情。

宋代学者程公说引蔺敏修语，认为弃疾在不违背道义规范的前提下还是有活路可寻的：在楚康王刚刚找他商议的时候，他应该告诉父亲，让父亲辞官退位，疏远手下的小人；而且楚康王不该算是弃疾的杀父仇人,因为康王杀子南并非出于私怨,而是在执行国法,若弃疾就这么死了,非但对父亲毫无益处,还加重了国君的过错,这不是君子该做的事。(《春秋分记》卷七十五)

这个意见到底单纯了些。弃疾如果真去劝说父亲,子南最有可能的动作恐怕不是辞官,而是反叛,这也正是弃疾答楚康王时所谓的"泄露君王的命令只会加重罪责"的含义。再者,就算子南完全是死于国法,弃疾难道就该坐视不理吗?这便回到了前边亲情与国法孰轻孰重的那个问题。

元人程端学《春秋三传辨疑》专门辩驳"三传"当中的可疑之处,认为弃疾的事情不大可信,理由如下:如果子南无罪,弃疾应该向父亲通风报信让他逃走;如果子南有罪伏诛,则弃疾不该把君主当作杀父仇人。舜杀了治水不利的鲧,而鲧的儿子禹仍然可以臣事于舜,继续治水。所以《左传》这段记载既不合人情,也不合事理。(《春秋三传辨疑》卷十六)

明代夏良胜专文论"父子之变",以石碏和弃疾煞尾,说石碏杀子和弃疾杀父都属于父子之道中的"变之变者"。夏良胜考之《春秋》《左传》,认为子南并无必死之罪,弃疾在父亲面前应该早做劝谏,在国君面前应该号泣哀诉,何至于隐默不言等着惨剧发生呢?(《中庸衍义》卷六)

夏良胜的意见虽然仍免不了太多理想主义的成分,但总算指出了弃疾在道义上当做而未做的事情:在国君面前总该号泣哀诉地争取一下,以尽人子之心。只是,若这号泣哀诉不管用,又该如何呢?

这位夏良胜恰恰是经历过"大礼议"风波的人。他本是正德三年的进士,授职刑部主事,后来调任吏部,晋升为考功员外郎。早在正德年间,夏良胜就因为上疏劝谏皇帝不可耽于游乐而在午门外被罚跪五天,随后又被逮入诏狱,白天戴着枷锁到宫门外继续罚跪,最后被打了五十廷杖,罢官除名。嘉靖帝即位,召夏良胜官复原职,但随即"大礼议"事件兴起,夏良胜又做了劝谏皇帝的死硬派。几经磨难之后,他被嘉靖帝特旨谪戍辽东三万卫,于五年之后死于戍所。这部《中庸衍义》大约就是在辽东谪戍期间完成的。(《明史·夏良胜传》)

及至明清易代,乾隆帝诏令编修《四库全书》,四库馆臣为《中庸衍义》撰写提要,说这部书大抵都为嘉靖一朝之时事而发,书中但见拳拳之心,绝无一丝一毫的怨怼讥讪,真可谓纯臣之言。我们看夏良胜对弃疾的这番评议,正是四库馆臣所形容的这个样子。

耐人寻味的是,纵然是夏良胜这样为当世与后人并重的骨鲠之臣,既然认为子南罪不至死,却一点也没有想到弃疾是不是应该为父报仇。伍子胥的榜样,已经不是夏良胜那个时代所愿意见到的了——至少,人们更容易接受《榖梁传》版的那个"深明大义"而不肯报仇的伍子胥。[1]

---

[1]《榖梁传·定公四年》载,伍子胥逃到吴国之后,阖闾本想为他发兵攻楚,但他拒绝道:"我听说一个国君不会为一个普通百姓出动军队,何况一个人侍奉国君应该像侍奉父亲一样,如果损害国君的道义来报父亲的私仇,这样的事我不会去做。"

31

如果我们接受社群主义的伦理观，就会发现弃疾的悲剧完全是一个无解的死结。如果说弃疾的所作所为中有什么恶的成分，那么或许就像加尔德隆的诗句所说的那样："人的最大罪恶就是诞生于世。"

叔本华曾经把悲剧分为三种类型：第一种悲剧，故事里总有一两个穷凶极恶的人，坏话说尽，坏事做绝，在善良的主人公的命运里缔造悲剧——这样的大反派，譬如《奥赛罗》中的雅葛、《威尼斯商人》中的夏洛克；第二种悲剧，造成不幸的罪魁祸首并不是某一两个坏人，而是盲目的命运，也就是偶然和错误——最著名的例子就是索福克勒斯的《俄狄浦斯王》，西方大多数的古典悲剧都属于这一个类型，近些的例子则有莎士比亚的《罗密欧与朱丽叶》、伏尔泰的《坦克列德》；第三种悲剧，不幸也可以仅仅是由于剧中人彼此的地位不同，由于他们的关系造成的，这就无须作者在剧中安排可怕的错误或闻所未闻的意外，也不必安排什么穷凶极恶的坏人，所有的角色都只需要一些在道德上平平常常的人物，把他们安排在非常普通的情境之下，只是使他们处于相互对立的地位罢了，他们只是为这种地位所迫而彼此制造灾祸，我们却不能说他们当中到底有谁做错了。

在这三种悲剧当中,叔本华认为第三种最为可取,因为这一类悲剧并不是把不幸当作一个例外来指给我们看,不是把不幸当作罕见的情况或是罕见的穷凶极恶的人带来的东西,而是把它当作一种轻易的、自发的、从人最自然的行为和性格当中产生的、近乎人的本质所必然产生的东西,这样一来,不幸也就和我们接近到可怕的程度了。而且在这样的悲剧里,主人公连鸣不平都不可能,因为他实在怪不了任何人。[1]

若以这样的眼光来"欣赏"弃疾的悲剧,我们便做了尼采的信徒。是的,如果仅从道德角度来看,为这个世界的存在而辩护的任何理由都是站不住脚的,但我们完全可以从艺术的视角来看,看这个充满罪恶的光怪陆离的世界是多么有趣,多么富于审美价值。

当然,让伦理走入美学,这总令人或多或少地感觉荒诞。只是在弃疾的故事里,尼采的阵营难免会成为社群主义者最讨厌看到的归宿。其实同样的困境也发生在大舜的身上——孟子特地给大舜安排了一个适宜流亡者的化外之地[2],但如果桃应追问下去,追问如果"今逢四海为家日",普天之下再不存在任何化外之地,大舜又该怎么办呢?

符合孟子风范的答案或许是这样的:大舜明知道无路可逃,但还是义不容辞地背着父亲逃走。尽管以功利主义的立场衡量,大舜的这种做法不仅于事无补,反而白白搭进了自己的前程(很可能还要加上天下百姓的难以计量的福祉),而这样的结果也是大舜在事前明

---

[1] 见(德)叔本华著、石冲白译《作为意志与表象的世界》(商务印书馆,1982年出版),第352—353页。
[2] 在传说中的尧舜时代要找这么一片地方确实不难,即便到了周代,逃亡甚至会容易很多,因为很容易得到庇护。《穀梁传·庄公九年》载:"十室之邑,可以逃难;百室之邑,可以隐死。"

明就已经预料到的。边沁肯定会说大舜这样做并不道德，然而在儒家的权衡里，这却是唯一的道德选择，此外别无他法。

而且至少从理论上讲，人们在做这种道德选择的时候并不至于费心费力地权衡计较，反而是最自然会想到也最自然会做到的。正如苏轼所说，天下都知道有父子关系，父子不相贼，便足以为孝；天下都知道有兄弟关系，兄弟不相夺，便足以为悌。孝悌若足，王道便备，这既不是什么深刻难懂的道理，也不是什么辛苦难行的事情。（《孟子论》）

32

事实上，几乎每个世俗中人都知道这真的很难。"王道"若当真如此易得，世界也不会是现在这个样子。所以，我们不妨继续追问：为什么要把道德义务建立在自然感情的基础之上呢？或者说，为什么可以由"是"推论出"应该是"呢，亦即为什么可以将事实判断直接等同于价值判断？

反过来问，人的天性当然不仅仅包括血缘感情和群体认同，也还有一些通常被我们视为恶的品质，譬如贪婪、好色——今天我们知道这两种品质几乎是所有物种共通的，是基因的驱力深深烙在我们身上的，是对基因的延续大有助益的品质，但它们也可以由实然而应然地获得自己的道德立足点吗？

北宋学者张载区别过"天命之性"与"气质之性",前者是先天性善,后者是后天习染,为学的意义就是要变化气质,以返回善的天命之性。这是很为后世理学家推崇的一大学术贡献,这个说法似乎总算给了上述那个悠久的难题一个相当令人满意的解答。在今人看来,这套理论的方便之处就在于我们可以轻易就将贪欲、色欲之类的天性,总之任何在我们的道德评价系统里处于负面位置的天性,通通扫进"气质之性"的范畴。

朱熹在张载之后也曾经巧妙地回答过这个问题,他为学生解答程颐"天下善恶皆天理"的观点,说善恶的本源都是天理,只是对天理的表现既有错谬,又有过与不及,这些便是恶。比如恻隐是善,于不当恻隐处恻隐便是恶;刚断是善,于不当刚断处刚断便是恶。再者,恻隐之心是善,若恻隐过了头便成了姑息;羞恶之心是善,若羞恶过了头便成了残忍。(《朱子语类》卷九十七)

在宋人而言,这确实是一种相当高明的论证,但即便我们接受了这个观点,是否就足以顺利解决下面这个问题:各人对天伦的体会是存在差异的,这是客观事实,那么,究竟是各顺各的天伦标准才算道德,还是服从多数人的天伦标准才算道德?比如,父子之情比兄弟之情更近,这是绝大多数人都会认同的,也是基因的力量所决定的,但让我们来看一个例外的情形:《公羊传·隐公三年》记载宋宣公和弟弟商量接班人的问题,宋宣公说:"从感情上讲,我对你的爱超过对我的儿子与夷的爱;从政事上讲,你也比我的儿子与夷更适合做国君。所以还是由你来做我的接班人吧。"宋宣公死后,弟弟如约继位,但自称摄政,很快便把君位还给了与夷。为了帮助与夷免除可能发生的政治威胁，这位高尚的摄政新君甚至将自己的两个儿子冯和勃赶出国门，让他们生不要相见、死不要相哭。

这个感人的故事在后世不乏效法者。唐太宗在诸子当中偏爱魏王李泰，导致李泰觊觎太子之位，和太子李承乾明争暗斗。后来李承乾获罪被废，太子的人选问题迅速成为宫廷斗争的焦点。长孙无忌力挺晋王李治，太宗本人则给李泰以许诺。贞观十七年，太宗对身边大臣说了这样一番话："昨天李泰投进我的怀里说：'我直到今天才真正成为陛下的儿子，这真是我的再生之日啊。待我死之日，我杀死自己的儿子，传位给晋王李治。'人谁不爱自己的儿子呢？朕见李泰如此，内心十分恻然。"谏议大夫褚遂良不以为然："待陛下百年之后，魏王即位，他怎么可能真的杀死自己的爱子而传位给晋王呢？"（《通鉴》卷一百九十七）

魏王李泰所承诺的事情，显然比宋宣公兄弟看上去还要"高尚"，因而也显得过于不近人情。倘若他真的成为皇位继承人，并在将来真的杀子立弟，恐怕非但不会感动世人，反而只会使天下大哗罢了。

不甚遗憾的是，机关算尽的李泰终于未能如愿；遗憾的则是，宋宣公兄弟那个真挚感人的故事并没有一个同样真挚感人的收场——后来冯回来杀掉了与夷，篡夺了在他看来原本就该属于自己的君位。[1]《公羊传》最后评价说，君子应当崇尚正道，宋国的祸患其实是宣公的责任。

---

[1]《春秋》记此事是说杀掉与夷的是宋国太宰华督，《公羊传》之所以讲冯杀与夷，或是因为冯即位后明知华督弑君却不加讨伐。

《公羊传》所谓正道，是指嫡长子继承制度。这个制度本身就不是从遵循天性的角度来考虑的，毕竟一位父亲最爱的孩子不一定就是嫡长子。只是从功利角度来看，嫡长子继承制之于古代，正如西方人眼中的民主制度之于现代，它当然不是最好的制度（因为它一点也不考虑嫡长子是否具有相应的执政能力），却是在可选的方案中最不坏、最稳定的制度。宋国的内乱恰恰说明了这一制度对于国家稳定有着何等重要的意义。

宋宣公兄弟彼此相爱，各自的手足之情都超过了各自的父子之情。《左传》对这段历史的记载稍有不同，并没有宋宣公那段爱弟弟甚于爱儿子的话语，只是说宋宣公的弟弟确实继了位，是为宋穆公，穆公临终之时托付国事，出于对哥哥当初立自己而不立儿子与夷的感激，将国君之位传给了与夷而赶走了自己的儿子。《左传》对宋宣公的评价更与《公羊传》截然相反：称他为"知人"，他立了弟弟为君，自己的儿子以后仍然得以为君，这是因为他对继承人的安排合乎道义的缘故吧。（《左传·隐公三年》）

《左传》的评论透露出一种善有善报的观念，认为与夷继位是对宋宣公当初"牺牲"父子天伦而赢得的一种"酬报"。这也就意味着，所谓道义，并非来自对天性的顺从，而是来自对天性的克服，就像一个捡到钱包的人克服了利益的诱惑而竭力寻找失主一样。

于是我们可以看出，《左传》和《公羊传》虽然对这同一件事给出了截然相反的道德评价，而两者的道德逻辑没有太大的差别，即道德来自对天性的"克服"。

至此，我们既有了顺从天性的道德，又有了克服天性的道德，那么道德的根基到底在哪里呢？如果一定要追溯根基的话，顺从与克服究竟是如何并存的呢？

33

或许我们还可以找到另外一个切入点。

在宋宣公的案例里，《左传》与《公羊传》的道德逻辑还有第二个共同点，就是功利主义。《公羊传》所谓的正道是指嫡长子继承制，维护了这个正道也就是维护了社会的稳定；《左传》所谓的道义，关注点在于宋宣公的善有善报——播种的是道义，收获的是利益。说的都是义，为的都是利。

所谓义，正如《周易·乾·文言》点明的那般："义者，利之和也。"义是手段，利是目的。《左传·成公十六年》，楚国智者申叔时论述作战的六大手段，义便是其中之一，"义以建利"，终归是为了获胜而服务的。这就意味着，利益才是判断道德与否的终极尺度，而所谓道义，只不过是一种集体的自私。

仍以宋宣公的案例而论，在《左传》的立场上，父子天伦重于兄弟之情，而宋宣公不立子而立弟，这分明是一种伟大的牺牲；若从《公羊传》的版本来看，宋宣公爱弟弟甚于爱儿子，那么他不传子而传弟非但算不得自我牺牲，称之为溺于私情亦不为过，这怎可能具有《左传》所谓的道德价值呢？

利益不是客观事实,而是主观评判,亦即利益归根结底是一种心理感受。譬如一个人捡到一只钱包,继而在交还失主和据为己有这两种选择之间做出理性权衡,并判断出后者的经济收益小于道德负罪感所带来的心理压力,也就是说,若将钱包据为己有的话,会给自己带来长期的心理阴影,而钱包里的钱不足以弥补该心理阴影给自己带来的不愉快感。换言之,为了获得这些金钱而承受长期心理压力并不值得,所以理性的选择无疑是将钱包交还失主。显然,将钱包交还失主的行为对他而言是"有利"的,那么问题是,他这样做究竟有没有道德价值呢?

我们之所以觉得他是道德的,只是因为在我们自己的心里,金钱的分量比心理压力的分量要重,于是以己度人,认为这位高尚人士做出了可敬的自我牺牲,这正与《左传》在评价宋宣公时所基于的心理模式如出一辙。

以己度人确实是人的一种天然心理模式,这倒不是什么坏事,因为同情心也正是由此而生的。只不过古人囿于见识,更容易夸大常态而否认变态罢了,或者说,就像心学祖师陆九渊所说的那样,他们相信"人同此心,心同此理"。理学宗师朱熹也一样相信"道者,人之所共由;德者,己之所独得",一切伦理道德规范本然地存在于天地之间。

另一方面,如果我们认为这个将钱包归还失主的行为的确存在某种道德价值的话,也就意味着我们已经不自觉地采取了一种结果主义的态度,即相信凡是对社会有利的就是有道德价值的,而不问其动机如何。

如果归根结底,天伦和自我牺牲都不是道德的基石,只有利益才是,这至少在情感上是难以为人接受的,道德必须获得形而上的充足根据才行。于是便有了理学家对天理与人欲的经典二分法,亦即把天性当中对社会有利的部分高扬为天理,而将其中对社会不利的部分贬低为人欲。然而利与不利,总随世易时移,所谓"天不变,道亦不变"(董仲舒语)便总要与真实的社会相龃龉了。

"义"的含义的确总是令古人为难,究竟是"义者,利之和也"(《周易·乾·文言》语)还是"义者,天理之所宜"(朱熹《论语集注》语)[1],换言之,道德究竟应该是功利型的抑或宗教型的,这又是一个两难的问题了。

---

[1] 朱熹注释《周易》,很自然地将"义者,利之和也"按照自己的想法解释:"利者,生物之遂,物各得宜,不相妨害,故于时为秋,于人则为义,而得其分之和。"见(宋)朱熹著《周易本义·周易文言传第七》,出自《朱子全书》第1册(上海古籍出版社,安徽教育出版社,2002年版),第146页。关于《周易》的解读就像林理彰(Richard John Lynn)指出的那样,有多少注本就有多少《周易》的版本:《周易》的语言是如此简约、含混,以至于它的含义取决于它的注释者。Richard John Lynn, *Review of Sung Dynasty Uses of the I Ching, Journal of Sung-Yuan Studies* 27, 1997, p.152.

第二章

特权的道德依据

1

公元前506年,吴国发动了对楚国的攻击,是役史称柏举之战。

吴军势如破竹,楚军一溃千里。楚昭王在战败之后逃到郧公斗辛所辖的郧地。追溯起来,楚昭王与郧公斗辛很有些恩怨纠葛:二十多年前,郧公斗辛的父亲斗成然帮助楚昭王的父亲楚平王弑兄篡位,有佐立之功,只可惜斗成然恃功而骄,贪得无厌,终于被忍无可忍的楚平王处死。考虑到斗成然及其先辈的功劳,楚平王便任命斗成然的儿子斗辛为郧公。斗辛赴任之时带上了自己的兄弟斗怀,两人一起从国都迁往郧地。

虽然旧事已经过去了二十多年,楚平王亦已辞世,但随着楚昭王的不期而至,斗怀却萌生了父债子偿的杀人念头。据《国语·楚语下》的记载,斗怀向哥哥斗辛建议:"若在国都,他是我们的国君;但离开国都,他就是我们杀父仇人的儿子。见到仇人而不杀,何以为人?!"

斗辛却不同意复仇,劝阻弟弟说:"侍奉国君,不能因为他到了国都之外就改变态度,也不能因为他落了难就生出什么不该有的想法。既然尊他为君,君臣之义是永远不变的。况且彼此地位相等才称得上仇,否则就不叫仇敌。臣子杀死君父为'弑',君父杀死臣子为'讨'。楚平王杀死我们的父亲,这是君主诛讨臣下,我们有什么仇恨可言?如果大家都这样去仇恨君主,那还有什么君臣上下的区别呢?我们的先人用礼义侍奉君主有功,美名远播诸侯,自远祖斗伯比以来从来没有过失。现在你却要以弑君的恶行来玷污家族的名誉,我不准你这样做!"

面对斗辛大义凛然的一番说辞,斗怀似乎找不出反驳的理由,只是一意孤行地说:"我想念父亲,顾不得那么多了。"斗辛无奈之下,只好保护着楚昭王离开郧地,逃往随国。

2

这里有必要对斗辛的话做一些解释。所谓"仇敌",原本的意思确实是像斗辛所说的这样,并非hatred或enemy的意思,而是指"地位相当"。《诗经·周南·关雎》有"窈窕淑女,君子好逑","好逑"是指好的配偶;吴梅村写崇祯帝后生活的诗有"故剑犹存敌体恩",以皇后为皇帝的"敌体",即counterpart。

至此我们看到,哥哥斗辛的话敷衍成理,斐然成章,弟弟斗怀的话直抒胸臆,发自天然性情。这段交锋,颇有几分"大礼议"的味道。那么,谁才是正确的一方呢?

今天的读者已经普遍不能接受斗怀那种父债子偿的逻辑,但我们不得不承认,迁怒实在是人类的一种根深蒂固的心理模式,如果愤怒的情绪寻不到目标,那么一个人就需要极好的修养才能克制住自己不去迁怒于人;即便在政治层面上,"在合适的时机推出合适的替罪羊"也算得上一种相当基本的统治技术,群众的情绪对于这一招永远缺乏免疫力。另一方面,父债子偿在儒家的法理中确实存在着坚实的依据(尤其对于国君来说),所以如果将这个问题交给儒家裁判的话,很可能又会把我们带入一场没有止境的争论中去。

3

那么,楚昭王最后有没有成功逃脱呢?《国语》交代的结果是,在斗辛的保护下,楚昭王成功地逃走了。后来战事平息,楚昭王回到国都论功行赏,斗辛和斗怀的名字竟然都出现在受赏名单上。令尹子西劝谏说:"您有两个臣子,一个当赏,另一个当杀,现在您却同等地对待他们,群臣岂非不知所从?"楚昭王答道:"你说的是斗辛和斗怀吧,我知道。但他们这两兄弟,一个是以礼事君,另一个是以礼事父,我同等地对待他们难道不可以吗?"

楚昭王堪称一代贤君,《国语》记载这段故事看来就是有意以他为万世表率的,至少是赞同他的这番道理的。而《左传》对这件事的记载略有不同,其结局是,斗辛终于说服了弟弟,兄弟两人一起保护着楚昭王逃到随国。后来楚昭王赏赐功臣,令尹子西认为不该赏赐斗怀,楚昭王说:"大德消除小怨,这才是道义。"也就是说,

昭王认为斗怀虽然动过弑君的念头，但终于没有付诸行动，反而和斗辛一起保护了自己，所以是应该受奖的。(《左传·定公五年》)

和《国语》一样的是，《左传》也把楚昭王塑造为一代贤君，认同他的这番意见。但和《国语》不同的是，《左传》里的楚昭王并不把斗怀的为父报仇之心当作"礼"来表彰，反而当作了"怨"，只是由于斗怀功大于过才对他不予计较罢了。前人论述《左传》和《国语》的关系，以为两者同源，与《春秋》相关的内容辑为《左传》，高论善言则另外辑为《国语》；然而从思想观念上入手来做分析的话，就有可能得出相反的结论，《左传》与《国语》对斗怀谋弑楚昭王一事的不同见地便是一个很有说服力的例子。

那么，斗怀的复仇之义究竟是对是错呢？

这个问题放到秦汉以后便不再是问题，公羊学阐释春秋大义有所谓"君亲无将，将而诛焉"(《公羊传·庄公三十二年》)，对国君不要说有实际的谋逆行为，就算只闪过一个念头，也是死罪。但是，若我们返回春秋时代，或者站在今天的角度来看斗怀，道德裁定恐怕就是另样的了。

4

耐人寻味的是，招致楚昭王兵败出逃的这场柏举之战，吴国方面的主要策划人就是以复仇著名的伍子胥。和斗辛、斗怀兄弟的遭际类似，伍子胥的父亲和兄长当年也是被楚平王杀掉的，而且是十足的冤杀。伍子胥原本也在当杀之列，只是他逃到了楚国的敌国吴国，终于在多年之后找到机会，策划了这场柏举之战，引吴国军队成功入侵了自己的祖国。

这场侵略战争颇具侮辱性质——据《左传·定公四年》，吴军在攻破楚国都城之后，从国君到将领，依照地位高低，分别住进了楚王的宫室和贵族的家室。《穀梁传》的版本是，吴国国君住在楚昭王的寝宫，占有了楚昭王的妻子，吴国大夫们也分别住在楚国大夫们的家里，占有了楚国诸大夫的妻子。《吴越春秋》的版本更见详细，说吴王阖闾以楚昭王夫人为妻，伍子胥、孙武、白喜以楚国贵族子常、司马城的夫人为妻，意在侮辱楚国君臣。《史记·伍子胥列传》还载有伍子胥掘开了楚平王的坟墓而鞭尸泄愤的事情，并且高度赞扬了伍子胥，说假如当初伍子胥随着父亲一道求死，那么他的人生与蝼蚁何异，哪如现下这般弃小义、雪大耻，名垂于后世，"非烈丈夫孰能致此哉"。[1]

汉人快意恩仇的风尚在司马迁的议论里表露无遗，从中也见得《史记》的价值观为何容易遭到后人诟病。（但是，即便是不以司马迁之是非为然的班固，在《汉书·古今人表》里也把伍子胥列

---

[1] 参见《礼记正义》卷三对"父之仇弗与共戴天"一段的疏解："《异义》：'《公羊》说复百世之仇，《古周礼》说复仇之义不过五世。许慎谨案：鲁桓公为齐襄公所杀，其子庄公与齐桓公会，《春秋》不讥；又定公是鲁桓公九世孙，孔子相定公，与齐会于夹谷：是不复百世之仇也。从《周礼》说。'郑康成不驳，即与许慎同。'凡君非理杀臣，《公羊》说，子可复仇，故子胥伐楚，《春秋》贤之。《左氏》说，君命，天也，是不可复仇'。郑《驳异义》称：'子思云："今之君子退人，若将队诸渊，无为戎首，不亦善乎？"子胥父兄之诛，队渊不足喻，伐楚使吴首兵，合于子思之言也。'是郑善子胥，同《公羊》之义也。"

入"中上"的位置——鉴于上三品多列圣哲人物,这个"中上"的位次实在算是一种相当程度的恭维了。)依《史记·伍子胥列传》,伍子胥从逃亡伊始就立志颠覆祖国,及至攻破楚国都城之后,是在寻不到楚昭王的情况下退而求其次,这才对楚平王掘墓鞭尸的。[1]也就是说,上代的恩怨报在下代的身上,无论在斗怀还是在伍子胥看来,都是理所当然的正义。所不同的是,斗怀只想杀掉楚昭王一人,伍子胥却矢志颠覆整个楚国。要论冤情,伍子胥的父兄的确是无罪受戮的,而斗怀的父亲虽然恃功而骄,但今天从有限的史料来看,其罪未必至死。

那么试想一下,如果斗辛用他劝说弟弟的那套道理来劝说伍子胥,后者会怎样回答呢?由此引发的道德问题是,当弱势群体无法以正当手段为自己寻求公正的时候,是应该听从斗辛的忠告,还是应该追随伍子胥这个楷模。如果无法将对公正的寻求控制在一个适合的尺度之内,那么,究竟是应该放弃还是应该无视这个尺度?——究竟哪一种选择才是当之无愧的正义之举?

当然,最理想的方式就是有一个更高的仲裁者,使得臣子与国君可以在公开、公正的环境下对簿公堂。这场景虽然有点异想天开,但在中国历史上确曾真真切切地出现过一次。

---

[1] 事情也许仅止于鞭平王之墓,顾炎武有《子胥鞭平王之尸辨》。

5

公元前632年,这是晋文公重耳奠定霸业的轰轰烈烈的一年,亦即晋楚城濮之战发生的年份。在城濮之战这样的大事件里,卫国虽然只是一个无足轻重的角色,但作为被城门失火殃及的池鱼,自始至终麻烦不断。

据《左传·僖公二十八年》,晋文公打算攻打曹国,向卫国借路,卫国不肯,晋军便绕道而行,但不免和卫国发生了武装冲突。随即,晋文公与齐昭公在敛盂结盟,卫成公请求加盟,却被晋国拒绝。卫成公转而想要亲附楚国,但国内臣民反而赶走了卫成公以取悦晋国。接着,在晋国一些巧妙的外交手段下,原本依附楚国的卫、曹两国接连宣布和楚国断交。这彻底激怒了楚国,春秋史上著名的城濮之战于是爆发。

战役的结果是晋胜楚败,晋文公设践土之盟,迎来一生中声誉的顶峰。这个时候,被国人赶走的卫成公听说了楚国战败的消息,知道自己已经没办法回国,便先后到楚国和陈国避难,期待复位的时机,同时安排大夫元咺辅佐自己的弟弟叔武摄政,由叔武赴践土接受盟约。

然而事情一波三折,就在元咺出发之后,有人向卫成公进谗,说元咺已经在国内立叔武为君。此时元咺的儿子元角正跟随着流亡的卫成公，卫成公一怒之下，既然暂时杀不了元咺，便迁怒杀了元角。

在得知儿子的死讯之后，元咺依旧忠实地执行着卫成公的命令，侍奉叔武回国摄政。这年六月，晋国恢复了卫成公的君位，追随卫成公流亡在外的宁武子便与留守国内的卫国大夫们在宛濮订立盟约，约定追随卫成公流亡的人不可居功，留在国都的人也不必畏罪，自此之后要抛弃成见，和睦相处。盟誓之后，国都里的人便放宽了心，准备迎接卫成公回来复位。

卫成公却并未因此放下猜忌，特意提前进城。其时叔武正在洗头，听说哥哥回来，高兴之下握着头发急急出去迎接，没想到却被卫成公的前驱一箭射死。元咺闻讯之下，立即动身逃去晋国。

《公羊传》的记载略有不同，是说晋文公赶走了卫成公而立叔武为君，叔武本来不想即位，但担心如果立了别人，卫成公恐怕就回不来了，所以才暂且即位，以便能以君主的身份赴践土之盟，期待届时能够以外交手段促成兄长归国复位。卫成公后来当真归国复位了，却以篡位之罪杀了叔武。元咺为叔武声辩而无效，无可奈何之下只好离开了卫国。

现在，我们的问题是，到底还有没有为叔武申冤的可能，或者该以怎样的手段让卫成公为自己的罪孽负责。

6

这一次，正义的伸张似乎找不到任何可以想象的"正当途径"，尤其是对于元咺来说。因为，就算元咺可以效法伍子胥，但也不能像伍子胥那般名正言顺——伍子胥向楚平王报的是父兄之仇，叔武和元咺却不是这种关系，甚至卫成公和叔武才是一母同胞的兄弟，相比之下，元咺只是一个外人罢了。而就算元咺要给儿子元角报仇，为什么在元角被杀的时候自己仍然尽臣道、奉君命呢？

事实上，元咺当真找到了一个非暴力的解决方案，即诉诸一个更高的权威。

随着城濮之战与践土之盟的结束，晋文公业已确立了诸侯霸主的地位，元咺便把官司打到了晋文公那里。诉讼得到受理，只是因为有礼法的限制，国君之尊不宜亲自与臣子对质，于是，宁武子辅佐卫成公出庭，鍼庄子作为卫成公的替身，士荣则以大士的身份代卫成公答辩。

判决结果是卫成公败诉，晋国人便将他押到周王城囚禁起来，并且处死了士荣，砍了鍼庄子的脚，唯独赦免了宁武子，让他为卫成公供应衣食。

之所以将败诉的卫成公押往周王城，是因为从法理上讲，只有周天子才有最高的裁决权力，最后该怎样处置卫成公理应由周天子决定。《国语·周语中》记载了周襄王对卫成公的发落经过：晋文公请求周襄王处死卫成公，但周襄王拒绝了，理由是"君臣无狱"。也就是说，君臣之间是不应该有官司可打的，元咺虽然理直，但毕竟是臣子的身份，所以他的意见并不重要。倘若君臣之间可以诉讼，那么父子之间岂不是也可以诉讼了？如此则败坏了上下尊卑的次序。何况为了臣子的缘故而杀掉君主，这根本找不到适用的法律。

在周襄王看来，元咺作为臣子，"顺服"才是第一义。这种顺服，应当是一种"孩子般的顺服"——这个短语是欧洲18世纪"中国热"的时候德国哲学家赫尔德说的，其原话如下："中国的一切事理都源于'孩子般的顺服'，上至皇帝的社会各阶层，甚至那些早已作古了的列祖列宗都在传播这种礼俗和义务。他们所有的文字、格言警句，所有的经书典籍、所有家庭内部的和社会公共的风俗习惯以及他们所有的生活方式、治国方法，统统建立在这个原则的基础之上，并受其制约。"[1]

这话虽然不无道理，可是，"孩子般的顺服"难道就意味着正义注定无处伸张吗？诚然，元咺在这件诉讼当中绝对占理，周襄王对此也并不否认。所以周襄王的观点看似有点自相矛盾，他一方面承认元咺理直，另一方面认为即便元咺理直也不可依从。这样的判决是把等级秩序置于是非之上，也就是说，认为在是非之上还存在着一个更为基本的道德原则。这个道德原则，同时也是最基本的政治

---

[1] 见（德）赫尔德著《中华帝国的基督化》，出自（德）夏瑞春编、陈爱政等译《德国思想家论中国》（江苏人民出版社，1995年出版），第95页。

原则和法律原则。

7

　　这番道理出自两千多年前的周襄王之口,在今天听来当然会觉得荒谬,事实上这种道德的层级秩序一直存在,只是具体内容在不断变换而已。那么,在两千多年前的事件发生当时,晋文公有没有被周襄王这一席话说服呢？——不同的史料给出了不同的说法。《左传》的版本是,在晋文公囚禁了卫成公之后,元咺回到卫国,拥立公子瑕为君。又过了两年,晋文公大约是想彻底解决掉卫成公这个麻烦,便派医衍暗中对卫成公下毒,奈何消息走漏,宁武子贿赂医衍,让他减少了毒药的剂量,卫成公这才得以不死。此时鲁僖公为卫成公求情,使卫成公终于获释。卫成公派人回国贿赂周歂、冶廑两位当权贵族,请他们帮自己夺回君位,许诺事成之后任命二人为卿。周歂、冶廑便杀了元咺和在任国君,迎卫成公回国。卫成公在回国之后,依礼先去祭祀先君,周歂、冶廑则穿好礼服,准备入太庙接受任命。周歂先到太庙,才到门口便暴病而亡,冶廑也许是被周歂的死吓住了,急忙辞去卿位,不敢居功。(《左传·僖公三十年》)

　　依《左传》的一贯风格,交代周歂、冶廑的这般不光彩的下场,应当暗示了对卫成公复位一事的道德谴责,以及对无辜而死的元咺父子、叔武和公子瑕的同情。

若依今天的视角，从事件本身来看，我们的确看到了卫成公的卑鄙和猜忌，但我们对元咺很难有任何责备：他在儿子被冤杀之后仍然继续履行着卫成公交托给自己的使命，不可不谓公而后私；为叔武之死寻求公道，也算得上对国家大事的赤诚。所以元咺之死自然是令人同情的，《左传》颇为含蓄的褒贬令我们心有戚戚焉。

但是，《公羊传》给出了不同的道德评价，认为孔子修《春秋》是把罪恶归诸元咺的，因为元咺作为臣子，君出则己入，君入则己出，是为"不臣"。[1]这就是说，在《公羊传》的道德序列里，君臣秩序是首级道德，公平是次级道德，或者公平只能在本阶层之内寻求，绝对不可跨越等级秩序。

在斗怀谋弑楚昭王的案例里，斗辛点明过这个道德序列；在元咺诉卫成公的案例里，周襄王点明的也是同样的道德序列。这就意味着，人们在判断一件事道德与否、正义与否的时候，首先应当考虑的是道德序列或者公平的适用范围，然后才可以在道德序列的框架之下，或者在公平的适用范围之内，寻求一种"相对的正义"。

---

[1] 见《公羊传·僖公三十年》。在《史记》的故事版本里，元咺就没有那么令人同情了。据《史记·卫康叔世家》，在晋国向卫国借道伐曹的时候，卫国大夫是有心同意的，但卫成公不许，结果大夫元咺攻打卫成公，致使卫成公出奔在外。后来卫成公到了周王室，请求周天子帮助自己回国，就是在这个时候见到了晋文公。晋文公派人向卫成公下毒，卫成公却逃过一死。不久之后，周天子替卫成公请求晋文公的帮助，卫成公这才得以回国，并在回国之后杀了元咺，逼使卫君瑕出奔。

8

在元咺诉卫成公的案例里，探究一下各方面的立场是一件饶有趣味的事情。首先会引起我们兴趣的是，作为完全置身事外的鲁国，到底是出于怎样的考虑来帮助卫成公的呢？

据《国语·鲁语上》的记载，晋文公在毒杀卫成公失手之后，那位具体负责下毒工作的医生并没有因此获罪。消息传到了鲁国，鲁国大臣臧文仲对鲁僖公说："卫君大概是无罪的。刑法无非五种，并没有私下毒杀这一种，既用私刑，必有顾忌。……现在晋人毒杀卫君不死，却不追究执行人，这就说明他们有所顾忌，害怕担上擅杀诸侯的名声。那么，如果有哪位诸侯为卫君求情，卫君必定可以得到赦免。我听说，地位相等的人彼此顾惜，这才会有亲近之情（"班相恤也，故能有亲"）。那么，若一位诸侯有了祸患，其他诸侯表示关怀，这才可以作为人民的表率。您何不为卫君求情，以此向诸侯表示亲近，同时还可以打动晋君呢？晋君刚刚称霸诸侯，如果他们能因此想到'鲁国不背弃应该亲近的人，我们也应该和鲁国搞好关系'，这不是很好吗？"鲁僖公深以为然，便以玉为礼，向晋国为卫成公说情，卫成公于是得以免罪回国。自此之后，晋国聘问鲁国果然亲近了许多，对鲁国的礼仪要比对其他诸侯高出一等。

臧文仲这番冠冕堂皇的理由颇有几分后世百姓眼中"官官相护"的影子，但在当时是再道德不过的，尤其考虑到卫国的始封君康叔封和鲁国的始封君周公旦是同母兄弟，顾念祖先的手足之情自然也不失为一种美德。

9

　　我们再来看看晋文公的表现。晋文公对于卫国，既有国家利益的纠葛，又掺杂着一些私人恩怨。当初晋文公在归国即位之前，几十年间流亡各国，在卫国和曹国都受到过无礼对待，而在晋文公即位之后、准备争霸中原的时候，曹国刚刚依附了楚国，卫国则与楚国结为姻亲，卫成公本人更是一名坚定的亲楚分子。那么，即便放下私怨不提，打败卫国，除掉卫成公，对晋国的国事当然不无裨益。

　　春秋毕竟是一个礼崩乐坏的时代，晋文公也不是一个很能尊重传统礼制的人。就在践土之盟同年稍后，《春秋》记载"天王狩于河阳"，这是一则著名的曲笔，实情是晋文公在温地会盟诸侯，延请周襄王与会。孔子认为这是以臣召君，不足为训，所以《春秋》才做了隐晦的处理。（《左传·僖公二十八年》，《史记·孔子世家》）晋文公还帮助过周襄王返国平乱，事成之后因功求赏，奢求天子规格的丧葬礼仪，终于被周襄王委婉地拒绝了。（《国语·周语中》）除了这些"僭礼"的问题，在毒杀卫成公一事上，晋文公则显得不够磊落，颇有些为达目的而不择手段的作风。就连使晋国扬威定鼎的城濮之战，在今人眼里也不属于正义战争，而只是一场争霸之战而已。

至此我们看到的晋文公是一个很有些道德瑕疵的人，他对元咺诉卫成公一案的主审也不曾站在一个超然的立场上，而是恰恰与元咺的利益相同，与卫成公的利益相左。从下毒一事来看，晋文公处心积虑想要除掉卫成公，元咺的诉讼只不过给他提供了一个冠冕堂皇的借口而已。

但是，一旦我们将时代变迁的背景考虑进去，晋文公这一切所作所为竟然都可以获得足够的道德依据。春秋是一个礼崩乐坏的时代，周天子虽然是名义上的天下共主，但各大诸侯已经可以说是事实上的主权国家了，而这些主权国家对国家利益的意识也逐渐清晰起来。[1] 于是，当我们以"国家利益高于一切"这一准则衡量晋文公的作为时，会发现他简直就是这一正义观念的表率人物。上述所有作为，无论是僭礼、争霸、断狱、毒杀，无一例外地符合晋国利益，无一例外地体现着使晋国利益最大化的努力。

所谓"国家利益高于一切"，也就意味着国家利益就是道德序列中的首级道德，而其他的道德观念，无论天伦之情、朋友之义、

---

1 在春秋后期，郑国名相子产对晋国的一番外交辞令已经彰显出了相当程度的主权意识："是岁也，郑驷偃卒。子游娶于晋大夫，生丝，弱，其父兄立子瑕。子产憎其为人也，且以为不顺，弗许，亦弗止。驷氏耸。他日，丝以告其舅。冬，晋人使以币如郑，问驷乞之立故。驷氏惧，驷乞欲逃。子产弗遣。请龟以卜，亦弗予。大夫谋对，子产不待而对客曰：'郑国不天，寡君之二三臣，札瘥夭昏。今又丧我先大夫偃，其子幼弱，其一二父兄，惧队宗主，私族于谋而立长亲。寡君与其二三老曰："抑天实剥乱是，吾何知焉？"谚曰："无过乱门。"民有兵乱，犹惮过之，而况敢知天之所乱？今大夫将问其故，抑寡君实不敢知，其谁实知之？平丘之会，君寻旧盟曰："无或失职。"若寡君之二三臣，其即世者，晋大夫而专制其位，是晋之县鄙也，何国之为？'辞客币而报其使。晋人舍之。"

对公正的诉求、对生命的尊重，一旦与国家利益发生冲突，不但是"可以"被牺牲的，而且是"应该"被牺牲的，而一切原本显得卑鄙丑恶的东西，无论背叛、残忍、虚伪、冷漠，只要于国家利益有裨，也就算不得什么坏事了。

10

比之晋文公，周襄王不言利，只言礼，看上去是一个孔孟式的人物。但就在几年之前，在《左传·僖公二十四年》的记载里，周襄王却完全是以"非礼"的反面形象出现的。当时周襄王与郑国交恶，准备借助狄人的力量攻打郑国，大臣富辰极力劝谏，其主要理由是，狄人毕竟是外人，是夷狄之属，郑国不但是亲族，还有大功于周王室，所谓"兄弟阋于墙，外御其侮"，不该因为一点小怨而引夷狄来攻打亲族。但周襄王不听劝谏，一意孤行，后来为了感谢狄人的战功，又想把狄君的女儿立为王后。富辰再次苦劝，周襄王依旧我行我素。

《国语·周语中》记载此事更详，精心展示出富辰才是一个苦口婆心的守礼典范，尤其当富辰讲到"夫礼，新不间旧"，而周襄王不但不信任故旧，还肆意破坏旧秩序，做事完全只从眼前利益着想。

于是对周襄王而言，当礼阻碍了利，就可以完全无视礼的存在；当礼可以维护利的时候，讲起话来就和富辰同一个腔调了。周襄王对晋文公谈礼，这礼终归还是为自家利益服务的。其时周王室只是名义上的天下共主，周襄王对晋文公据"礼"力争，外交辞令几乎就是唯一的斗争手段了。礼，维系住一分，周王室的利益便维系住一分。元咺终不能和国君分庭抗礼，诸侯便也终不能和周王室分庭抗礼。若真如孔子的理想而成功"复礼"的话，周王室当然就是最大的受益人了。

11

周襄王与晋文公，一个苦心守旧，另一个刻意维新；一个是以道德求利益，另一个是以利益求道德。整件事里，诉求和利益真正拉开距离的也就只有元咺一个了。但是，若从卫国的国家利益来看，卫成公杀了叔武，回国复位，即便叔武和之前的元角都无辜而死，而从"大局"来看，卫国也该自此太平无事了。偏偏元咺多事，要向国君讨还公道，这才致使国君蒙难，卫国最高权力再次出现真空。

我们不妨试想一个问题，至今仍被称为贤君的唐太宗李世民早年为了登上帝位而发动了玄武门之变，谋杀同胞兄弟，屠杀兄弟诸子，还把弟媳纳为己有，又逼迫父亲逊位，那么，这样的人，这样的作为，无论以任何时代的主流道德观衡量之，都足以当得起"禽兽不如"四字，试想一下，如果当时也有元咺一般的臣子，刻意要向李世民讨还公道，我们会如何来做评价呢？

可想而知的主流评价是，对政治人物不应该看其私德。——这依然是一种功利主义的计算方式，对"最大多数人的最大幸福"的执着再一次证明了人们心中"义"与"利"的一致性。不过眼下最要紧的问题是，元咺可以找晋文公审理卫成公的是非，或者说请晋文公来干涉卫国内政，可对于唐太宗李世民，对于这位业已实现"四海一家"的天可汗，纵使真有某个元咺式的人物，又该去哪里寻求仲裁呢？

于是，晋文公的角色就只能到现实世界以外去寻访了。

12

敦煌写本《唐太宗入冥记》塑造了一个相当猥琐的唐太宗形象，大意是说，唐太宗到了冥界，遇到了一位名叫崔子玉的判官。崔子玉往来于阴阳两界，虽然在阳间只是太宗治下的一任小官，但是在阴间摇身变为审理太宗的凛凛判官。这种错位，应当是故事的作者为了强化戏剧性的冲突而刻意营造出来的吧。

崔子玉说，李建成、李元吉两兄弟在阴间称诉冤屈，苦苦请求追取太宗前来对质，这便是太宗来冥界的原因。崔子玉的话使太宗非常紧张，不惜许以高官厚禄，只求崔子玉能给自己行个方便。崔子玉得了好处，便拣了一个易于回答的问题掷给太宗，说他只要把这个问题答复妥当就可以顺利还阳。问题问的正是玄武门之变：太宗为什么杀兄弟于前殿，囚慈父于后宫？太宗被这个问题戳到痛处，半晌答不出来，最后还是得了好处的崔子玉代太宗拟了一个答复，只有寥寥六个字而已："大圣灭族□□"。

六个字里虽然脱了最后二字，但想来整体的意思无非就是"大义灭亲"之类的说辞。据卞孝萱考订，《唐太宗入冥记》的写作时间为武周代唐之初，其意义在于利用玄武门之变"降低太宗的威望，迎合了武曌的政治需要。……是一篇在佛教果报掩护下谴责唐太宗的政治小说"。[1]

作为一部"政治小说"，《唐太宗入冥记》可谓抓住了唐太宗身上最醒目的道德污点，同时也反映出世人一种亘古的无奈：虽然对公正的诉求是如此深切，但现实世界往往无法给人提供满足诉求的机会，尤其是在向最高统治者寻求公正的时候。于是，到阴曹地府里诉求便是人们唯一能够想象的"正当"途径了。

在故事当中，崔子玉终于以"大圣灭族□□"六个字给唐太宗的亏心事披上了一件貌似正义的外衣，但这件外衣究竟禁得起几番认真的道德追问呢？

---

[1] 见卞孝萱著《〈唐太宗入冥记〉与玄武门之变》，出自《敦煌学辑刊》2000年第2期。

13

玄武门之变可谓唐史当中最耐人寻味的一个题目,总是吸引着研究者和好事者们小心翼翼地在久远的官方统一口径里探索真相,体验着解谜一般的乐趣。

唐太宗本人似乎是鼓励史官秉笔直书的,他对"六月四日事"就有过如此的批示,看似颇见气度。所谓"六月四日事",唐代史料每每以此来代称玄武门之变,因为事件发生于武德九年六月四日。《贞观政要·论文史》记载,太宗见到有关"六月四日事"的文辞多有隐讳,便对房玄龄说:"当初周公诛管蔡而周室得享太平,季友鸩叔牙而鲁国得以安定,朕的所作所为也和这些前贤一样,都是为了安定社稷、利益万民罢了。史官不必有任何隐讳,只要改削浮词、直书其事就好。"

这番说辞堪称官场语言的经典范本。的确,唐太宗要求史官"改削浮词、直书其事",但隐含之意是,只能在周公诛管蔡、季友鸩叔牙的调性里"改削浮词、直书其事"。

毕竟无论怎样地涂脂抹粉,一些基本事实总是无法遮掩的。太子李建成和齐王李元吉终归被杀,高祖李渊也终归退位,这些事情无论如何也是遮掩不住的。尽管如此,但细节可以造假,详略可以斟酌,性质可以改变。唐太宗的意图,是把玄武门之变和周公诛管蔡、季友鸩叔牙这两则已经被儒家定性、接受并推崇的古代经典案例归入一类,如此一来,所谓污点不但不再显得可耻,反而可以流芳青史,凸显英雄的悲壮。

周公诛管蔡一事前文已经有过交代,季友鸩叔牙是春秋年间发生在鲁国的故事。据《左传·庄公三十二年》,其时鲁庄公病危,逐一和兄弟们商量继任国君的人选问题。鲁庄公兄弟四人,依次是庄公、庆父、叔牙、季友(一说庆父是庶长子,庄公是嫡长子)。叔牙提名庆父继位,季友则支持庄公的儿子般。最后,为了打掉庆父一党,季友逼叔牙饮鸩自尽。

庆父是春秋时代著名的阴谋家、野心家,所谓"庆父不死,鲁难未已"。好在一番云谲波诡之后,庆父终于失败,鲁国得以安宁。于是,季友鸩杀叔牙这种以弟杀兄的逆行便挣得了足够的道德权重,也算得上"大义灭亲"的一则典范了。唐太宗从《左传》里为自己找的这些辩护,正应了前述宋代学者洪范所忧心的"二传误后世"。

据《旧唐书·房玄龄传》,玄武门之变前夕,房玄龄找长孙无忌商议,有意循周公之旧例,正所谓"为国者不顾小节";《旧唐书·隐太子建成传》也提到李世民手下的文臣武将日夜劝谏,都说如今事态紧急,正当事急从权,否则定会危及社稷。周公难道没有骨肉之情吗,但为存社稷,只有大义灭亲。今天我们知道,《旧唐书》沿袭《唐实录》,而《旧唐书》的这两则记载恰恰符合了唐太宗为"六月四日事"定下的那个宣传口径,因而可以推测,这便是太宗修改国史实录的一处痕迹。

但周公之事可以类比玄武门之变吗？宋代史家范祖禹就很不以为然，认为李建成、李元吉并不曾像管叔、蔡叔那样为祸天下、动摇社稷。(《唐鉴》卷二）范祖禹的言下之意是，唐太宗诛戮兄弟只不过是出于私心罢了。

14

为了论证玄武门之变的正义性，明人贺仲轼提出过一个"定势"理论，大意是说，大唐江山主要是由李世民打下来的，所以，高祖李渊登上帝位而世民嗣位，这是天下定势。高祖提出立世民为太子，世民坚辞不允；既然世民坚辞，高祖也只好嗣立建成；但如此一来，世民真能以藩王的身份臣服于兄长吗？世民自己错失时机，不取太子之位；建成又愚昧不明，不以太子之位相让；这般情势，禁门就算想不流血又怎么可能？就像春秋时的郑庄公不该把京邑封给叔段，最后却还是封了，情势发展下去，将来必然会以兄弟相残的悲剧收场；唐太宗不该推辞太子之位却推辞了，将来难道还会有皆大欢喜的结局吗？由此可见，玄武门之变只能说是势所必然啊。(《春秋归义》卷一）

贺仲轼之所以认为太宗应当嗣位，是因为他把"赏功"当作了继承法的第一原则，这在儒家传统里不可不谓离经叛道。《左传·闵公二年》有所谓"君之嗣嫡不可以帅师"，太子不将兵本来就是正理，这是因为太子要做一国孝道的表率——其时晋献公派太子申生带兵作战,大臣里克劝阻的理由就是治军需要专断,太子若行专断则是不孝,若遇事便向君父请示则有失主帅的威严;其实晋献公何尝不知道这个道理,他之所以做出这种非礼的安排,恰恰就是想要废黜申生,另立爱子。

至于贺仲轼另外提到的诸如唐高祖李渊曾想立李世民为太子而被后者辞让的事情虽然见于两《唐书》的记载,却颇受现代史家的质疑,甚至有人认为李渊"遵从了游牧社会的习俗,有意让儿子们通过竞争夺取皇位,他自己则尽量努力阻止这一过程出轨"。[1]但我们不妨放下考据,仅以古人的眼光假定以上史事完全属实,那么,难道由此就可以推出那个"定势"不可违的结论吗?这样的一种正义观,基本就等同于"识时务者为俊杰"了。

---

[1] 见[美]贾志扬著、赵冬梅译《天潢贵胄:宋代宗室史》(江苏人民出版社,2005年出版),第7页。引Eisenberg, *Kinship*, p.231.

15

贺仲轼的这个奇谈怪论或许是从《通鉴》就玄武门之变的一段"臣光曰"衍生而来的,[1]当初司马光推许唐太宗之功,贬低李建成之庸劣,但也不得不强调"立嫡以长,礼之正也";而据《河南程氏遗书》的记载,司马光于《通鉴》修到唐史的时候,曾就这个问题和程颐有过讨论,程颐问司马光敢不敢为唐太宗"正篡名",司马光并无异议;接着,程颐辨析《春秋》微言大义,认为即便是魏征这样的千古名臣,也因其对皇太子李建成的变节而为"王法所当诛"。[2]

程颐希望在史书里把唐太宗定性为"篡国之君",把魏征定性为"当诛之臣",今天的绝大多数读者肯定都不会赞成。的确,理学家的道德标准总是更高一些,考虑问题也总是更单纯一些。但是,同样对这件事,宋人真德秀也有论及,却以"理学正宗"的身份推衍出了一个"天理"的结论:贞观十年,唐太宗的几个弟弟要动身去

1《通鉴》卷一百九十一:"臣光曰:立嫡以长,礼之正也。然高祖所以有天下,皆太宗之功;隐太子以庸劣居其右,地嫌势逼,必不相容。向使高祖有文王之明,隐太子有泰伯之贤,太宗有子臧之节,则乱何自而生矣!既不能然,太宗始欲俟其先发,然后应之,如此,则事非获已,犹为愈也。既而为群下所迫,遂至喋血禁门,推刃同气,贻讥千古,惜哉!夫创业垂统之君,子孙之所仪刑也,彼中、明、肃、代之传继,得非有所指拟以为口实乎!"
2 见(宋)程颢、程颐著《河南程氏遗书》卷二,出自《二程集》(中华书局,1981年出版),第19页。

往各自的藩国,在饯别之时,太宗颇为伤感地说道:"兄弟之情,总愿意常相共处,但以天下为重,不得不作分别。儿子没了还能再生,兄弟没了却不能再得。"说着说着,便呜咽流涕,不能自已。真德秀评论说,唐太宗这番话应当是有感于李建成和李元吉之事吧?兄弟之情是天伦至情,虽然有时候会被利害关系所遮蔽,但这毕竟是天理之真,不可能永远都被遮蔽。如果唐太宗能因兄弟之情的这般流露而知晓天理之不可昧,那么天理也必然会体现在他的为人处世之上。可惜唐太宗没能做到。孟子提出过所谓"四端"的说法,"四端"应当充而广之。唐太宗与诸王作别,言语之间大见恻隐之心,只是不知道把这恻隐之心充而广之,实在可惜可憾!(《大学衍义》卷八)

论及恻隐之心,便是把问题诉诸人性,所谓"人性之动,始于恻隐而终于是非"。(吕大圭《春秋五论》论一)至于真德秀这个"四端"的说法,本是孟子的一个经典概念,即"恻隐之心,仁之端也;羞恶之心,义之端也;辞让之心,礼之端也;是非之心,智之端也"。孟子提出,恻隐之心、羞恶之心、辞让之心、是非之心,这都是人天生所固有的。这所谓"四端"也就是每个人天生具备的仁、义、礼、智的苗头,苗头需要扩而充之,就像火会越烧越旺,就像水会越流越急。这个"扩而充之"非常关键,如果一个人能把这"四端"很好地"扩而充之",便"足以保四海",如果做不到"扩而充之",便"不足以事父母"。(《孟子·公孙丑上》)

"提孩知爱长知钦,古圣相传只此心"(陆九龄诗),在孟子看来,这"四端"是每个人天生具备的,不同之处只在于有的人可以

"扩而充之",有的人却做不到。那么,既然"四端"是每个人天生具备的,当然就属于"天理"——这就是真德秀加诸其上的理学概念,倒也恰如其分,与孟子之学一脉相承;这一学说发展到后来,又有明代心学巨匠湛若水从这"扩而充之"里边推导出"随处体认天理"的著名主张,王阳明则指之以为"良知"。

宋代理学对孟子的"四端"概念有了很大的发挥,把义、礼、智统于仁之下,再扣上一个"天理"的帽子,如陈淳所谓"盖仁者,此心浑是天理流行",然后义也好、智也好,分别万端,浑然也都是天理流行,此说当本于程颢那篇有理学发轫之功的"学者须先识仁"之论。更有陈埴著名的《四端说》,传理学之精义,把"四端"提升到"太极浑然之体"的地位。

那么,以理学眼光来看,唐太宗既属人类之一员,必然也和所有人一样具备"四端",并且在送别诸王的时候明显表现出了"四端"之中的恻隐之心。那么,按照孟子与真德秀的逻辑,如果唐太宗把这个恻隐之心"扩而充之",自然就"足以保四海"。而在真德秀这位理学大宗看来,唐太宗是不达标、有污点的。我们不妨设想一下:假设李建成和李元吉当真昏庸得不可救药,以至李世民若不搞政变的话,这两兄弟就会亡国,又该如何取舍呢?

16

范祖禹的《唐鉴》是极少数能得到理学家赞誉的史书,书中很直接地回答了这个问题,认为,如果真要靠悖天理、灭人伦才能坐稳政权,那倒不如亡国的好。(《唐鉴》卷一)

范祖禹此说当是源于《孟子·公孙丑上》的"行一不义,杀一不辜,而得天下,皆不为也",不可不谓义正词严。司马光也曾从嫡长子继承法之不可动摇性来赞许商之微子与吴之季札,赞许他们宁可亡国也不肯违礼。[1]至此我们看到了一些相当严苛的标准,那么我们能否接受这样一种观念,即唐太宗是靠着悖天理、灭人伦而坐稳了政权,即便他是千古明君,也不如由一个庸碌无能的道德完人来当皇帝,为此亡国也在所不惜?

现实中的帝王不会如此来考虑问题,更为实际的策略是,为了得到或保有天下,做一些不义之事,杀一些无辜之人,并不是什么大不了的事情。历来秦皇、汉武并称,汉武帝晚年也做过一件极损私德的事情:巫蛊之祸冤死者数万人,直到风波近于尾声,有望气者

---

[1]《通鉴》卷一:"臣光曰:……非有桀、纣之暴,汤、武之仁,人归之,天命之,君臣之分当守节伏死而已矣。是故以微子而代纣则成汤配天矣,以季札而君吴则太伯血食矣,然二子宁亡国而不为者,诚以礼之大节不可乱也。故曰礼莫大于分也。"

报告说长安狱中有天子气。这是一则惊人的消息，意味着监狱里某人将要颠覆武帝政权。武帝于是派出使者处理此事，狱中囚犯，无论罪行轻重，一概处死。(《汉书·宣帝纪》）这会使人联想起《新约》希律王屠杀婴儿的故事，两者的动机是完全一样的。只不过希律王因此被钉在了历史的耻辱柱上，汉武帝的声名却并没有因这个小小的污点遮去几分光芒。

今天最为我们熟悉的一种观念是，评价政治人物不必考察他的私德。这就意味着，唐太宗尽管私德令人发指，但他把国家治理得很好，万千百姓因他受益，所以作为政治家，他是伟大的，是值得赞颂的。

从这种思路可以顺理成章地推导出这个结论：为了多数人的福祉，少数人是可以被牺牲掉的，即便"多数人"与自己非亲非故，"少数人"是自己的至亲骨肉。

但是，在我们进一步推理之前，首先要注意到一个很有迷惑性的问题：何谓私德？

如果有一个人杀了自己的兄弟，灭了兄弟的满门，连幼子都不放过，还霸占了弟媳，逼迫父亲交出权力，那么，只要这个人不是统治者，他做的这些事显然都属于"罪行"而不是"私德"。由此可见，所谓私德，其实质就是统治者所拥有的道德特权。最为蹊跷的是，私德这项特权在很大程度上并不是统治者巧取豪夺来的，而是子民们心甘情愿地主动赋予他们的。

是的，如果让老百姓来做选择，是愿意生活在一个私德败坏的盛世之君的治下，还是愿意生活在一个道德足为楷模的亡国之君的治下呢？答案是显而易见的。如果我们变换一个问题：假如你自己就是这样的一介草民，必须在以下两名统治者之中做出选择，其一是杀兄囚父的恶棍，但他的施政可以增进你的生活福祉，其二是道德楷模，但他的施政会降低你的生活福祉，你会选哪一个呢？

一个有着强烈正义感的人肯定不会选择前者，而是甘愿牺牲个人利益来坚持自己的道德认同；只有正义感不强的人才会选择前者，因为这显然是一种"有奶就是娘"的态度。

于是一个吊诡的局面出现了：作为有着正义感的个体，我们唯一的选择就是后者，而一旦从"公义"的角度考虑，我们反而会认同前者。功利主义哲学可以把问题解释得温和一些：一个具有相当道德感的人之所以会拥护那个杀兄囚父的恶棍做国君，并非因为他的施政可以增进"自己的"生活福祉，而是因为他的施政增进了"大多数人的"生活福祉。

必须承认的是，"有奶就是娘"的态度确实得到过一些儒者的支持，譬如隋朝大儒王通（文中子）撰述《元经》，以北魏为中原正统王朝，其理由是："天地有奉，生民有庇，即吾君也。"这就是说，无论统治者的族裔是华夏还是蛮夷，只要能善待人民，就该被认作正统之君。[1]及至明清易代之际，顾炎武痛斥其论，说这种观点真不知苟且、悖谬到了何种程度！[2]当然，顾炎武关注的焦点是夷夏之防，然而夷狄之所以是夷狄，之所以被华夏藐视，主要原因就是他们不

1（隋）王通《中说》卷七："董常曰：'《元经》之帝，元魏者何？'子曰：'乱离斯瘼，吾谁适归？天地有奉，生民有庇，即吾君也。且居先王之国，受先王之道，予先王之民矣，谓之何哉？'"
2 见（清）顾炎武著《日知录》卷六，出自《日知录集释》（上海古籍出版社，2006年出版），第382页。

知礼义——若以这个标准衡量的话，杀兄囚父，灭兄弟满门而霸占弟媳，这些行为显然要算夷狄之行，为华夏礼仪之邦所不齿。

17

当然，这只是一个假想的问题，事实上驯良子民们并不曾获得这种二选一的机会，而只能默默地接受命运的安排罢了。但是，即便没有这种二选一的机会，也不一定就意味着泰然接受。伯夷和叔齐是中国文化里极著名的符号式人物，他们认为武王伐纣是以臣弑君的"不义"之举，于是在殷周易代之后"耻食周粟"，饿死在首阳山上。他们的确没有机会在周武王与另一个什么统治者之间做出选择，但他们对周武王的统治仍然可以选择接受或不接受，而接受不义者的统治也就等于屈从于不义的价值观。

当然，以伯夷、叔齐的绵薄之力，无论对周人的统治是接受还是反对，从实际效果来看，无非都是给大海添一勺水或减一勺水而已，但儒家标准中的君子是依据原则而非依据后果做事的，伯夷、叔齐正是这样的君子。如果伯夷、叔齐生活在唐太宗的时代，想来也会以同样的方式死掉，而不会以"评价政治人物不必考察他的私德"或者"即便我们死掉也于事无补"为借口，给自己找一个可以问心无愧地在唐朝活下去的理由。

对于如此苛刻的原则主义生活态度，儒者们有时也会觉得似乎不该毫无保留地予以赞扬。《韩诗外传》记着这样一则故事：鲍焦穿着不能蔽体的衣服在路边拾菜，遇到了子贡。子贡惊叹道："您怎么沦落到这般境地？"鲍焦答道："天下抛弃道德教化的人太多了，我没法不落到这一步。我听人说，世人不理解自己，自己却一意孤行，这叫爽行；君主不理解自己，自己却不住地谋求官职，这叫毁廉。之所以行爽廉毁却还不罢休，是因为贪求利益的缘故啊。"

　　鲍焦的回答很有些指桑骂槐的意思，他所讥讽的正是子贡以及子贡的老师孔子那样的人，认为他们孜孜以求的不是道，而是利，而一个人若真想在乱世里坚守道德生活的话，自己这种安贫乐道的生活方式其实是唯一的选择。但鲍焦没能说服子贡，反而招致了严厉的回击。子贡说："可我听说的道理是，埋怨世道不好的人就不该在这个世道里牟利，埋怨君主昏庸的人就不要在这位君主的地盘里生活。可您是怎么做的呢？您觉得君主昏庸，可您还是赖在这里不走；您觉得世道不好，可您还是要在这个世道里拾菜糊口。所谓'普天之下，莫非王土'，您难道没好好想过，这土地和土地里的产出都属于谁？"

　　土地是属于君主而非鲍焦的，蔬菜虽然是鲍焦的正当劳动所得，但毕竟要借助君主的土地才能生长出来，所以在子贡看来，鲍焦的埋怨实属忘恩负义，在道德上缺乏理据。

　　子贡的意见显然触动了鲍焦，使后者一下子陷入左右为难的困境：如果继续埋怨下去，子贡的批评确实在理；如果安心接受这样昏庸的君主和污浊的世道，不再口出怨言，又违背自己一贯的道德操守。纠结中的鲍焦扔掉了手里的蔬菜，在洛水边上绝食，像草木一样枯萎而死。他生命中最后一番话是这样的:"我听说贤者在决定要不要出去做官的时候慎之又慎,对辞官却看得十分轻易;廉者将耻辱看得很重,对生命却不很在意。"(《韩诗外传》卷一)

有趣的是,当《新序》采录鲍焦故事的时候,似乎特意删掉了子贡所引述的"普天之下,莫非王土"这句。这倒是大大方方地承认现实:那时候的人才如果遭受政治迫害,是可以"北走胡"或"南走越"的,匈奴和南越都是汉政府权力不及的地方。贾谊被贬为长沙王太傅的时候渡过湘水,撰文吊唁屈原以寄托忧思,文中有所谓"历九州而相其君兮,何必怀此都也",责备屈原何必非要恋栈故国——显然贾谊并不觉得自己在宣扬什么大逆不道的政治态度。(《吊屈原文》)即便在春秋时代,也有"臣一主二"的谚语(《左传·昭公十三年》),杜注认为这句话的意思是说:"一臣必有二主,道不合,得去适他国。"那么,若鲍焦不那么笃信"普天之下,莫非王土"这一仅仅在政治上正确的诗句,会不会"逝将去女,适彼乐土"呢?

《韩诗外传》论仁道有四种,依次为圣仁、智仁、德仁、廉仁。鲍焦属于廉仁,是仁道中最低级的一种。圣仁最值得推崇,因为它"上知天,能用其时;下知地,能用其利;中知人,能安乐之"。圣仁之人,历史上的表率者大约就是尧、舜、禹、汤、文、武、周公。如果时代下移,在信史时代寻找差相近之的人物,不知道唐宗宋祖算不算是。

18

孔子无缘亲见唐宗宋祖,但他对卫灵公与管仲的评价,尤其是后者,可谓最有用的参考。

孔子论卫灵公,见于《孔子家语·贤君》与《说苑·尊贤》,记载的可靠性虽然不是太高,但至少代表了这两部书的编者意图垂法后世的观点:鲁哀公请孔子谈谈在当代的君主里谁最贤能,孔子举出了卫灵公。鲁哀公很诧异:"我听说卫灵公在后宫里和姑、姊、妹淫乱,您怎么会认为这样的人是贤君呢?"孔子答道:"我看的是朝堂,没看后宫。卫灵公的弟弟公子渠牟其智足以治理千乘之国,其信足以守护国家的安全,灵公很喜欢他。又有士人王林,每每发现国内的贤才就推荐给灵公,所荐者没有不得到重用的;偶有不得重用者,王林就会将自己的俸禄分给那人,所以灵公很尊敬他。又有士人庆足,国家一有大事就请他去主持,其结果必定圆满,所以灵公很喜欢他。贤者史䲡离开卫国,灵公便离开宫室,在旅社里住了三个月,摒绝琴瑟之音,直到史䲡回国他才住回宫室。正是因为以上这些事情,我才说卫灵公是一位贤君。"

这故事令人困惑。卫灵公似乎够不上"齐家"的标准,又怎可以治国呢?他的乱伦秽行显然也并不曾被当作国家机密来用心保守,否则的话鲁哀公便不可能知情。国君宣淫，给卿大夫乃至庶民们确实做出了恶劣的表率啊。让我们参照上文泄冶的故事：陈灵公与孔宁、仪行父一同和当时著名的美女夏姬私通，泄冶正是从此事的表率效应来入手规劝的。依儒家的标准，国君的性生活不属于私德范畴，其政治意义除了表率效应，还很容易引起继承人的争端——毫不夸张地说，这是国本问题。

孔子未必真会如此赞誉卫灵公而无视其私德，但是他对管仲的评价既有其——仅仅是部分的——逻辑一贯性，又有可信度更高的出处，可参考的价值显然更大一些。事实上，后世儒者在辩论王道与霸道、私德与公利的问题时，最常援引的就是孔子对管仲的评述，而这些评述恰恰是充满矛盾的，绝不似在推崇三代圣王时那般一往无前、不遗余力。

在孔子看来，管仲生活奢靡且不知礼。对于一心克己复礼的孔子而言，"不知礼"可谓一个极严重的批评，意味着管仲不配做一名君子，没资格跻身于贵族社会。但是，孔子在思想史上的一大意义是，以"仁"取代了"礼"作为最高评价标准，合礼与否当然还是重要的，只不过在重要性的级别上较"仁"为低罢了。于是，当子路和子贡指出管仲人品上的"污点"时，孔子却以一种纯然功利主义的论调为后者辩护：

子路曰："桓公杀公子纠，召忽死之，管仲不死。"曰："未仁乎？"子曰："桓公九合诸侯，不以兵车，管仲之力也。如其仁！如其仁！"

子贡曰:"管仲非仁者与?桓公杀公子纠,不能死,又相之。"子曰:"管仲相桓公,霸诸侯,一匡天下,民到于今受其赐。微管仲,吾其被发左衽矣。岂若匹夫匹妇之为谅也,自经于沟渎,而莫之知也。"(《论语·宪问》)

管仲原先和召忽一起辅佐公子纠。在公子纠和公子小白兄弟争位的时候,公子纠失败被杀,召忽自杀以殉主难,管仲却自请囚系,等待转机,最后因为旧友鲍叔牙的斡旋而接受了公子小白(齐桓公)的委任,悉心辅佐后者以强盛齐国。这实为管仲身上最严重的一个政治污点。以当时的观念而言,管仲和召忽的效忠对象是公子纠而非齐国,公子纠既已遇难,召忽的以死相随是唯一正确的做法,而管仲非但不死,反而投靠了杀害旧主的主谋,如果这都不算无耻的话,真不知道还有什么可以算作无耻了。

事实上管仲也很清楚自己的所作所为是何等之无耻,所以他格外地感谢鲍叔牙:"公子纠失败的时候,召忽自杀,我却在囚禁中苟且偷生。鲍叔牙不认为我无耻,他知道我不以小节上的污点为耻,而以功名不显于天下为耻。生我者父母,知我者鲍子也。"(《史记·管晏列传》)

管仲之所以如此感激鲍叔牙的知遇,显然是因为全部的道德舆论都站在自己的对立面。幸运的是,管仲不但有足够的才干,更有足够的运气,终于辅佐齐桓公成就了春秋时代的第一份霸业。所以,当子路和子贡纠结于管仲的政治污点,质疑他是否当得起一个"仁"字时,孔子却不拘小节而着眼于大节:"直到今天,人民仍然享受着管仲带来的政治红利。若非管仲，华夏早已经亡于蛮夷，你我如今都是野蛮人了。管仲志向远大，哪会像普通人那样轻易自杀呢？！"

管仲其人无论如何来看，身上非但不带一点儒者气息，甚至满是瑕疵和污点，孔子却偏偏把"仁"这个最高等级的评语给了他，这在许多儒家后学眼里简直慷慨得有些丧失原则。所以后儒解读，每每把重点放在"如其仁"上——孔子当然不会说错，但他只说管仲和"仁"有些接近或类似，并非说他真的就是一位仁者。孔子将"仁"字看得极高，向来不曾以"仁"许人，没道理偏偏这样推崇管仲。

有人以这个问题求教程颐，程颐的意见很有些代表性："这只是孔子阐幽明微之道，不可拘泥于字面。当时子路以管仲不从公子纠而死为未仁，这是把管仲看小了，所以孔子才说管仲有仁之功。"（《伊川先生语四》）这就意味着，孔子应机设教，谁要拘泥谁就错了。

邵伯温（邵雍之子）有一次也问到这个问题，程颐从另一个角度给出解释，意思可以大略归纳如下：

（1）孔子说管仲"如其仁"，只是说他取得了仁的功效而已，而非赞许管仲为仁者。

（2）公子纠不是齐国君位的合法继承人，而管仲辅佐他争夺君位的做法是错的。

（3）既然管仲错误地辅佐了公子纠，那么当公子纠被害的时候，管仲既可以死，也可以不死——和召忽同事而同死，这是理；知道一开始做错了而有思悔改，这是义；死是事主之正道，不死是通达之权变。

（4）倘若管仲辅佐公子纠是符合正道的，管仲却不肯为公子纠赴死,那么即便有后来的伟大功业,孔子也不会称许他的。

(5)如果后人认为孔子并不曾认真审查管仲在公子纠遇难一事上死与不死的是非正误,而仅仅称其后来之是非,那就会大大地损害义理。(《伊川先生语四》)

程颐显然敏锐地发现了问题的严重性:假若管仲可以作为"仁"之榜样的话,这就意味着方法的道义性是由结果来决定的,这就导致了与儒家的原则主义截然相反的结论。

在醇儒看来,一个人在任何情况下都理应坚守正道,无论收到的是好结果还是坏结果,都只是这一坚守行为的副产品罢了,既无须欣喜若狂,也无须怨天尤人。所以,公子纠若是齐国君位唯一的合法继承人,并且人格上也不愧为君子的话,那么在他遇难的时候,管仲当然应该随他一起去死。倘若管仲因为胸怀大志而不肯去死,转而辅佐公子小白建立丰功伟业,那么,哪怕这功业堪与三代圣王相比,管仲依然是应该受到谴责的。

赞美或谴责一个人,不是因为他做好了什么事或做砸了什么事,而仅仅是因为他有没有坚持正确的原则。一切为达目的而不择手段的人,哪怕他们追求的是美好而伟大的目的,在严苛的儒家标准里从来不会得到正面的评价。

然而在严峻的时局里,心怀天下兴亡的人难免会生出急功近利的想法,重新阐释孔子对管仲的评价,于是成为他们借以获得行为合法性的重要依据之一。注重事功的宋代学者陈亮就相信孔子是真心推崇管仲为仁者的,因为从《论语》上下文的意思来推断,只能得出这样一种解释。当然,这样的偏激之言使陈亮未曾获得儒家阵营里的正统地位，而他与朱熹关于事功与原则的争论成为南宋思想史上的一大看点。

19

以今天的眼光来看，在如何评价管仲的问题上，孔子表现出了难能可贵的通达，而以程颐为代表的后儒们却多少显得有些迂腐，倒是顾炎武痛感于华夏沦亡，找到了一个解读孔子之言的更易被今人接受的切入点：

> 君臣之分，所关者在一身；夷夏之防，所系者在天下。故夫子之于管仲，略其不死子纠之罪，而取其一匡九合之功，盖权衡于大小之间，而以天下为心也。夫以君臣之分犹不敌夷夏之防，而《春秋》之志可知矣。（《日知录》卷七"管仲不死子纠"）

顾炎武列出了正义性的优先级别：夷夏之防优先于君臣之分。管仲的确在君臣之分上没有做好，应该受到谴责，但他严于夷夏之防，若没有他协助齐桓公九合诸侯，华夏恐怕早已沦为夷狄了。所以这样看来，管仲虽然有错，但还是值得表彰的。

这样的逻辑在醇儒看来简直不值一驳，因为这完全是以功效论事，而非以原则论事。假定我们有机会以醇儒的口吻反驳顾炎武的话，是可以这样说的："公子纠是管仲的君上，公子小白是公子纠的仇人，管仲不为公子纠而死，却侍奉公子小白，这是忘君事仇，实为无耻之尤，夷狄之人恐怕也未必会无耻到这种地步。如果为了保存华夏而行夷狄之道，那么华夏与夷狄还有什么区别呢？"

是的，在严苛的正义之士那里，任何不正义的生活与行为都是无法忍受的；如果不能改变，那就逃避，如果不能逃避，那就死去；当然，这绝不可能成为普罗大众所能奉行的行为准则。功利主义者会不屑一顾地说："你们只顾自己行为高洁，对社会又有什么益处呢？"醇儒们最有可能的反驳是："你们眼中的迂腐其实对社会大有裨益。儒家讲修齐治平，终归还是要由内圣而走到外王，归根结底也是一种功利主义，只不过我们的功利主义比起你们的功利主义来，目光要放得长远许多。"

是的，一般意义上的功利主义难免会生出急功近利的弊端，虽然收效于一时，却为害于无穷。秦朝就是一个为儒者津津乐道的反例，其兴也勃焉，其亡也忽焉。儒家所寻求的是长治久安之道，认为只有当貌似迂腐的原则至上精神充分发挥出表率作用的时候，一个和谐、稳定而长久的社会才有可能实现。当然，为申大志而不拘小节的管仲肯定不是一个完美的表率，甚至算不上一个约略合格的表率。

以管仲为表率意味着这样的危险：假如管仲的能力和运气都差一点，在变节投靠公子小白之后，并未成就任何辉煌的事功，我们是否应该重新对他做出道德评价呢？这也就意味着，一个人只要以兼济天下的雄心壮志作为借口，就可以堂而皇之地背弃道德标准，当结果证明与其人先前的雄心壮志相去甚远的时候，危害已经造成多时了。这会鼓励所有人起而效仿，将道德、原则看作可有可无的东西，而其中究竟有多少人能够以结果证明其行为的正义性呢？这个数字恐怕会令所有人大失所望，即便充满所谓正能量的极端乐观主义者——只要他们还不失基本理智的话——也不可能做出任何乐观的估计。

并且，假若管仲堪为表率，那就意味着优异能力可以成为恶劣品行的护身符。社会表彰的仅仅是你的能力，而不是你的品行。唯才是举而不问品行的做法只有曹操那样的奸雄在乱世的特殊环境下偶一为之。[1]而为后世学者痛心疾首的是，这样做显然收效于一时而流弊深远，简直类同于寅吃卯粮，即严重透支未来的福利来应付眉睫的危机。

值得参照的是东汉韦彪在一次廷议中的意见。那是汉章帝元和元年，许多上书言事的人都说郡国贡举不以功劳和资历为标准，导致官吏懈怠，缺乏工作积极性，州郡长官应负主要责任。章帝请公卿朝臣商议此事，大鸿胪韦彪陈述意见："治国之要在于选贤，贤以孝行为首，是以求忠臣必于孝子之门。德才兼备的人毕竟很少，所

---

[1] 曹操并非首倡者。汉武帝曾经遇到过"名臣文武欲尽"的特殊时期，于是下诏："盖有非常之功，必待非常之人，故马或奔踶而致千里，士或有负俗之累而立功名。夫泛驾之马，跅弛之士，亦在御之而已。其令州郡察吏民有茂材异等可为将相及使绝国者。"见《汉书·武帝纪》。汉平帝初即位，王莽秉政时，有诏书："夫赦令者，将与天下更始，诚欲令百姓改行洁己，全其性命也。往者有司多举奏赦前事，累增罪过，诛陷亡辜，殆非重信慎刑，洒心自新之意也。及选举者，其历职更事有名之士，则以为难保，废而弗举，甚谬于赦小过举贤材之义。诸有臧及内恶未发而荐举者，勿案验。令士厉精乡进，不以疵妨大材。自今以来，有司无得陈赦前事置奏上。有不如诏书为亏恩，以不道论。定著令，布告天下，使明知之。"见《汉书·平帝纪》。

以孟公绰适宜做赵、魏两家的家老,不适宜做滕国和薛国的大夫。"(《通鉴》卷四十六)

孟公绰云云是孔子名言,语出《论语·宪问》。赵氏与魏氏是晋国的两大家族,滕国和薛国是鲁国附近的小国。孔子的意思是,孟公绰适宜做大国强族的家臣,不适宜做小国的朝臣。孔子为何会有这样的看法,无据可考,在汉人的一般理解里,是认为孟公绰德高而才寡,故而适合在政务简要的大国强族里发挥作用。最耐人寻味的是,韦彪将孝行列入贤而非德的范畴,认为治国之要就是选拔那些笃于孝行的人,至于这些人的才干如何,到底只是次要因素。

20

韦彪的这番议论实有先例可循。汉成帝时,频阳县夹在数郡之间,多有盗贼,县令薛恭以孝行闻名,但治民经验浅,难以胜任。粟邑是个山中小县,民风朴实,县令尹赏出身于郡府吏员。上级长官薛宣安排两位县令调换辖区,仅仅数月之后,两县治绩都很好。薛宣以孔子论孟公绰之语寄之,说君子晋身之道不尽相同,有人以德行显达,有人以事功升迁。(《汉书·薛宣传》)薛宣的做法更为通达,使德有德的位置,才有才的位置,各展所长;韦彪却更显得崇德而抑才,以醇儒的标准来看,韦彪的意见才意味着真正的君子之治或贤人政治。

如果我们将社会稳定视为第一考虑的话，就很容易理解那些古人——尤其是具有儒家倾向的古人——对于才干的忌惮心理。一般而言，有才的人聪慧甚至狡黠，做事爱走捷径，心思活络，不安分，爱生事，对才华的不能尽展总会心生怨怼，这样的人非常不易安置，稍不小心就会变成扰乱性的因素。至于有德之人，无论有才无才都不会危害社会，都会给社会带来正面的道德影响，而施加正面的道德影响恰恰就是为政的根本大计。道德厚则风俗淳，风俗淳则社会稳，理想的政治其实就是这么一个简单的逻辑。

何谓风俗，《汉书·地理志》有释义说：

> 凡民函五常之性，而其刚柔缓急，音声不同，系水土之风气，故谓之风；好恶取舍，动静亡常，随君上之情欲，故谓之俗。孔子曰："移风易俗，莫善于乐。"言圣王在上，统理人伦，必移其本，而易其末，此混同天下一乎中和，然后王教成也。

这个解释在今天看来很有反人民的倾向，认为庶民百姓的好恶取舍没有一定之规，只会不自觉地向上流社会跟风。但也恰恰因为风俗的这一性质，英明的统治者才可以自上而下很方便地移风易俗。

这也正是董仲舒发挥《春秋》大义的逻辑：君主"正心以正朝廷，正朝廷以正百官，正百官以正万民，正万民以正四方"。（《汉书·董仲舒传》）这也就意味着，百姓的好恶取舍始终以君主的好恶取舍为转移，只要君主端正自身的好恶取舍，那么哪怕是奸懒馋滑的刁民也会变成勤劳纯朴的良民,相应地,民风之坏也就自然意味着君主的个人修养不佳,这都不是靠刑赏可以扭转的——这实在是儒家的老生常谈,譬如公孙弘答汉武帝策问,即以该论点开宗明义;[1]再如匡衡在日食、地震之际上疏阐明天人感应的原理,通篇关乎人事的内容几乎完全围绕着这一原则,而雅好儒术的汉元帝非但并未恼羞成怒,反而欣慰地给匡衡升了官。(《汉书·匡衡传》)

21

《左传·襄公三十一年》里,卫襄公在楚国,北宫文子见到楚令尹子围仪节同于楚王,于是对卫襄公说:"子围有篡位的异志,虽然能够成功,但不会有好的结果。"卫襄公很好奇北宫文子何以能做出这样的判断,后者便发出了一番关于统治者与民风之关系的精彩议论:

> 对曰:"《诗》云:'敬慎威仪,惟民之则。'令尹无威仪,民无则焉。民所不则,以在民上,不可以终。"公曰:"善哉!何谓威仪?"对曰:"有威而可畏谓之威,有仪而可象谓之仪。君有君之威仪,其臣畏而爱之,则而象之,故能有其国家,令

---

[1] 《汉书·公孙弘传》:"弘对曰:臣闻上古尧、舜之时,不贵爵赏而民劝善,不重刑罚而民不犯,躬率以正而遇民信也。末世贵爵厚赏而民不劝,深刑重罚而奸不止,其上不正,遇民不信也。夫厚赏重刑未足以劝善而禁非,必信而已矣。"

闻长世。臣有臣之威仪,其下畏而爱之,故能守其官职,保族宜家。顺是以下皆如是,是以上下能相固也。《卫诗》曰:'威仪棣棣,不可选也。'言君臣、上下、父子、兄弟、内外、大小皆有威仪也。《周诗》曰:'朋友攸摄,摄以威仪。'言朋友之道,必相教训以威仪也。《周书》数文王之德,曰:'大国畏其力,小国怀其德。'言畏而爱之也。《诗》云:'不识不知,顺帝之则。'言则而象之也。纣囚文王七年,诸侯皆从之囚。纣于是乎惧而归之,可谓爱之。文王伐崇,再驾而降为臣,蛮夷帅服,可谓畏之。文王之功,天下诵而歌舞之,可谓则之,文王之行,至今为法,可谓象之。有威仪也。故君子在位可畏,施舍可爱,进退可度,周旋可则,容止可观,作事可法,德行可象,声气可乐,动作有文,言语有章,以临其下,谓之有威仪也。"

北宫文子的看法可以归纳如下:

(1)楚令尹子围之所以不会有好的结果,是因为他缺乏威仪。
(2)统治者若失去威仪,民众便失去了为人处世的榜样。
(3)只有榜样人物位居民上才是稳定的政治结构,否则就会引起社会动荡。

北宫文子继而详细阐发何谓威仪:有威严而使人敬畏是为威,有仪表而使人效仿是为仪。国君有国君的威仪,于是臣子因敬畏而拥戴他,以他为榜样来效仿他,所以他才能够保有国家,流芳百世。臣子有臣子的威仪,于是下属因敬畏而拥戴他,以他为榜样来效仿他,所以他才能够守其官职，保族宜家。其他阶层的上下关系以此类推，所以由尊卑有别的各阶层所构成的社会才得以稳固。周文王就是一个绝佳的例证：当他被纣王囚禁时，天下诸侯纷纷跟着他去坐牢；当他攻克崇国时，蛮夷便相继归顺；他的功劳被天下称颂，被歌之舞之，万民莫不以他为榜样；他的政令直到如今仍然被尊为法则，被广为效仿；凡此种种，皆是因为他有威仪。所以君子身居统治地位来使人敬畏，赏赐施舍以赢得爱戴，进退周旋都可以作为准则，仪表举止令人钦羡，道德与行为引人效仿，声音令人愉快，举止优雅，言语有文采，以此统治下民，这就可以称作"有威仪"了。

统治者正是如此通过提高个人修养来达到理想的政治意图，下梁若歪一定说明上梁不正，所以统治者对社会风俗负有不可推卸的责任。当然，倘若统治者意志薄弱，也难免会受到不良风俗的浸淫，以至于恶性循环下去。汉代淮南王刘安、衡山王刘赐兄弟皆因谋反而死，班固总结情由，说这不仅要怪二王本人，也要怪二王封国的风俗浇薄：荆楚地方的人一向剽轻，喜欢犯上作乱，这是自古以来就见于记载的。(《汉书·淮南衡山济北王传赞》)

并且，既然价值一元化在古代社会一向被认为是重要的政治基础，那么全国各地风俗道德当然越统一越好，所谓《春秋》之义，"六合同风，九州共贯"(《汉书·王吉传》)，而在修齐治平的逻辑里，风俗无论好坏也必然有着同质化的趋向。汉代太仆王恽等人被封为列侯，正是因为他们在作为使者巡行天下、观察风俗时有"宣明德化，万国齐同"的功劳。(《汉书·平帝纪》)

22

应劭撰《风俗通义》，开篇直言："为政之要，辨风正俗，最其上也。"楼钥《论风俗纪纲》也有名言说："国家元气，全在风俗；风俗之本，实系纲纪。"这是儒家的主流观点，而良善风俗难建而易毁，毁坏力量毋庸置疑地来自卑鄙小人。

儒者普遍相信：无德无能的小人对社会并不会造成太大的危害，真正应该加以提防的是那些才能出众的小人。一个很有代表性的例子是，唐穆宗长庆元年，宿州刺史李直臣在因贪赃罪当处死刑时贿赂宦官为自己说情，时任御史中丞的牛僧孺顶住压力，不予改判。唐穆宗当面对牛僧孺说："李直臣虽有过失，但在经济管理方面是难得的人才，朕打算宽恕他的罪行，派他到边疆任职。"牛僧孺答道："凡是没有才能的官员，只不过尸位素餐，取悦上级而已，没有多大的危害。帝王立法，正是为了束缚有才干的奸人。安禄山和朱泚难道不是人才吗，所以一朝叛乱而天下动荡。况且李直臣小才而已，怎能因他而不顾法令呢？"（《旧唐书·牛僧孺传》）

后人于才德之辨，基本沿袭牛僧孺的意见。《通鉴》记述三家分晋的历史，司马光有一段充满道德色彩的议论也很值得参考，其大意有五：

（1）智伯之所以败亡，是才胜过德的缘故。

（2）世俗往往对才与德不加分辨，一概谓之为贤，正是这样的认识酿成了许多祸患。

（3）才与德的关系，应当以德为统率，德为才的应用指引方向并加以约束。

（4）德胜才谓之君子，才胜德谓之小人。凡用人之道，如果得不到圣人和君子，那么与其用小人，不如用愚人。因为愚人就算想作恶，毕竟缺乏作恶的能力，小人却有十足的能力为非作歹。

（5）从人情上讲，人们畏惧有德的人而喜爱有才的人，所以会疏远前者而亲近后者。（《通鉴》卷一）

依照这样的标准，国君在任用管仲之类的人物时显然需要万分谨慎，甚至与其任用管仲，不如任用其他才能平庸却品格出众的人物，毕竟在"修齐治平"的方略之下，统治阶层的品格感召力优于其实际的执政才能。换言之，哪怕仅仅从功利主义的意义上讲，品德的力量也是明显优于才干的。

在这一点上，陈不占恰好可以站在管仲的对立面代表另一种人物类型。当时，齐国权臣崔杼弑齐庄公，陈不占闻讯，决意要赴国君之难。准备出发的时候，陈不占吃饭握不住勺子，上车抓不住车轼。御者说："您胆怯成这个样子，去了能有用吗？"陈不占答道："为国君而死是道义的要求，胆小怯懦是我的天性。怕归怕，去还是一定要去的。"到达目的地之后，陈不占果然没起到任何实质性作用，才听到打斗的声音就被吓死了。刘向《新序》把陈不占的事迹列入"义勇"一节，高度评价他有"仁者之勇"。

站在原则主义的角度看，陈不占的确令人敬佩，因为对于他这样一个生性如此胆怯的人而言，往赴君难真需要比常人付出十倍、百倍的勇气。然而站在功利主义的角度，恐怕再没有一个人比他更适合为"费力不讨好"这句话做注脚了——付出如此大的牺牲，忍受几乎无法忍受的恐惧，结果却对事情本身没有半分助益，而这个结果甚至完全是预料之中的。那么一个耐人寻味的问题是，如果陈不占有着不亚于管仲的才干和运气，如果他不为齐庄公赴死而投靠逆臣崔杼，并且辅佐后者成就足以和任何一位圣王或霸主相媲美的功业，那时候再请来孔子发表意见的话，孔子会不会认为假如陈不占未及施展才华而匆匆为齐庄公赴死反而是一件并不值得称道的事情呢？

无论如何，勇于赴死的陈不占在儒者看来确乎有着功利意义，而并不似乍看上去的那样迂腐不堪。陈不占的死亡虽然救不得齐庄公的性命，却无疑对良好社会风气的形成起到了不可估量的推动作用。这样的表率越多，我们的社会就越是淳善美好，心怀篡逆的崔杼之流就越发没有市场。个人品格是良好政治的第一要务，任何忽视了个人品格的政治策略都是不可取的。

当然，信用管仲的齐桓公定不会这样想，他本身就是一个品德败坏的君主，一生嗜酒，耽于田猎，尤其以好色著名：他和姑、姊、妹乱伦，以至于这些身份高贵的宗室女子竟然没法嫁人，而出于遮丑的意图，他甚至以行政命令使全国民家长女不得出嫁，留在父母家里主持祭祀；他还会披头散发地和女人在闹市里亲热，这种肆无忌惮的姿态实在对国人产生极恶劣的影响。[1] 不过，在春秋初年那个贵族礼法尚未全然崩溃的时代，大约也只有齐桓公这样的君主可以信用管仲这样的人才吧。

当唯才是举、不拘一格渐渐成为天下共识的时候，我们看到的就是战国绝不言礼的乱象，以及秦国以最为决绝的悖逆礼制的姿态从七雄之中脱颖而出，终于一扫六合，统一天下。"卑鄙是卑鄙者的通行证，高尚是高尚者的墓志铭"，这两句诗完全可以用作这一段兴亡史事的道德总结。

或许不是空穴来风，事出有因，司马光辨析德与才的关系，字里行间总透着一些其政敌王安石的影子。王安石恰恰是足以与管仲相提并论的人物，只不过后者是成功的英雄，而前者是失败的豪杰。但是，即便是一心急功近利地追求富国强民之策的王安石，也很晓得原则主义与功利主义的大是大非。在《王霸》一文里他分明论及：王者之道，并非刻意要治理天下，之所以施行仁义礼信，只因认为这都是为所当为的事情。所以王者之治，只致力于仁义礼信的原则，不求治而天下自然大治。霸者之道，并不存仁义礼信的用心，只是拿这些来做幌子罢了。霸者一心求利，仁义礼信不是原则，而是手段。其治理的结果，王者不求利而获大利，霸者一心求利而仅得小利。为霸道者虽然用心偏邪，立身不正，但也算等而下之，也可以为天下万民带来福利。倘若王者之治不可求，似乎霸者之治也算一种次优的选择，绝非全不可取。作为实干家的王安石显然可以接受

---

[1] 难以想象齐桓公在私德方面居然也有不错的国际声誉。《左传·昭公十三年》晋国名臣叔向讲起历史上的齐桓公，说他"从善如流，下善齐肃，不藏贿，不从欲，施舍不倦，求善不厌"。

次优方案，但是在严苛的儒者看来，霸者之治因其有着不可避免的对世道人心的长久荼毒，以至于收效于一时的政治成果简直可以忽略不计。诚然，观察春秋至暴秦的整段历史，任何人都不难生出这样的感触。

23

至此让我们回到唐太宗的问题上来。以私德论，唐太宗的污点和管仲的完全不可同日而语，他所表现出的是对至亲骨肉的决绝无情。在历代"圣朝以孝道治天下"的主旋律里，唐太宗成为一名彻底的异类分子，似乎完全颠覆了"修齐治平"的政治哲学，以一个在修身、齐家问题上无可争议的反面教材的身份，竟然开创了贞观之治，这实在比管仲的事例更加令儒者为难。如果这也可以的话，大舜为什么不可以听任皋陶将自己的父亲依法处决呢？一个对至亲骨肉都下得去狠手的人，难道真的可以关爱天下万民吗？

这其实正好戳中了天真的儒者们考虑不周的一个地方。一个冷酷无情的人有足够的狠心肠从至亲骨肉那里侵夺财产——这种事情当然一点都不稀奇——但对于自己的财产，他完全能够以一颗贪婪而精明的心来仔细打理。当国家以及全体国民都成为帝王私产的时候，这个逻辑就完全讲得通了。一个冷酷无情乃至于残忍的帝王，只要足够贪婪和精明，便完全有可能打理好一个国家。

当然，这样的帝王未见得有无懈可击的道德合法性。在唐太宗的事例中，今人比古人增加了一个道德难题：今人提起唐太宗时往往不吝溢美之词，因为后者所开创的传奇时代带给国人相当强烈的民族自豪感，换言之即对国人有着切身的益处，而李建成、李元吉两家人的灭门惨剧和我们没有一丁点的利害关系，因此也就变得无足轻重了。时间在这里起到了某种颇为蹊跷的作用：它以近乎酿酒的方式将唐太宗的功勋酿得越发令人迷醉，却像洪水一般冲淡了李建成、李元吉两个家庭（包括婴儿）所散发出来的血腥气味。

24

我们还可以假设另外一种情况：唐太宗如果治国无方，成为一个著名的昏君，人们又该如何评价他的"私德"呢？——可想而知的是，他的"私德"问题将不会再被划入一个单独的"私德"范畴而另做评价了。或者，假如唐太宗刚刚登基便不幸早逝，没机会展示政治才华，那么玄武门之变亦将不会再被看作"私德"而被人宽恕了。

这样看来，谋杀兄弟并屠杀兄弟满门，霸占弟媳，威逼生父，这些行为本身并没有固定的道德权重，道德就其本质来说也只是一种逐利的工具，唐太宗因为其统治对我们有利，他的不义的行为要么可以被划入一个单独的私德范畴，要么干脆可以被忽略不计。

在一定程度上，这是一个在心理学上被称为"认知一致性"的问题：唐太宗因其给我们带来巨大利益（无论是唐代臣民的物质收益还是后人的民族自豪感）而赢得了我们的喜爱，而其败德行为也会引起我们的不快，于是我们便产生了消除这种心理冲突的动机——冲突感会以何种方被消除是可以预测的，这就是心理学家海德提出的"最小努力原则"，即人们倾向于以改变最少情感关系的方式来达到心理平衡，而私德理论正是这样的一种"最小努力"，我们只消在心理上稍做调整便可以很轻易地接受这位私德有亏的圣明天子。

当然，心理学的平衡理论只能解释人们对唐太宗为什么会形成现在这样的态度，但无法解决其中的正义性的问题。"一分为二地看问题"虽然是个讨巧的办法，但无法解决切身的困惑，譬如，假若我们自己就是初唐子民，在玄武门之变以后，我们该怎么做才是对的？

25

上述问题也许并不容易回答，却很容易做出决断。

如果我们换个问题，在《唐太宗入冥记》的场景里，若我们自己就是阴间的判官，那么我们应该做出怎样的判决呢？如果判决只能表达为某一种特定的形式，比如货币或者寿命年限，也就是说，在赏功罚过的一通计算之后，判决结果只能表达为净收益或者净损失，那么合理的判决结果会是怎样的呢？

这个看似过于简化的判决形式其实远比"一分为二""几分功、几分过"之类的表达更加现实，因为判决不同于道德评价，它只能被表达为某一种特定的结果，不可能在以谋杀罪对唐太宗处以死刑之后再以"千古一帝"的功劳向他授奖。那么，在大多数人可能的判决里，对唐太宗盖棺论定的结果显然是"功大于过"，这就意味着，在功过相抵之后应该是有净收益的，这正是他实际获得的道德评价。

如果功与过可以这样折算的话，那么一个人的功劳理所当然地可以给他赢得特权（无论是政治特权还是道德特权），而在重视血缘的古代传统里，一个人积功的净收益如果自己用不完，当然可以荫及子孙，这在道德上是无可指摘的。由此可以推论的是，无论是太子党弄权营私，还是富二代胡作非为，只要有上代的（理论上最好是符合道德标准的）积功净收益，就理应获得法外开恩。

是的，事实上，古人正是如此义正词严地论证特权的道德基础的，这与"王子犯法与庶民同罪"的呼吁恰恰构成了另一组正义两难。

26

《左传·襄公二十一年》中，晋国权臣内斗，范宣子把栾盈逐出国土，又在国内捕杀栾盈余党。叔向与栾盈同族，故而也在被囚之列。叔向是晋国著名的贤者，当时晋平公的宠臣乐王鲋表示可以为他向国君求情，但叔向毫不理会，认为只有祁大夫（祁奚）能救自己。叔向的理由是，乐王鲋只会顺应君王的意图，不可能为了营救自己而甘冒忤逆国君的风险，祁奚却是个不折不扣的君子，外举不弃仇，内举不避亲，肯定不会看着自己蒙冤而不闻不问。

事情果然如叔向所料。后来晋平公向乐王鲋问及叔向的罪过，乐王鲋说叔向这个人不会背弃亲人，所以很可能参与了栾盈一党的谋反。祁奚这时候已经致仕在家，听说这个消息之后，立刻乘坐驿站的传车到国都来见执政官范宣子，极力为叔向辩护。

祁奚讲出的理由是，叔向是国家的栋梁、社稷的基石，故而"犹将十世宥之，以劝能者"，也就是说，对这样的人，就算他的十世子孙犯了罪，也应该宽免之，因为只有这样，才能激励贤能之士为国家多做贡献。

范宣子接受了祁奚的理由，和他一起入朝请晋平公赦免叔向。

遇赦之后，叔向径去朝见晋平公，却不去拜谢祁奚；祁奚也没有等着会见叔向，而是直接回家去了。大难不死的叔向后来顺风顺水，成为晋国政治舞台上最耀眼的贤臣，但祁奚的"十世宥之"之语并不曾在他身上应验——在《左传》的记载里，叔向最后的活动记录是在鲁昭公十五年，而仅在十余年之后，即鲁昭公二十八年，叔向的儿子因为参与祁盈之乱，致使全族夷灭。

当然，这并不能说明祁奚当初的意见不对，事实上，祁奚为叔向辩护的理由在春秋时代是很有代表性的，这首先与宗法血缘观念一脉相承。所谓"不孝有三，无后为大"，在重视孝道的大背景下，无后被认为是最大的不孝,因为一旦绝嗣,家火便从此断绝,历代祖先从此便绝了祭祀——通俗地讲,这就意味着历代祖先在灵界因为得不到供养而挨饿了,而挨饿的祖先不仅缺乏能力亦缺乏意愿来庇佑尚在人世的子孙后代。[1]于是,在这样一种时代观念里,一个人积功积德以荫及子孙的冲动会比唯物主义背景下的同样的行为冲动要强烈许多,子孙的福祉在个人利害的权衡中自然也占有更大的权重。

出于这样的理由,祁奚所谓的"十世宥之"确实是"以劝能者"的一项极有效的激励。这当然是一种功利主义的想法。太子党与富二代乃至富十代的作恶都可以因为祖先的功勋而得到相当程度的宽免,这不仅在政治上正确,在道德上甚至也是正确的,至于恶行受害者对公正的诉求,自然会被合情合理地忽略掉。

27

《周礼·秋官司寇·大司寇》有如下记载:

> 凡诸侯之狱讼,以邦典定之。凡卿大夫之狱讼,以邦法断之。凡庶民之狱讼,以邦成弊之。

---

[1] 参见《左传·宣公四年》:"初,楚司马子良生子越椒。子文曰:'必杀之。是子也,熊虎之状,而豺狼之声,弗杀,必灭若敖氏矣。谚曰:"狼子野心。"是乃狼也,其可畜乎?'子良不可。子文以为大戚,及将死,聚其族,曰:'椒也知政,乃速行矣,无及于难。'且泣曰:'鬼犹求食,若敖氏之鬼,不其馁而?'"

据此可见，诸侯之间的官司用邦典裁定，卿大夫之间的官司用邦法裁定，庶民之间的官司用邦成裁定。我们虽然并不清楚所谓邦典、邦法、邦成究竟差别何在，但至少可以由此推断的是，在《周礼》理想的制度设计里，分别有三种法律以对应三个不同的社会阶层。《周礼》并不主张在法律面前人人平等，它所主张的是每个阶层的人在自己阶层所对应的法律面前人人平等。

我们且将关注的焦点集中在卿大夫的法律之上。《周礼·秋官司寇·小司寇》载：

> 以八辟丽邦法，附刑罚：一曰议亲之辟，二曰议故之辟，三曰议贤之辟，四曰议能之辟，五曰议功之辟，六曰议贵之辟，七曰议勤之辟，八曰议宾之辟。

卿大夫的适用法律是所谓邦法，邦法给八种人赋予特权：亲族、故旧、贤者、能者、有功者、尊贵者、勤劳国事者和外宾。东汉大儒郑玄为《周礼》作注，在"议能"一项上就是引《左传》祁奚开脱叔向时所说的"犹将十世宥之，以劝能者"为证，叔向即在"能者"之列，就算当真有罪，也应以宽免为上，以此激励其他的"能者"为国效力。

《周礼》当然不是什么可靠的史料，以上内容虽然在先秦文献里可以得到部分佐证，却不能据此确认周代的实际司法。但是，《周礼》一书所体现的无疑正是儒家理想中的政治结构，这就使它在某种意义上比历史实录更有讨论价值——儒家理想中的法律就是保护特权的法律，儒家理想中的政治就是保护特权的政治；特权不但不是社会必须承担的恶，反而代表着正义和道德。

28

《左传·襄公三年》记载诸侯在鸡泽会盟，其时魏绛担任晋国的中军司马，主管晋军军法。他很快就遇到了一个棘手问题：晋悼公的弟弟杨干在曲梁扰乱了军队的行列。依照军法，扰乱军列的人应当处以死刑，但杨干是晋悼公的弟弟，身份不同一般。后来，魏绛的确严格执法，但杀的不是杨干本人，而是他的御者。

若以今天的主流价值观看待，人们很容易会把魏绛想成一个畏惧权贵的小人，只会讨国君和权贵的欢心罢了，绝不是一名称职的将领。而在当时，晋悼公却勃然大怒，认为会盟诸侯本是一件大有荣耀的事，杨干作为国君的弟弟，御者却被魏绛杀掉，这实在是奇耻大辱，使晋君在诸侯面前大跌脸面。

怒不可遏的晋悼公下令斩杀魏绛，没想到魏绛已经做好了自杀的准备，并向晋悼公呈上一封书信。信中一方面说明服从军纪的重要性，另一方面坦诚自己的罪过在于对军队疏于管教，以至于出现了扰乱军列的事情而必须执行军纪，动用大刑。这封信名为请罪，实则是为自己辩护。晋悼公读信之后，赤着脚跑出来对魏绛说："寡人刚刚要杀你，是出于对兄弟的亲情；你杀死杨干的御者，是执行军法。寡人对亲兄弟有失教育，致使他违犯军法，这是寡人的过错。"

今天看来，整件事里最冤的当然是杨干的那名御者，而杨干作为违犯军纪的当事人其实并没有受到一丁点实质性的惩罚。晋悼公如果真的在意兄弟之情，明明应该感激魏绛才是。那么，从他们的对话里，我们便可以看出当时的时代思潮：

（1）至少在统治阶层，没有人同情御者的死。

（2）荣誉重于生命的贵族价值观受到相当程度的重视。

（3）杨干作为国君的弟弟，理所当然受到特权的保护，也就是说，魏绛虽然没有对杨干本人施以任何实质性的惩罚，但这既不是谄媚权贵，也不是法外施恩，更不是官官相护，而居然是天经地义，魏绛的做法已经是最大限度地"执法不避权贵"了。若依《周礼》"八辟"之说来看，魏绛对杨干的处罚虽然不曾聚众而议，但应当属于"议亲"的范畴。

魏绛的这一执法先例曾经被诸葛亮援引为斩马谡的依据。其时马谡因为街亭之失而接受军法处置，蒋琬劝说诸葛亮，认为在此天下未定之时斩杀才智之士太过可惜，诸葛亮则举出魏绛斩杀杨干御者的例子，强调执法严明的重要性。（《三国志·蜀书·马谡传》）但诸葛亮杀的毕竟不是马谡的御者，而是马谡本人。虽然马谡并非刘氏宗亲，但一来世易时移，二来诸葛亮执政颇有法家之风，所以，就算马谡是刘禅的兄弟，想来对他的处罚也不可能像魏绛对待杨干那样沿袭周人所特有的礼制传统。

29

周人重视血缘，重视继嗣。《左传·襄公二十八年》中，卫国贵族石恶因为政治问题出奔晋国，卫国人便拥立了石恶的从子石圃作为石恶的继承人，"以守石氏之祀，礼也"。杜预的注文以为，石恶的先人石碏曾经有大功于卫国，而石恶之罪还没有严重到应该绝嗣的地步。

石碏之"有大功于卫国"正是前述"大义灭亲"的事迹。定国之功遗泽子孙，才使得石碏一族香火不绝，这也正是《周礼》"八辟"中"议功"的道理。《左传》认为这是"礼也"，先人的功劳可以抵消后人的犯罪，祁奚所谓"犹将十世宥之，以劝能者"虽然不幸没能应在叔向家族，却很适合用来描述石碏一脉。

那么不妨试想一下，假如你是大时代的一名普通百姓，你会如何期待统治阶层呢？你是希望权贵的子嗣们和你一样不享有任何特权，即所谓王子犯法与庶民同罪，还是希望他们享有一定的特权，与普通百姓同罪不同罚呢？

这在今天看来绝不是一个会使人有丝毫犹豫的选择，被刘向打造出来的楚文王的形象一定最能深入人心：楚文王讨伐邓国，派王子革、王子灵一道去摘菜。两位王子见到一位老丈背着菜筐，筐里有菜，就向他讨要。在讨要未果之后，他们粗暴地打了老丈，抢了菜筐。楚文王得到报告，命人逮捕了两位王子，准备处以死刑。大夫劝谏说："抢人家菜筐确实不对，但也罪不至死啊！"话音才落，老丈便来到军营向楚文王申诉："您因为邓国无道，所以发兵讨伐它，如今您的两个儿子打了我，还抢了我的菜筐，比邓国更无道啊！"说罢，老丈号啕大哭。楚文王答复道："讨伐无道而强夺他人之物，这不是禁暴之道；倚仗气力虐待老人，这不是教育幼者之道；偏爱自己的儿子而不顾国法，这不是保国之道。倘若我袒护两个儿子而弃绝上述三种德行，就没办法治理国家了。我希望求得您的谅解，我会在军门之外处死我那两个儿子。"

此事出自《说苑·至公》，显然在编者刘向的观念里，楚文王的做法合乎至公之道，值得表彰和效仿。假如请孔子来评价这件事情，他或许会谴责楚文王不近人情，继而将"父为子隐，子为父隐"的道理重申一遍。在前述杨干扰乱军阵的事件里，执法者魏绛处决了杨干的御者，这已经算是铁面无私、不畏强权了，楚文王竟然真的杀了自己的两个儿子，其执法力度与前者完全不可同日而语。

这个故事令人想起唐高宗的名言："画一之法，不以亲疏异制。苟害百姓，虽皇太子亦所不赦。"法律面前一定人人平等，就算是皇太子触犯法律，危害平民，也不会给予任何宽免。这个标准简直比法家还要严苛。法家名著《商君书·赏刑》提出"壹赏，壹刑，壹教"三大治国原则，对"壹刑"解释如下：所谓壹刑，即执行刑罚不分等级，上至卿相、将军、大夫，下至庶人，只要有不从王令、违犯国禁、扰乱上制的，一律处死，不予赦免，以前立过的功劳不作为减刑依据。

《商君书》所谓"壹刑"尚未及于太子，然而在商鞅变法的过程中，太子犯法的难题确实曾摆在这位改革家的面前。当时商鞅以国君继承人不可受刑为理由，仅仅处罚了太子的两位老师。(《史记·商君列传》)假如唐高宗遇到同样的情形，未必能比商鞅做得更加决绝，但至少从他的话里可以推断，他认为太子犯法与庶民同罪是一条正确的法律原则。

从发言的实际背景来看，唐高宗这段话倒算不得十足的空论，当时郇国公李孝协违法贪赃，论罪赐死，同为皇室宗亲的陇西王李博乂上奏求情，说李孝协的父亲李叔良当初与突厥作战，为国丧生，只留下李孝协一个儿子，若赐死李孝协，李叔良一门便有绝后的危险。

诚然，依据"八议"的原则，非但皇室宗亲犯罪可以酌情减刑，功臣也理应有余荫庇护后代，使功臣绝嗣实在是太过严厉的惩罚，也会寒了一切有志立功之人的心。但是，唐高宗以上述"画一之法，不以亲疏异制。苟害百姓，虽皇太子亦所不赦"的名言为这件事情做了结语，但他也考虑到不能使功臣绝嗣的问题，所以反驳李博乂说："李孝协虽然没有兄弟，却有一个儿子，不会有绝嗣之虞。"于是，罪无可逭的李孝协只好在府中自尽，幸运的是，除了香火未绝之外，毕竟还留了全尸。(《通鉴》卷二百〇一)

唐高宗杀李孝协一事虽然载于信史，那段名言虽然掷地有声，说服力却还不如楚文王杀子的故事。李孝协虽属皇族，其实和唐高宗的关系已经相当疏远，他的死活当不至于激起唐高宗些微的心痛感来。对于真正关系亲密的人,唐高宗一向手软心活,武则天正是因此才有了重生之路以及广大的发展空间。人之常情,不外如是。

唐高宗看人下菜碟式的法令划一在很大程度上扶植了武则天的势力,而武则天对法令划一的实践足以令唐高宗汗颜。唐高宗永隆元年,一向有贤明声誉的太子李贤(武后的亲生儿子)受到武后猜忌。武后派人搜查东宫,在东宫马坊搜得皂甲数百领,以为谋反之证。高宗素来喜爱李贤,为之多方回护,而武后凛然说道:"为人子怀逆谋,天地所不容;大义灭亲,何可赦也!"于是废太子李贤为庶人,流放巴州。待高宗驾崩,武后大权独揽,因为担心李贤在外有所图谋,便派丘神勣赶赴巴州,逼令李贤自杀。

30

耐人寻味的是,即便是宣扬法令划一,不以亲疏异制,又甘心附和武后大义灭亲的唐高宗本人,也看不惯别人大义灭亲。仍在永隆元年,太子李贤获罪之后,左卫将军高真行之子高政受到李贤一案的牵连,高宗表现出很有其一贯风范的人情味,将高政交予其父高真行,使后者自行训责。令唐高宗不曾想到的是,这位父亲是以这样的方式训责儿子的:高政才进家门,正准备接受父亲训责的时候,父亲二话不说,当即以佩刀刺入他的喉咙,而他的伯父、户部侍郎高审行也在一旁拔刀刺入这个可怜侄儿的肚腹,堂兄弟高璇随即砍断了高政的头颅，弃之道中。高家人为表忠心，手段真可谓惨绝人寰，没想到过犹不及，反而引起了高宗的厌恶，皆被贬出朝廷。

相比之下，在大义灭亲一事上从不手软的武则天对别人的大义灭亲之举常报以宽容甚至嘉许的态度。武则天长寿元年，酷吏来俊臣诬陷狄仁杰、崔宣礼等人谋反，因为狄仁杰的机智，案情意外地出现转机，"罪臣"仅被贬官了事。殿中侍御史霍献可是崔宣礼的外甥，突然"激于义愤"地向武则天进言说："陛下如果不杀崔宣礼，我宁愿死在陛下面前。"说罢以头触殿阶，血流沾地，以示自己身为国家大臣，心中只存公义，不顾私亲。后来霍献可常以绿帛裹住头上的伤口，却故意将伤口露出一些，希望武则天能够睹其伤而感其忠诚。武则天虽然没有采纳霍献可的"忠言"，却也对他心存好感，很快就给他升了官。(《通鉴》卷二百〇五)

31

倘若真的法令划一，不以亲疏异制，这样的至公之道当然会令平民百姓欢欣雀跃。而一旦欢愉的热情稍稍散去，理性的反思能够出现一点苗头的话，他们难道不会生出一丝不寒而栗的感觉吗？所以，古人们，尤其是站在儒家立场上的古人，其顾虑显然要多过我们。

试想若占据统治阶层的都是一些六亲不认的角色，责罚起自己的父母妻儿就像责罚偶遇的任何一个陌生人一样,那么,你可能会在这种人的治下安心生活吗?而且,正所谓"君子之德风,小人之德草",统治阶层的道德表率会迅速波及下民,整个社会的人情味也就会因为统治者的无情而荡然无存了。

然而人之常情总是共贫贱易而共富贵难,利益越大而亲情越薄,所以君主之家永远在上演着骨肉相残的悲剧。在如此的政治环境里,大臣们只要不怀异志,一般只有两种选择:一是唯君主之命是听,对一切皇亲国戚与庶民百姓一视同仁;二是在矛盾中尽力斡旋,以亲亲之道推己及人,纵使无力预防权力顶层的人伦惨剧,至少不能去做帮凶。这两种选择,做起来实在都不容易。

《左传·昭公二十年》中,楚平王听信谗言,派奋扬去杀太子建。奋扬领命之后,派人通知太子建逃走,自己去楚平王面前领罪。奋扬的辩解是:"当初您命令我侍奉太子如同侍奉您一样,所以我遵从了您先前的命令,对太子尽了忠。后来我虽然后悔了,却也来不及再去追杀太子了。"楚平王问:"那你为什么还敢回来见我呢?"奋扬答道:"我接受您的命令却未能完成,已经有罪,如果不到您面前领罪,那就加重了我的罪行,逃也无处可逃。"

奋扬以巧妙的言辞打消了楚平王的怒意,为自己免去了一场杀身之祸。这件事被刘向采入《说苑》,以作为臣子树立节操的一种典范。但这种典范实在很不易学,譬如巫蛊之祸时,汉武帝要杀太子,负责守关的田仁做了和奋扬一样的事,结果被论罪处死。田仁之死也许不是因为做法,而是因为理由,他认为皇帝和太子是骨肉近亲,父子之间的矛盾外人不便插手。(《史记·田叔列传》)

田仁说是不愿插手,其实弃守岗位、放掉太子分明已是插手了。这正是政治斗争的一大风险所在:没有人可以置身事外,没有人可以真正做成逍遥派、骑墙派,不表态也是一种表态。

当年唐高宗想废黜皇后,改立武昭仪(武则天)为后,顾命大臣褚遂良力谏不可,李勣一句话扭转乾坤:"这是陛下的家事,外人不该干预。"许敬宗更在朝中宣言:"农民稍有积蓄还想换个老婆,何况天子富有四海?天子想改立皇后,关旁人什么事?!"(《大唐新语·酷忍第二十七》)李勣与许敬宗的话虽然貌似置身事外,其实以当时的形势论,这其实正是对武昭仪最有力的支持,李、许二人也因此巧妙地以不甚失尊严的姿态站在了政治强势而道德弱势的一方。

多年后,唐玄宗因谗言而欲废除太子李瑛与另外两位皇子,名相张九龄强谏,主要理由有二:

(1)太子无罪。

(2)太子为国本,不可动摇。

而当唐玄宗征求李林甫的意见时,这个擅于揣摩上意的一代奸相讲了和李勣一样的理由:"这是陛下的家事,不是我应该参与的。"(《旧唐书·玄宗诸子传》)

所谓"陛下的家事,外人不该干预",在儒者看来这是彻头彻尾的不经之言。《毛诗》连篇累牍地将《诗经》各个篇章训读出"后妃之德"的含义,显然是将后妃问题作为国本来看待的,若帝王宫闱不修,后妃失和,则国家必然大乱。立太子的问题更属国本,之所以有嫡长子继承制,就是宁可论资排辈地立不贤、不能的人做君主继承人，也绝不可冒险以破坏政治核心的稳定性。后妃与太子的轻易废立标志着帝王未能很好地修身、齐家，自然也不可能治国、平天下。所以在皇室发生骨肉相残的时候，贤臣所应当做的既非置身事外，亦非严格执法，更不能唯君主之命是听，而是要帮助帝王修身、齐家，弥合皇室的内部矛盾。

32

所谓弥合，往往就需要徇私枉法，需要睁一只眼闭一只眼。汉景帝时，太后最宠爱梁孝王，甚至明确表态要汉景帝将继承法由父死子继改为兄终弟及，立梁孝王为皇太弟。梁孝王恃宠而骄，派人行刺政治对手，一时间搞得人心惶惶。汉景帝派田叔赴梁孝王封国彻查此事，田叔查明之后回京汇报，说梁孝王涉案属实。景帝细问："事情究竟怎样？"田叔答道："您还是不要追究下去的好。"景帝不解，田叔又说："如果不处死梁王，就意味着汉家法律不能通行天下；如果处死梁王，太后就会食不甘味，卧不安席，那时候您就不好办了。"（《史记·田叔列传》）

这简直可以称得上按照儒家精神的一次完美解决，若以此来衡量上述的几则案例，那么奋扬处理问题的方式最有可能得到儒家多数派的支持，而李勣和李林甫的那种老谋深算的做法最有可能得到法家多数派的支持。真诚的法家分子绝不容忍奋扬和田仁的做法——任何对君主的命令不百分之百执行的臣子都是不称职的，换言之，臣子不应该以一己之价值观干扰公务，整个国家应该是一支号令严明、执法严苛的纪律部队，上至王公大臣、下至庶民百姓都是这支纪律部队里的普通一兵。君主言出令随，而法令之下，一切人情都应当被击成齑粉，或者说人情在法家社会里不应该有任何存在的价值，任何人与人的关系都应当是一颗社会螺丝钉与另一颗社会螺丝钉的关系。

当然，儒家乃至一切有着正常情感诉求的人都不会喜欢这样一种冷漠的生存环境。而从施政的可操作性而言，哪怕再严密的法律也不可能面面俱到，一个稳定的社会终归还是少不得人情与道德的维系，并且从施政成本的角度来看，依靠人情与道德风气来调节社会秩序，其成本远远低于依靠严密的法网，而在理想的政治里，法律只应当是一种悬而不施的威慑力量罢了。

所以，"铁面无私"在儒家系统里绝不是一种无可争议的褒奖之辞，而历史上那些"铁面无私"的代表人物，譬如包拯、海瑞，不仅在利益受损的权贵阶层理所当然地得不到任何支持，即便在正宗的儒家体系内部同样受到了相当程度的质疑，这在今天的普通百姓看来简直是难以想象的。

33

是人情偏袒还是铁面无私，这实质上昭示了儒家与法家的本质区别。儒家希望以人情打造社会的凝聚力，法家则希望以法条打碎社会上那些自动自发的凝聚力；儒家的理想社会是由许许多多小共同体结成的大共同体，最小社会单位是家而非个人，君主位于共同体结构的中心点上，君权受到共同体的限制，法家的理想社会则是臣民之间彼此漠然的一盘散沙，没有任何共同体可以制约绝对君权，君主则高踞于这盘散沙的制高点上。

铁面无私的执法者在儒家眼里总脱不了或多或少的令人讨厌的法家气息。譬如王夫之议论汉代名臣赵广汉之死："汉宣帝素来以苛察著称，然而当他诛杀赵广汉这样苛察的官吏，竟然直到如今都还有人为赵广汉鸣冤，可见流俗迷惑世人之甚，影响力千年不绝。当包拯受到重用的时候，有识之士担心会有乱局出现。君子的远见卓识实在不是庸人所能揣测的啊。"（《读通鉴论》卷四）

据《汉书》本传，在赵广汉临刑之际，官吏、百姓数万人守在皇宫门口哭号，甚至有人甘愿替赵广汉去死，唯愿后者能够继续造福百姓。我们不难想象，一位官员若能赢得这般的官声，简直该算是为官者之典范了，而王夫之一代饱学鸿儒、气节之士，究竟是出于何种理由而提出如此令人惊诧的抨击之词呢？

考之史籍，赵广汉在京兆尹任上确实做到了不畏权贵、为民除害，保一方百姓平安，但他的施政手段完全是申韩之道，大大违背了儒家伦理。试举一例：颍川的豪门大族彼此通婚，官府与民间多有勾结，赵广汉对此非常忧虑，于是想方设法要破坏这种融洽无间的共同体结构。他设置了一种叫作"缿筒"的东西，大略相当于市长公开信箱，供人投递检举信之用。在收到检举信之后，赵广汉削去信上的署名，假托信中内容系出豪杰大姓子弟之口，借此离间宗族关系。结果强宗大族在杯弓蛇影的紧张气氛里迅速由团结融洽而反目成仇，终致奸党散落，风俗大改，官吏和百姓互相揭发检举，赵广汉以之为耳目，破案率显著提高。

以儒家标准来看，赵广汉的清明之治是以破坏当地融洽的社群秩序为代价的，一个温情脉脉的熟人社会被治理成了一个人人彼此为敌的散沙型社会，也就是说，赵广汉虽然稳定了社会，却败坏了人心，这显然得不偿失。

不错，在赵广汉执政之前，当地确实有违法乱纪的现象存在，但儒家相信"水至清则无鱼，人至察则无徒"，认为一个社会应当有一定的"藏污纳垢"的能力，社会的黑暗面需要在共同体内部以充满人情味的方式慢慢照亮，切忌操之过急地察察为明。

而赵广汉恰恰是察察为明的典范，尤其擅长"钩距"之术。所谓"钩距"，譬如想了解马价时并不直接询问马价，而是先问狗价，再问羊价，再问牛价，最后才问到马价，把这些价格按类比较，就能够相当确实地掌握马的实价。这正是法家祖师申不害最为推崇的"术"，相应地也最为儒家所不取。

包拯的"断案如神"恰恰也要用术。《宋史》本传记载了包拯的一次断案经过：包拯知天长县时，有人偷割了县里一头牛的舌头，牛的主人为此告上县衙。包拯劝他说："你还是回去把牛杀了卖掉吧。"牛主人无奈之下只得照办，而过不多久，就有人来县衙举报有人私杀耕牛。包拯却问道："你为何偷割牛舌又来此举报？"来人大为惊惧，当即认罪服法。

推测包拯的断案思路是这样的：偷割牛舌是一种损人却不利己的行为，所以案犯一定是因为和牛主人有仇才这么做的；私杀耕牛在当时属于违法行为，所以，只有牛主人的仇人，也就是那个偷割牛舌的人，才会紧密关注着牛主人的举动，希望看到他杀牛吃肉，这样才好落井下石地检举揭发。包拯摸清了案犯的心理动机，所以才巧设圈套，演了一场请君入瓮的好戏。

站在儒家的立场上看，倘若包拯只是一名侦探，这样做或许无可厚非，但作为一任地方官，作为民之父母，这样的办案方式显然对道德风气起到了负面作用，不鼓励淳善而鼓励机心，实在不足为训。

那么，设若由王夫之来判牛舌案，他会怎么做呢？明代吉水县尹胡鹿崖判过一起耕牛案，虽然与牛舌案的案情不尽相同，但完全可资参照，胡县尹的判词想来也有十足的理由得到王夫之的嘉许。案子是这样的：两户人家的耕牛打起架来，一头牛竟然被另一头牛顶死，死牛之家告到县衙，胡知县的判词是："二牛斗争，一死一生；死者共食，生者同耕。"这看上去是一种不问是非黑白的和稀泥式的解决方案，然而"两家皆服"，这件事也被胡县尹的同乡、公安派文人江盈科记入《谈丛》，传为一时之佳话。

虽然胡鹿崖遇到的这个案件案情清晰，并不需要做任何侦破，但它透露给我们的信息是，维系并促进社会和谐才是办案的首要之务，至于清晰地界分责任归属、追究责任人，这些事情并不那么重要。只要我们把社会想象成一个大家庭，以家庭关系中的脉脉温情来软化社会关系中的矛盾冲突，是非黑白哪须要辨得那么清楚呢？——这也正是地方官被称为父母官的意义所在，他们理应在地方社会上扮演大家庭中的大家长角色，以父母处理儿女矛盾的方式来处理当地的社会矛盾，这才是理想的儒家治道。

34

儒家政治喜欢大而化之，官不必廉，法不必密，公道不必强求。归根结底，国政只是家政的延伸，而家政的要领正所谓"不痴不聋，不成姑公"——这则民谚至少在汉代便已有了。

王夫之以汉人宗均为例，说宗均为官之时下令撤销了捕捉猛兽所用的槛阱，九江一带的虎患反而平息了。个中原委并不难知：人与老虎相争，人当然无法取胜，而人一旦有了槛阱，就不再害怕老虎了，以致蹈危而不觉。宗均的政令中说"江淮有猛兽，犹如北方有鸡豚"，意思是说，猛兽是如此之多，以至于我们没办法灭绝它们。那么，只要人们心中常存这个认识，路途中又没有槛阱为自己壮胆，也就不会轻涉险地了。其实，为政也是一般的道理。王夫之最后归结说，刘备和诸葛亮崇尚申韩之术，以至于蜀汉政权短祚夭折，至于包拯、海瑞那般疾恶如仇的人，是尤其不值得称道的。（《读通鉴论》卷四）

在王夫之看来，包拯和海瑞不过是赵广汉的继承者而已，他们虽然功勋卓著，虽然赢得了万民称颂，但他们的所谓功勋仅仅是一时之功，却给世道人心造成了数百年都无法平复的伤害。

可资参照的是，北宋嘉祐三年，欧阳修继包拯之后担任开封府尹，一改包拯的刚猛作风，只是简易循理而已。有人以包拯的榜样劝谏欧阳修，后者答道："凡人材性不一，各有长短，只要用其所长，政务总能办好，如果强用其短，政务必定处理不好。"欧阳修的意思是，包拯生性刚猛，所以为政适宜刚猛之道；自己生性宽和，所以为政适宜宽和之道。后来的事实证明欧阳修的宽简之政并不比包拯的刚猛之政逊色多少，及至清嘉庆十五年，开封府署兴建二贤祠，并祀包拯、欧阳修，祠堂于东西两侧各立一块牌坊，一书"包严"，另一书"欧宽"，两者并美。

更加耐人寻味的是，《宋稗类钞》在叙述欧阳修以宽简继包拯之刚猛之后，特意引述了以宽简著称的宗均的一番远见卓识："官吏若为政弘厚，即便贪污放纵也不会有多大害处，而苛察之人自身虽然廉洁，但对待百姓难免狡黠刻薄。"对于宗均的这个看法，"识者以为确论"。(《宋稗类钞》卷二)

35

在《后汉书》本传的描述里，宗均为人宽和，不喜欢法律条文，确实很有儒家风采。儒家理想的政治是不治之治，理想的法律是无法之法。以判案而论，既不需要完善的成文法依据，法官也不需要精通法律。精通法律条文被认为是舞文弄法的俗吏风格，很遭醇儒鄙视，今天最称职、最熟悉专业知识的法律工作者依传统儒家的观念来看反而是最不称职的人。

《左传·昭公六年》记载"郑人铸刑书"，开启中国历史上公开成文法的先河。当时郑国的执政大臣子产将刑法铸在鼎上，示之国人，若在今天看来，法律条文公开透明实属天经地义，我们简直想象不出除此之外还有其他任何可能，而在当时的社会里，这件事却激起了轩然大波。晋国大夫士文伯看到当时天象有大火星出现，做出预言："恐怕郑国将要发生火灾了！郑国在大火星不该出现的时候举火铸造刑鼎，开启争辩之源，招致大火星提前出现，怎会不发生火灾呢？"是年六月，郑国果然发生了火灾。后来汉朝人以五行理论解释这场灾异的原委，认为是大火星因为铸刑鼎而提早出现，与五行之火争明的缘故。（《汉书·五行志》）这就意味着，子产铸刑鼎破坏了天人合一的自然秩序。

就在铸刑鼎的当年，晋国的著名贤者、资深政治家叔向给子产写了一封措辞严厉的信：

> 始吾有虞于子，今则已矣。昔先王议事以制，不为刑辟，惧民之有争心也。犹不可禁御，是故闲之以义，纠之以政，行之以礼，守之以信，奉之以仁，制为禄位以劝其从，严断刑罚以威其淫。惧其未也，故诲之以忠，耸之以行，教之以务，使之以和，临之以敬，莅之以强，断之以刚。犹求圣哲之上，明察之官，忠信之长，慈惠之师，民于是乎可任使也，而不生祸乱。民知有辟，则不忌于上，并有争心，以征于书，而徼幸以

成之，弗可为矣。夏有乱政而作《禹刑》，商有乱政而作《汤刑》，周有乱政而作《九刑》，三辟之兴，皆叔世也。今吾子相郑国，作封洫，立谤政，制参辟，铸刑书，将以靖民，不亦难乎？《诗》曰："仪式刑文王之德，日靖四方。"又曰："仪刑文王，万邦作孚。"如是，何辟之有？民知争端矣，将弃礼而征于书。锥刀之末，将尽争之。乱狱滋丰，贿赂并行，终子之世，郑其败乎！肸闻之，国将亡，必多制，其此之谓乎！

叔向推崇的是先王"议事以制，不为刑辟"的司法传统，也就是说，虽然重罪重罚、轻罪轻罚，大体上并不违背公平原则，但并不制定具体的法律条文，君主拥有相当程度的自由裁度权。人们既然知晓司法裁度在于君主，自然就会对君主心生敬畏；而如果有了公开的成文法，人们知晓即便是君主也必须依据这些条文来处罚罪行，从此就不仅会斤斤计较法律文辞，更会失去对君主的敬畏。如此一来，社会也就不成体统了。

叔向认为，《诗经》已经给出了理想的政治准则，即"仪式刑文王之德，日靖四方"以及"仪刑文王，万邦作孚"，以周文王为榜样，充分发挥榜样的力量。——这也正是孔子的政治理想："为政以德，譬如北辰，居其所而众星共之。"（《论语·为政》）优秀的政治家应当像北极星一样，只要安居其位就好，一切星辰都按部就班地以之为圆心自动运转。——考察夏、商、周三代的历史，立法行为从来都只在末世出现；谚语也说"国将亡，必多制"，法令滋彰正是国家败亡的征兆。

我们只要在父家长制度下思考叔向的意见,就必然会认可其中的道理。试想在一个家族甚至一个小家庭的内部,长辈若是以赏罚分明的条文来约束晚辈,亲情难免会因此淡漠,而一个亲情淡漠的家族比之一个温情脉脉的家族,显然既不稳定也不和谐。在宗法制度下,亲情为政治提供了强大的包容力,正如爱情之于婚姻。所以,在西汉初年,贾谊思考秦帝国的败亡教训,认为一个重要的致败之因便是法治导致了人情浇薄——若在法律面前人人平等,那么父亲与儿子是平等的,尊者与卑者是平等的,这样的社会必然冷漠得可怕。

以这样的标准来看,礼制社会显然优越于法制社会;如果子产真是一位怀有真诚的大公之心的改革家,那么对于当时郑国的时弊,他应该做的是整顿旧礼以纠偏——当然,以操作难度而论,这确实比子产实际上施行的政策耗时更长,见效更慢。

只是在一般的想法里,难度是可以用勤勉和谨慎来征服的。子游在孔子面前称道澹台灭明"行不由径",即走路不抄捷径,这本来就是君子应有的做派。这不禁使人想起早在子产尚未掌握权柄时的一段往事,那时候吴国贤公子季札出访郑国,和子产一见如故,语重心长地给予后者一番预言式的忠告:"郑国现任执政官奢侈无度,祸患将会降临在他的身上,而权柄一定会移交到先生你的手里。希望你那时候谨慎地施行礼制,否则郑国将会败亡。"(《左传·襄公二十九年》)

季札应该是从郑国当时的执政官伯有的奢靡风格上看到了礼崩乐坏的势头,如果这个势头不能被及时遏止的话,郑国将会迅速滑向纲常解体的境地,而最佳的——甚至可以说是唯一可以选择的——遏止之道就是以审慎矫枉汰侈,以礼来约束非礼。如果季札听说过孔子"克己复礼"的主张,一定会拿这四个字送给子产的。

后事果如季札的预期:伯有败亡,子产当政。季札一定不愿见到的是,子产的纠偏之心是如此之急切,以至于以"由径"的作风玷污了君子的美德。

子产铸刑书已经现出了法家政治的苗头,一举而毁掉了儒家的社会温情与道家的自然和谐。这正应了《老子》"法令滋彰,盗贼多有"以及"其政闷闷,其民淳淳;其政察察,其民缺缺"的忧思——理想的政治理应充满"闷闷"的宽容气息,切忌察察为明。

毕竟社会生活千变万化,其复杂程度任法律条文如何汗牛充栋亦难尽括,于是法网越密,钻空子的机会也就越多,打赢一场官司的关键不在于谁掌握了更多的正义,而在于谁更擅于利用法律条文。《庄子》所谓"吾生也有涯,而知也无涯,以有涯随无涯,殆矣",成文法的世界也将依循这个道理。文字条款总是有限的,社会生活却复杂无垠,以有限的文字条款不断追赶复杂无垠的社会生活,人们终将不堪重负。

36

法律面前人人平等,如果我们对这一法律原则做一番大胆想象的话,那么它的完美形式应当是一套包罗万象、巨细靡遗、无恨无爱的由机械执行的自动程序。譬如我们制定交通规则,凡红灯越线者处以死刑,而这条法规并不交由警察执行,而是设置这样的一种自动化机械装置:红灯一亮,停止线以外的地方即露出陷阱,凡是越线的人必定会掉进陷阱,非死即伤;而红绿灯的起迄时间完全基于预先设定,不会因为特权车的出行而特意开出一路绿灯。另外,这些规则会以条文明细的形式告知每个人,使他明白规则是如何运作的,明白违反交通规则将会承担如何可怕的后果。

但是,即便法令划一真的可以被执行到这种程度,在古代儒者看来也未见得就是一种可取的社会运作模式。一个和谐稳定的社会必定是尊卑有序的,而一个尊卑有序的社会必定如孔子所谓"民可使由之,不可使知之",怎么可以让不分阶层的所有人都有机会看到清晰且无遗漏的法律条目呢?

宋代学者吕祖谦对子产铸刑书一事有过一番极中肯的议论,其大意是说,在子产之前,古人公布法律仅仅示人以大略,法无定法,其条目、轻重、浅深、生杀,一切违法事件都要具体问题具体分析。也正是因为这种法无定法的情形,人民便没有投机取巧之心。后世立法巨细靡遗,而法律条文越是细密,舞文弄法的情形也就越多,奸人也就有机会利用法律条文来遵纪守法地达到自己的险恶目的。(《春秋左氏传说》卷十)这也就意味着,对于成文法的公示,不但案件的判决不再取决于尊长的灵活权衡而取决于法律条文的硬性规定,因而下民会减弱对尊长的依赖与尊敬,而且最大的受益者不是安善良民,而是奸佞小人。

子产执政期间做过两项重大改革,除铸刑书之外,还有作田赋。依吕祖谦的看法,子产这两项改革恰恰搞反了:"赋不可使之无定,刑不可使之有定。"赋税标准必须明确,这可以避免横征暴敛、苛捐杂税;法律法规必须只示大略而绝无具体条文,这可以维系尊卑秩序,防止奸人弄法。

这算是相当有代表性的学者之见了,而政治家的看法总会比学者们实际且通达一些。北魏高祖召见宗室大臣任城王元澄时,问了这样一个问题:"子产铸刑书,叔向非难之。这两人都是贤士,究竟谁对谁错呢?"元澄的意见是:"当时郑国国力不强,逼处于强大诸侯之间,只有明确的刑法才能够制约民心,所以子产的做法虽然不合古制,却是合乎时宜的权宜之道。叔向的讥议是以上古治道来做评价标准,其议论本身虽然没错,却不合时宜。"在元澄的意见里最要紧的意思是,礼治当然是最佳的治道,这一点毋庸置疑,但只有等天下大同之后才适宜施行礼治,而在天下纷乱、强国林立且彼此觊觎的时候,百姓难以礼治而易以威伏,故而只能采取子产的办法。当下魏国面临的正是这样的局面,所以虽明知子产铸刑书只是权宜之计,却必须采用这个办法。魏高祖之所以会提这个问题,是因为他当时正有改制变法的意图,于是欲以元澄为魏国之子产。(《魏书·元澄传》)

元澄的看法暗示了这样一个信息:子产的办法毕竟切实好用。三代之治虽然总被人挂在嘴边,但那终归只是传说,是一张描绘大同世界的理想蓝图,是从来亦永远不得实现的东西。而人心向简,统治阶层也不例外,所以出于施政方便的考虑,他们难免会一方面高举三代旗帜，另一方面遵循子产的权宜。

37

最有代表性的图景或许莫过于《金史·刑志》为我们所展现的那样：金国长久以来禁止民间收藏法律文献，就是怕民间滋生告讦之弊，毕竟一个和谐社会的老百姓不应该动不动就打官司。金章宗大定二十九年，有大臣提议要改掉这一旧制。平章政事张汝霖引述子产铸刑书的先例说："叔向之所以讥议子产，是不愿意让老百姓清楚知晓刑法的轻重。然而当今我们制定法律，一经确定便不再更改，老百姓越是通晓法律就越是知道避忌。法律只有如长江、黄河一样清楚堂皇地摆在眼前，老百姓才容易趋避，才不容易违法乱纪。"张汝霖的意见显然和我们今天的法制观念相当接近，但当时赞同他的人并不很多，以至于金章宗下诏说，还是暂且维持旧制好了。

当然，张汝霖的反对者不可能尽如叔向那般出于公心，因为从施政的方便性来看，叔向一派意味着长官掌握了近乎绝对的自由裁量权，这实在是一件可怕的利器，清官可以借之而不畏刁民奸吏的舞文弄法，贪官亦可以借之巧取豪夺，草菅人命。这就意味着，无论是心怀王道公心的仁人君子还是私心深重的奸佞小人，乃至仕途中的一切庸常之辈，拥护叔向方案的动机都要比拥护子产方案的动机更强。

于是，事情迅速转向儒家的经典政治命题：为政之道关键在于择人，所谓"亲贤臣，远小人，此先汉所以兴隆也；亲小人，远贤臣，此后汉所以倾颓也"。所以元泰定元年，刘有庆为唐律作序，郑重提出：德礼为本，政刑为末，善用此道者则德理行乎政刑之间，不善用此道者就会以政刑压倒德礼。所以说"有《关雎》《麟趾》之意然后可行周官之法度"，亦即只有当施政者有古圣先贤之心才可以将先代以德礼为本的法律制度妥当实施。

苏轼讲得更为明确：三代先王的行政要领在于任人而不任法，对人才的选拔煞费苦心，对人才的任用却轻松简易，如此之故则法可以简，官可以省。(《唐虞稽古建官惟百夏商官倍亦克用乂》) 这种美好的愿景多么不切实际，这在今天已经成为我们的常识了。但就其初衷而言，确实煞费苦心。法律毕竟是一件无情的利器，一如刀兵，善人可以善用，恶人可以恶用，而无论多么完备的法律条文，在贪官污吏手里只会成为盘剥下民的工具。

明初洪武年间推行纸钞，要求军民商贾一律将铜钱上缴有关部门，兑换成纸钞使用。然而铜钱屡禁不止，以至于后代的几任皇帝为了推行钞法而频频出台律令。永乐元年，下令禁止金银交易，违者以奸恶论罪，有能自首并捕捉同案犯的，以所交易的金银赏赐之。永乐二年诏令，有犯交易银两之禁者，免死，全家流放兴州屯戍。至正统十三年，监察御史蔡愈济提出要出榜禁约，派锦衣卫和五城兵马司巡视，凡发现有以铜钱交易者，即掠治其罪，处以交易额的十倍罚款。

法律条文不可谓不密，违法成本不可谓不高，然而事情的后果是"自钞法行而狱讼滋多",风俗人情为之浇薄,贪官污吏借法谋私,以至于出现了钓鱼执法:给事中丁环奉使到四川公干时,安排胥吏以银子诱使百姓交易,然后将其逮捕治罪。这种情形,就是孟子所谓"罔民"之政。(《日知录》卷十一"钞")这样看来,老子所谓"法令滋彰,盗贼多有"也完全可以做另一种理解,即法令越密,官吏的盘剥能力就越强,穿着官衣的盗贼就越猖獗。

38

子产铸刑鼎的二十三年之后,晋国赵鞅、荀寅起而效之,看上去无论秉承贵族政治传统的守旧派们如何痛心疾首,法律条文公开化还是历史发展的大势所趋。孔子对此事有评论说:

"晋其亡乎!失其度矣。夫晋国将守唐叔之所受法度,以经纬其民,卿大夫以序守之。民是以能尊其贵,贵是以能守其业。贵贱不愆,所谓度也。文公是以作执秩之官,为被庐之法,以为盟主。今弃是度也,而为刑鼎,民在鼎矣,何以尊贵?贵何业之守?贵贱无序,何以为国?且夫宣子之刑,夷之蒐也,晋国之乱制也,若之何以为法?"(《左传·昭公二十九年》)

孔子将铸刑鼎一事视为晋国的亡国之兆,因为他清晰地预见到,当法律条文成为晋国人的生活准绳之后，尊卑有序、贵贱有别的传统礼法秩序将被迅速打破，而一旦尊卑失序，国家也就无从治理了。这意味着，公开成文法的弊端不仅在于以有限之法条无法应对无穷之人事，更在于在法律面前人人平等的立法精神将会彻底败坏社会风气，造成不可收拾的乱政，并且贻害万世。

今天我们已经将"人人生而平等"视为天经地义，而在孔子当时，人和人不但"事实上"不平等，并且"理应"不平等，任何试图促进平等化的措施都将给社会带来莫大的危害。

急于批评孔子的人往往疏忽了社会结构的古今差异。孔子时代的社会，尤其是孔子所缅怀并试图复兴的周公时代的社会，是一种小规模的熟人社会，其人情关系不仅是最牢固的社会纽带，也是最好的社会润滑剂；而我们今天的社会是庞大到无以复加的陌生人社会，核心小家庭取代了宗法大家族，散沙式的社会结构取代了金字塔式的社会结构，人情关系的意义变得越发轻微起来。

当然，我们今天仍然可以在某些乡村找到古代熟人社会的一点影子。譬如在台湾地区的一个村落里，一名农妇对人类学家马杰里·沃尔夫如此谈起在农村经营小店铺的苦衷：

> 如果你没有很多钱，开一个乡村小店真很困难，因为当你同辈中认识的所有邻居和所有亲戚没钱时，他们就来要东西，而你不得不给他们。你知道，有时如果你卖给这个人东西，他却不给你钱，当你要他付钱时，他就会暴跳如雷，说你不尊重他，并且跑到周围的人那儿说你侮辱了他的家庭。假如你不卖

给这些人,他们就对你很生气,但如果你给了,你就不可能赚钱。在乡村开店确实很难。[1]

这一"难处"的根源在于,这位农妇将商品经济的人际交往模式带入了一个传统的熟人社会,前者要求在货币面前人人平等,叔向和孔子一定会对此长叹世风日下、人情浇薄的。

事实上,历史也正是向着叔向和孔子担忧的方向发展下去的。自春秋以迄战国,宗法社会日渐解体,严峻的国际关系给了集权程度更高的邦国更大的生存机会,这是一个物竞天择、适者生存的残酷过程,叔向和孔子所缅怀并试图复兴的温情脉脉的古代礼制尽管美不胜收,却注定要被历史的车轮碾成齑粉。这一古今之异,唐代儒宗孔颖达早已经留意到了:自周代以前,分封建国,大小领主皆有世袭领地,故而土地是自家土地,人民是自家人民,所以领主们自有爱吝之心,不生残贼之意,而秦汉以后,郡县制取代封建制,地方官只是皇帝的雇员,只是代理皇帝治理地方而已,任期一满便即迁调,土地不是自家土地,人民不是自家人民,施政的心态和出发点自然与封建领主不同,很自然就会滋生酷吏。这时候倘若没有公开的成文法,任由地方官专断刑狱,苛刑暴政将会一发而不可收。(《春秋左传正义》中昭公五年疏)

俗语有所谓"新官上任三把火",这是郡县制下地方官的通病。

---

[1] 见(美)R. 麦克法夸尔、费正清编《剑桥中华人民共和国史——中国革命内部的革命,1966—1982》(*The People's Republic, Part.2 : Revolutions within the Chinese Revolution, 1966-1982*, edited by Roderick MacFarquhar and John K. Fairbank),1992年出版,第649页,转引马杰里·沃尔夫《李家:一个中国农民家庭的研究》第22页。

为升迁计,行政必求速效,而速效之成果,并不是要百姓看到,而是要让上级看到。唐宪宗元和十四年,陈许节度使郗士美去世,朝廷委派库部员外郎李渤为吊祭使前往吊唁。李渤一路往来,颇得民情之真,目睹了一个骇人的现象:地方州县人口锐减十之六七,逃亡成风。究其原委,是因为一旦发生民户逃亡,地方官为了保障税收总额不受影响,便把逃户应当缴纳的赋税摊派到比邻人家,以至于逃户越多,留守户的赋税就越重,赋税越重,逃户就越多。李渤在痛心疾首之下将此事上奏朝廷,认为这都是地方官不惜竭泽而渔地盘剥下民以取悦上级所致。李渤建议清算逃户的剩余财产以偿还赋税欠额,还不上的部分索性全部免除,如此则不出几年,逃户们就会回乡重新开始农业生产。

这份奏章触犯了宰相皇甫镈的忌讳,李渤只好称病告休,退出权力中心。我们可以设想,倘若唐宪宗罢黜皇甫镈,认真采纳李渤的建议,或许真会收到预期的效果,但问题在于,在郡县制这个大格局不变的前提下,地方官注定会形成剥下媚上、竭泽而渔的行政模式,这也确实是历朝历代都不曾真正改变过的。李渤的方案,也只能说是某种头痛医头、脚痛医脚的办法罢了。

若以今天的眼光来看,将国家比作公司,封建制与郡县制的差别大略近似于股份制与聘任制的差别。如果一家公司的管理层都是大大小小的股东,那么每个人自然将公司当作自己的产业来打理;如果管理层全是职业经理人的话,归属感显然就不如前者那么强了。然而以今天的知识来看,我们知道股东管理层未必优于职业经理人的管理层,将聘任制改为股份制在很多时候绝不是什么明智之举。

而历朝历代都不乏一些天真良善的学者，希望可以复兴封建制。与当代的企业改制情形不同的是，这些古人的美丽憧憬无论是对是错，在社会变迁的大势之下，终归是缺乏可行性的。

39

复兴封建制之所以会成为儒者们的一个长盛不衰的梦想，是因为儒家政治理念的社会根源正在封建制里，当这些理念在郡县制下屡屡因方枘圆凿而屡屡截长补短之后，人们难免会觉得，只有复兴封建，儒家的理想社会才会真正成形。譬如王通的想法：在地方官频繁调任的情形下，既无法强求百姓向长官效忠，也无法强求长官教化百姓。[1]

只有在主有定民、民有定主的美好旧时代，忠孝教化才能斐然成章。那么我们难免会产生一个疑问：专制帝王总希望四海升平、风俗纯良，将地方官的任期尽可能延长一些岂不是会有很好的收效吗？这个办法，用力小而见效大，何乐而不为呢？

事实上，聪明的帝王们当然看得出这样做的好处，但他们更介意的是其弊端。地方官任期越长，在当地的权力根系就扎得越深，对

---

[1]（隋）王通《中说》卷三："子见牧守屡易，曰：'尧舜三载考绩，仲尼三年有成，今旬月而易，吾不知其道。'薛收曰：'如何？'子曰：'三代之兴，邦家有社稷焉；两汉之盛，牧守有子孙焉。不如是之亟也。无定主而责之以忠，无定民而责之以化，虽曰能之，末由也已。'"

中央政府的抵制能力也就越强。地方官越是施行仁政，地方百姓对他的爱戴也就越深，对帝王威福的感受也就越淡。换言之，这种情形持续得越久，地方百姓便越发地只知有长官而不知有皇帝，这当然是任何一位专制帝王都不愿意看到的事情。

譬如汉代就出现过这个问题。王夫之议论说，那时候有些地方基层官吏视长官为主君，甘愿为长官赴难蹈死，在长官死后为之服丧守孝，只讨好长官而不知上有天子。(《读通鉴论》卷八) 汉代学者刘向阐发天人感应理论，认为《春秋·僖公十五年》之所以发生了雷霆在大白天震动夷伯之庙的事情，是因为夷伯是世袭大夫，上天发出警告：不可让大夫世代为官，否则他们将专权朝政，混乱政坛。(《汉书·五行志下》) 刘向如此这般的解释，在当时不可不谓有感而发。

所以，儒家的一个切乎实际的政治难题是，如何才能既保障帝王的专制愿望，又能够复兴所谓上古三代的纯良社会。换言之，古老封建体制下那个层层分封的大家庭式的美好"天下"如何才能在郡县制下不打太多折扣地重现呢？

这确实是一道太难解答的题目，所以天真的儒者们总是很容易陷入怀旧的情绪，憧憬在那个被古圣先贤一再渲染的理想社会里，天下是一个如何温情脉脉的大家庭，人与人的关系如何都是在一定的亲疏序列上的亲人关系。家，天然就不是一个讲理、讲公平的地方，却比任何一个哪怕再讲理、再讲公平的陌生人世界都更加令人喜爱。

那么，我们不妨假想一种情形：设若叔向和孔子生活在今天的世界，面对的是这个广大无垠且毫无逆转可能的陌生人社会，他们还会顽固地坚持自己当初的主张吗？

以这两位古代贤者的睿智程度而言,想来也会生出一些因地制宜的考虑,但他们恐怕依然会对公开的成文法典心存疑虑。设若他们通晓当代世界各国的全部法律知识,很可能会觉得陪审团制度与自己的固有主张存在着一些精神相通的地方。

40

《金史·刑志》有一节关于立法原则的概述,话虽简单,却相当耐人寻味:

> 原其立法初意,欲以同疏戚、壹小大,使之咸就绳约于律令之中,莫不齐手并足以听公上之所为,盖秦人强主威之意也。是以待宗室少恩,待士大夫少礼。

原初的立法意图,是要使法律面前人人平等,也就是说,无论尊卑贵贱、亲疏远近,任何罪行都应当秉持同罪同罚的原则,当初秦朝就是用这样的方法来树立专制帝王之无上权威的。而这样的制度,对于皇亲国戚当然显得刻薄寡恩,对于士大夫当然也缺乏他们在周代原本享有的尊重。

立法若当真依照这样的标准,"八议"显然就没有存在的理由。金世宗大定二十五年,后族有犯罪者,尚书省援引"八议",准备给特权人物特殊对待，但金世宗说："法律是公天下持平之器，倘若亲属犯罪而刑罚从减，分明是鼓励特权阶层横行霸道。当初汉文帝诛杀薄昭，很有借鉴意义。此前也有后族犯罪当斩，朕未尝宽宥，若今天开了宽宥之门，就是为后代开了随意执法的先例。"宰相的意见是："给皇亲国戚酌情减刑，这是自古以来的良好传统，是为了尊崇天子，明确向世人展示天子与庶民的区别。"金世宗答道："外戚不同于皇家宗室。汉代外戚权柄过重，以至于篡权，这就是我不让诸王、公主掌握权力的缘由。'八议'之中，议勋是可以的，毕竟一个人有功于国，议其功勋而酌情减刑合情合理；至于议贤，简直没有道理，贤良怎会犯法？若犯法必非贤人，除非贤人受人牵连而获罪才可以从轻发落。"(《金史·刑志》)

金世宗堪称金国历代帝王中最具儒者风采的一位皇帝，甚至获得了"小尧舜"这个连汉人皇帝都会心向往之的无上美誉。上述事件乍看起来，金世宗似乎在走法家路线，不以"八议"传统为然，不在法律面前给特权留余地，然而几轮对话下来，我们会发现他并非反对"八议"本身，而是在坚持"八议"的基础上对外戚区别对待，特意剥夺外戚的"八议"特权。而他这么做的理由只有一个：唯恐外戚专权，国家移祚。只要不危及皇祚，特权阶层还是理所应当要享受特权的，这就是皇族和后族被区别对待的深层含义所在。

41

从政治权术的角度来看，确如上述那位宰相所言，给皇室以特权不仅对皇室本身有益，也同样是对天下百姓的一种福利。道理显而易见：天下百姓当然希望社会稳定，皇权不稳则社会不稳，而正是足够的特权给了皇室高高在上的尊崇，使百姓敬畏，知道尊卑有序，不敢轻易生出僭妄之心。

"《春秋》之义，用贵治贱，不以卑临尊。"（《汉书·朱博传》中何武、翟方进奏疏）稳定的社会需要尊卑有序，尊卑有序需要使尊者尊，使卑者卑。所以，如这位宰相的这般意见，非但在政治上正确，在道德上也无懈可击。然而，真正将之付诸实践并不如想象中那般容易，难点不在于道德争议，而在于宗室人口在获得特权之后所迸发出来的惊人的生育能力。

譬如西汉末年，太皇太后王政君以摄政者身份下诏，提出教育并赡养宗室人口的政策，诏书中提到当时的宗室人口已达到十几万人的惊人规模。（《汉书·平帝纪》）而如此庞大的宗室人口非但没有成为刘姓王朝的股肱力量，反而不被士民尊重，只被当作一般的富户看待，即便那些有诸侯身份的宗室也早已经尽失权柄。这样的局势简直就是阴谋家的温床，所以不难想象王莽的势力为何可以发展得

如此迅速。(《汉书·诸侯王表》)

宗室人口以几何级数飞速增长，一般而言仅仅在四五代人之后，维持宗室生活的财政开支就会让中央政府陷入左支右绌的困境。即便超出五服的宗室成员不再被载入皇家族谱，财政供养也可能被截然斩断（正如唐代的惯例），但财政负担仍然给帝国形成不小的压力。[1]著名的王安石改革所要解决的一大危机恰恰就是因宗室人口膨胀而导致的财政危机，而其改革措施在新中国的历史研究上一般被描述为"打击了特权阶层的利益，具有积极的进步意义"，然而在"圣朝以孝道治天下"的古代政治模式里，供养庞大的宗室有着齐家的含义，一个连齐家都做不好的帝王怎么可能有能力治国、平天下呢？

帝王的齐家之道，即便对近亲当中那些臭名昭著且一无是处的坏分子也应当给予特殊的恩宠。万章问过孟子这样一个问题："舜的弟弟象每天都把谋杀舜当成本职工作来做，可等到舜当上天子，却仅仅给了象很轻的流放处罚，这是什么道理呢？"孟子答道："舜其实是把象封为诸侯，不过也有人说是流放罢了。"

---

[1] 参见（美）贾志扬著、赵冬梅译《天潢贵胄：宋代宗室史》（江苏人民出版社，2010年出版），第67—68页：1604年，也就是英宗为宗室诸宅增置21名教官那年，有报告指出有官的——也就是说，五岁及以上的宗室人数超过1200名。其中，三十岁及以上者113名，十五岁及以上者309名，剩下大约800名在十五岁以下。同早期相比，1200名宗室人员意味着巨大的增长，但是，这些数字所反映的真正的麻烦是这些宗室青年"为人父"之后不可避免要带来的更大规模的人口增长。11世纪70年代末，知三班院曾巩（1019—1083）报告，1075年宗室谱牒新增人数为487人，1076年为544人，1077年为690人；而死亡人数仅为每年约200人。我认为，这些数字所揭示的是规模庞大的3488名第五代宗室的到来，以及规模更大的第六、第七代宗室的出现。维持这一班宗室男女的费用已经膨胀成帝国预算中一个十分惹眼的部分。1067年，宗室每个月的开支（钱、谷）超过70000缗。与之相比，整个首都官僚的开支为40000余缗，首都军队的开支为110000缗。这还不算生日、婚礼、葬礼、季节性赏赐衣服，以及其他可能为数甚昂的特殊开销。

舜的做法在孟子看来当然是完美无缺的。孟子的理由是：

（1）仁人对于弟弟，就算有所怨恨，也不会耿耿于怀，而只会继续亲他爱他。亲爱一个人，就很希望使他富贵，这是人的天性。舜将有庳封给象，正是亲爱的表现。假若一个人做了天子，弟弟却还是普通百姓，这难道还是亲爱之道吗？

（2）有庳虽然是象的封国，但一切治理工作都由舜委派的官吏来做，象只是坐吃税赋罢了，所以有庳的百姓也不会受到象的祸害。（《孟子·万章上》）

所以，在儒家理想的为政之道里，如此这般的裙带关系非但不会受到批判，反而被大加推崇。象这样一个坏分子，仅仅因为凑巧生为天子的弟弟便有资格政治正确地享有特权，若非如此，圣人的道德感召力便无法泽被天下，而天下人竟然也感动于这样的特权主义——邹阳为梁孝王游说王长君的时候便提到这则典故，说仁人对待兄弟既不掩饰愤怒，亦不会记恨前仇，只有深厚的亲情而已，所以才得到后世的称道。（《汉书·邹阳传》）

于是历代有儒家倾向的君主常常会仿效舜封象于有庳的榜样，譬如汉宣帝便以这个理由将那个因为只懂得骄奢淫逸而被废黜帝位的故昌邑王刘贺封为海昏侯。（《汉书·宣帝纪》）当然，帝王效法舜封象于有庳的做法还有更加实际的考虑，即限制诸侯王的权力以防其反叛。汉代文帝、景帝、武帝一连三代都在推行强干弱枝的政策，直到武帝朝才终于可以使诸侯王们落到象一般的处境，只食封国租

税，无权过问封国政务。(《汉书·诸侯王表》)[1]

42

事情的另一面是，一个人若想在精英阶层获得尊敬，那么他既可以在锦衣玉食中兼济天下，也可以在箪食瓢饮中独善其身；但是，若想在庶民阶层赢得尊敬，维持一份体面的生活显然是一个最为基本的条件。

庶民往往无缘亲见天子，却有更多的机会接触到宗室成员，设若这些宗室成员中的某些人过着和庶民一般无二的贫贱生活，后者最有可能出现的心态不会是人人平等的政治满足感，反而会因此轻看宗室，不再觉得自己和宗室成员之间存有不可逾越的鸿沟，连带着当然也会降低对天子的尊重。一国之政治倘若真的发展到这样的局面，那就真是礼崩乐坏、尊卑失序了，这是任何一名满怀真诚的儒者都不愿看到的。

是的，出于使社会和谐稳定的考虑，执政者必须清醒认识到庶民阶层的一项并不十分光彩的特质，即他们总是缺乏文化修养的。只看衣装不看人，只认金装不认佛，这是庶民阶层一以贯之的认知模式，他们注定不可能对颜回、原宪那样生活贫困的高洁君子发自内

---

[1] 另据《汉书·百官公卿表上》："景帝中五年令诸侯王不得复治国，天子为置吏。"

心地生出尊敬。所以高明的宗教徒哪怕明知道教义禁止偶像崇拜、崇尚众生平等，而为了传教的方便，他们还是会采取所谓的权宜之计，打造出金光万丈的偶像以供众生膜拜。

同样的道理，高明的政治家即便生性随和、简朴，也不肯摆出太多亲民的姿态，也晓得以宏伟的宫殿、华丽的衣饰来打造一副高高在上的威严模样。所以汉代名相萧何在民生凋敝的时候也要大兴土木营造宫室，为的是使人心有定；所以叔孙通为刘邦制定君臣朝仪，使这位草根出身的帝王接受那些原本在一起称兄道弟的功臣"非常见外"的顶礼膜拜。

毕竟奴性是人类重要的天性之一，是牢固地镌刻在基因里的。只要不从道德角度考虑，我们就必须承认奴性是任何群居动物的一项生存优势，缺乏这一优势的群居动物是很容易在残酷的自然竞争中被淘汰的。猫科动物就缺乏这种特质，它们总是特立独行，而人类正如狼和猴子一样，必须成群结队，所以任何群居动物在一个组织里越是能够迅速找到自己的定位，越是容易服从首领（即该群体中最强的一员），其生存概率也就越高。对于这种情形，无论我们赋予怎样的道德含义，无论我们喜欢与否，它始终都是一种客观事实，无情地呈现于每个社会的每一天里。

43

　　这个问题还可以换一个角度来看。一个人只要对常识怀有基本的坦诚，总该相信"劳心者治人，劳力者治于人"是一种世间常态，"君子喻于义，小人喻于利"同样是一种世间常态。在贵族社会里，我们可以清晰观察到如下事实：君子（贵族阶层）更在意脸面，小人（庶民阶层）更在意利益。显然，这会使我们怀疑所谓的同罪同罚是否真能起到"一视同仁"的作用。

　　如果对某一项罪行的罚则是在大庭广众之下接受一番严厉的申斥，那么小人不会觉得有甚所谓，君子才会真正受到这一罚则的伤害。这样的同罪同罚，简直就是在鼓励小人犯罪。如果将罚则换成鞭笞，那么小人会因为肉体上的痛楚而接受教训，君子则在深切感受到肉体上的痛楚之外，还会额外地受到斯文扫地、颜面无存的刺痛。统治阶层更加关注的是刑罚的社会功效，那么对君子与小人一视同仁的体罚无疑会使小人轻视君子，觉得君子也无非是和自己一样的人，于是在他们接受君子治理的时候也就会因为失去敬畏而不那么心甘情愿了。

　　礼制社会要求刑不上大夫，礼不下庶人。礼，很多时候都意味着烦琐的仪节与固化的程式，对庶民阶层而言实为一种不堪承受的负担。所以"礼不下庶人"这一原则与其说意味着轻蔑,不如说意味着体贴。士大夫阶层不会以礼法规范来苛求那些既无从接受完善教育又缺乏足够财力的庶民百姓;当遇到大是大非的义利抉择时,舍生取义是唯独要求士大夫阶层的行为规范,至于庶民百姓,他们完全可以心安理得地苟且偷生——这倒也公平,既然他们不拥有国家的股份,不享有国家的任何政治权利,凭什么要求他们为国效忠呢?为国效忠,仅仅对于那些拥有国家股份且享有国家政治权利的人而言才是道理上说得通的。

《左传·宣公二年》中,郑公子归生受命于楚以伐宋国,宋国以华元、乐吕为主帅率兵抵御。这一战宋军大败,华元被擒,乐吕战死,战车被缴获四百六十辆,军士被俘者二百五十人,死者上百。宋军之败,只因为一件太小的事情:战前,华元杀羊犒劳将士,他的御者羊斟也许被忽略了,没吃到羊肉。于是战斗刚开始,羊斟便在车上对华元说:"当初吃羊你做主,今天打仗我做主。"说罢,驾车载着华元驱入郑军,致使主帅轻易被擒,全军溃败。《左传》于此有一番君子评议:羊斟真不是人,因为私怨而败国殄民,罪莫大焉。《诗》所谓"人之无良",说的就是羊斟这样残民以逞的人吧。1

可资参照的是《左传·昭公十九年》一则类似的记载:在很多年

---

1 在同样的不公遭遇下,《左传·文公二年》所载的晋人狼瞫的做法恰恰与羊斟相反,既被当时君子誉为楷模,也能够得到今人的道德支持:"战于殽也,晋梁弘御戎,莱驹为右。战之明日,晋襄公缚秦囚,使莱驹以戈斩之。囚呼,莱驹失戈,狼瞫取戈以斩囚,禽之以从公乘,遂以为右。箕之役,先轸黜之而立续简伯。狼瞫怒。其友曰:'盍死之?'瞫曰:'吾未获死所。'其友曰:'吾与女为难。'瞫曰:'《周志》有之:"勇则害上,不登于明堂。"死而不义,非勇也。共用之谓勇。吾以勇求右,无勇而黜,亦其所也。谓上不我知,黜而宜,乃知我矣。子姑待之。'及彭衙,既陈,以其属驰秦师,死焉。晋师从之,大败秦师。君子谓:'狼瞫于是乎君子。诗曰:"君子如怒,乱庶遄沮。"又曰:"王赫斯怒,爰整其旅。"怒不作乱而以从师,可谓君子矣。'"

前,一名莒国女子的丈夫被国君所杀,她从此守寡,年老之后住在纪鄣城里,终日里纺线编织绳子,等到绳子有城墙的高度那么长时才算完工,然后她便将这条绳子藏了起来。后来齐国攻打莒国,将莒共公逼至纪鄣,这位老妇人终于等到了报仇的机会,悄悄将绳子取出来,垂在了城墙之外。齐军发现了这条绳子,趁夜间轻而易举地缒上城墙,一举攻入纪鄣。

耐人寻味的是,《左传》虽然对羊斟极尽谴责之能事,对这位寡妇却仅仅叙述其经历而没有只言片语的批评。原因无他,人的身份不同,阶层不同,所承担的道德义务也就不同。

以今天的标准来看,这名寡妇与羊斟在行为性质上并无二致;如果说有什么不同的话,羊斟所受的仅是小小的委屈,寡妇所受的却是丧夫之痛。但这只是今人眼中的不同——羊斟作为主帅之御者,身份当属贵族无疑,在军中的地位更是重要,因为没吃到羊肉而受到伤害的并非肠胃,而是脸面。在周代的贵族精神里,因为少吃了一口肉甚至激起过阴谋弑君的大事,所以相比之下,羊斟的反应并不算十分过激。而寡妇的丧夫之痛,以周代贵族的标准衡量,这痛楚未必就超过士大夫阶层颜面扫地之痛,因为女子毕竟与小人一类,属于"近之则不逊,远之则怨"的低等生物,不可与士大夫同日而语。

"君子"与"小人"这两个词的含义虽然自周代以后从身份定位转变为道德定位,但身份意义上的士庶之别依然如故。再如武则天当政期间,武懿宗将兵抗击契丹,始终畏缩不前。待契丹退兵之后,武懿宗在奏报中却将贻误战机的责任推卸到敌犯区数百家百姓的头上。左拾遗王永礼当庭辩驳道:"那些百姓素来未受良吏教习,城池又不完固,难免在遇到贼兵时心生畏怯,苟且以求生,怎会是一向就心存叛意呢?武懿宗拥兵数万,却闻敌辄退,丧城失邑,罪不容诛,如今却为了自己脱罪,将责任推卸在那些百姓头上,这哪里是为官之道呢?请斩武懿宗,以此向敌犯区的百姓谢罪!"(《大唐新语・刚正第四》)

从王永礼的言辞来看,敌犯区百姓确实闻敌生畏,苟且求生。事情若换到现代,这些人自然难免汉奸之讥。但王永礼一方面承认百姓们的苟且事实,另一方面却不认为他们应当为此承担道德与法律上的责任。只有当朝廷选拔良吏认真教习过他们,且安排有关部门修缮城池以卫护他们之后,他们再遇敌而苟且的时候才有理由受到道德的谴责乃至法律的惩处。

君子与小人,或曰士大夫与庶民,永远需要区别对待。治理庶民,标准当然不能太高,礼显然就是过高而极不恰当的标准了。不难想见的是,兼合理与有效二者而有之的办法不是礼法,而是刑罚。智者调教愚人,大人调教小孩子,农场主驯养动物,都遵循同样的行为模式。而智者对智者,大人对大人,农场主对农场主,这种行为模式显然就行不通了。

所谓刑不上大夫,并非意味着高级官员永远与刑罚无缘,事实上他们的重大违法犯罪行为也会招致死刑。"刑不上大夫"之"刑"是特指肉刑(即削掉鼻子、砍断脚趾之类)而言的。残害肢体的肉刑仅仅施加于庶民阶层,甚至宽泛意义上的除死刑之外的一切体罚于法理而言都不该上于大夫。[1]统治阶层理应拥有与其身份相称的尊严，这对于社会稳定是大有好处的，一旦法律面前人人平等，一旦士大夫阶层与庶民阶层同罪同罚，非但从功效上说这个社会将会纲常解体，尊卑失序，乱象横生，而且从正义性上来说，对不同阶层、不同政治权利、不同文化素养的人同罪同罚，这分明也是不公平的。

44

以春秋时期发生在郑国士大夫阶层内部的一起刑事案件为例。《左传·昭公元年》中，大夫徐吾犯的妹妹美貌动人，公孙楚已经行过聘礼，和她订了婚，没想到公孙黑也想娶到这个美人，竟然不理会公孙楚的订婚事实，强行向徐吾氏行纳采之礼。徐吾犯知道祸事上门，心中恐惧，便将事情经过报告给了执政大臣子产。子产认为之所以出现两位大夫同抢一女的事情，皆因国政不修，不怪徐吾犯；这件事就听任女方的意思好了，她愿意嫁给谁就嫁给谁。

子产的定夺得到了所有当事人的一致赞同，公孙楚与公孙黑各自盛装出场，比拼魅力。徐吾犯的妹妹在房间里端详两名竞争者的表现，终于属意公孙楚的男子气概，愿意以身相许。这件事本可以这样和平收场，遗憾的是，公孙黑并不是一个愿赌服输的人。不论

---

[1] 在礼崩乐坏的春秋时代，肉刑上于大夫的事例寥寥可数，如《左传·成公十七年》中，齐国大夫鲍牵接受刖刑，即砍断双脚。孔子有议论说："鲍庄子之知不如葵，葵犹能卫其足。"

是被爱情冲昏了头脑还是自觉面子受伤，总之他在盛怒之下做了一件很冲动的事情：在外衣里面穿上铠甲去见公孙楚，准备杀了这个可恶的竞争者，强娶徐吾犯的妹妹。但公孙楚也不简单，看出来者不善，于是先下手为强，操戈进击。公孙黑败逃，公孙楚穷追不舍，终于在十字路口追上了对手，以戈击伤了他。公孙黑带伤而归，转变战术，向大夫们痛斥公孙楚的卑鄙："我好好去找他，谁知道他心怀歹意，竟然对我挥戈相向！"

案情并不复杂，子产很快做出了判决："纠纷的双方如果理据相当，那么年少而位卑者有罪，所以这件事罪在公孙楚。"于是逮捕公孙楚，宣布他的罪行："国家有五项基本原则：（1）敬畏国君的权威；（2）听从国君的政令；（3）尊重地位尊贵的人；（4）侍奉尊长；（5）奉养亲属。这五项你全都违反了。擅动兵器，这是不敬畏国君的权威；违犯法令，这是不听从国君的政令；公孙黑是上大夫，你是下大夫，你以下犯上，不尊重地位比你尊贵的人；公孙黑年长于你，你这样做不是侍奉尊长之道；公孙黑是你的从兄，而你挥戈相向，这不是奉养亲属之道。国君说：'我不忍心杀你。赦免你的死罪，你还是离开郑国吧。'你要尽快动身，不要加重自己的罪行。"

公孙楚被放逐前夕，子产前去拜访游吉。公孙楚属于游氏一族，游吉既是郑国的卿大夫，又是游氏的宗主。宗法社会，一族之人皆应听命于宗主，宗主亦有庇护全族的责任。所以，子产的判决如果得不到游吉的认可，可想而知会引发无穷无尽的麻烦。幸好游吉是个通情达理的人，援引周公诛杀管叔、放逐蔡叔的事例，请子产放手而为。

子产是孔子极为推崇的贤人，但若以今天的标准来看，他显然没有真正做到把一碗水端平。事情明明是公孙黑仗势欺人，无理在先，不但强夺人家的未婚妻，未遂之下还要行凶杀人。公孙楚至多算是防卫过当，就算罪当流放，而罪魁祸首公孙黑总不应该安然脱罪吧？事实上，子产并不认为公孙黑无罪。仅在翌年，公孙黑意图作乱，想除掉游吉而代之，只因为戈伤发作才耽搁了。公孙黑属于驷氏家族，驷氏见公孙黑搞得天怒人怨，生怕祸及全族，故而与诸大夫一致要杀公孙黑。子产当时正在郊外，闻讯之后乘坐驿站的马车立即赶回来处理此事。子产派吏员向公孙黑历数其罪，罪状之一就是"昆弟争室"，此即上一年与公孙楚争夺妻子的事情。子产请公孙黑自行了断，不要等执法官行刑。公孙黑只能自缢而死，死后被曝尸于通衢大道，尸身上放有一块历数其罪状的木板。

公孙楚流亡，公孙黑自缢，这两件事联系起来，颇能显出子产的判决原则：

（1）尊卑秩序是第一位的，如果尊者与卑者发生纠纷，尊者免罪而卑者承担处罚。

（2）尊者的罪责并非真正被完全免除，只是在与卑者的官司中免罚而已。

（3）对犯人虽然放者放之，杀者杀之，但使流放者自动离境，使当杀者自缢而免于行刑，所有这些处罚既没有肉体上的摧残，也没有精神上的羞辱，是为"刑不上大夫"的典范。

（4）对犯人的判决有必要得到犯人所属之宗族的支持，这正是宗法社会的政治特点。——时至战国，孟子仍然认为搞政治并不难，只要不得罪大家族就可以了。因为大家族所喜好的，一国人都会喜好；一国人所喜好的，天下人都会喜好，德教就是这样沛然洋溢于四海的。(《孟子·离娄上》)[1]

45

或许能够使下层阶级感到欣慰的是，上层阶级在享有特权之余也承担着一定程度的责任与义务，至于这些责任、义务是否与其特权相应，那就是见仁见智的事情了。譬如主忧臣辱，主辱臣死，士大夫要死节，君主要死社稷，而庶民完全可以在社稷存亡之际采取"有奶就是娘"的生存策略，明白"礼不下庶人"之理的士大夫阶层没理由苛责他们。

出于对社会秩序与社会风气的维护，士大夫的亲属也要承担连带的责任与义务。隋初李谔看到当时每每公卿死后，其生前的爱妾、侍婢会被其子孙嫁出或卖掉，以此牟利，而此种事情居然渐成风俗，不禁让人痛心礼教之凋敝。于是李谔向隋文帝上书，深以此情为非。自此以后，五品官以上者，妻妾不得改嫁。(《北史·李谔传》)当

---

[1] 可参考《孟子注疏》宋人孙奭的疏解："此章指言天下倾心，思慕向善，巨室不罪，咸以为表，德之流行，可以充四海也。'孟子曰：为政不难，不得罪于巨室'者，巨室喻卿大夫之家也，孟子言为政于天下易而不难也，但不得罪于卿大夫之家也，以其卿大夫之家，以上则近君，而君所待以辅弼；以道则近民，而民待以视效。故君之言动，其是非可得而刺也；国之政令，其得失可得而议也。道合则从，不合则去，君民之从违而系之也，故为君不得罪于卿大夫，则为政可以行天下矣。"

然，这样的礼教义务是有相应经济基础的，若换到穷苦地方与游牧部落，哥哥死后，弟弟有娶寡嫂的义务，因为若不如此的话，寡嫂就会断绝生活来源。那么，既然士大夫阶层与庶民阶层经济基础不同，教育水平不同，政治地位不同，责任与义务不同，同罪同罚显然就不那么合适了。

46

如果依据上述考虑来为同罪同罚找一个理想范例的话，那么葆申的事迹差相近之。

葆申是楚文王的太保，很可能在楚文王还是小孩子的时候就一直做他的教师。楚文王即位之后，正如任何一个缺乏自制力的人所必然表现出来的那样，尽情享受权力和财富所带来的快乐。他得到茹黄之狗（一种国宝级猎犬）和宛路之矰（一种国宝级的弓箭），田猎于云梦，一连三个月都不回朝廷。后来他又得到了丹阳美女，从此尽兴淫乐，整整一年的时间里都不曾上朝听政。

于是，强烈的责任感驱使葆申犯颜直谏："先王占卜选择我来做您的老师，所以我理应尽到我的职责。您耽于田猎与女色，致使朝政荒废，这样的罪行应当受到鞭笞的处罚。"

楚文王说："我知道自己有错，应该接受惩罚，但我一降生便位列诸侯，所以请您换一种惩罚方式，不要鞭打我吧！"

葆申毫不妥协："臣不敢废弃先王的法令，宁愿获罪于您，也不愿获罪于先王。"

楚文王无可奈何："那就打吧！"

葆申便拉来席子，让楚文王趴在上面，然后跪下来将捆成一束的细荆条放在他的背上，如是者两次，然后说道："您可以起来了。"

楚文王显然颇感意外，也并不十分领情："您既然已经使我有了领受鞭刑的名声，索性就真的打我一顿好了！"

葆申说道："臣听说，对君子行刑是要让他感到羞愧，对小人行刑是要让他感到疼痛。倘若君子在受刑之后虽然感到羞愧却并不改正之前的错误，难道皮肉之苦反而能使他悔改吗？"

葆申履行了自己的职责，随即离开王宫，自我放逐，请楚文王治自己死罪。楚文王说："错都在我，您什么都没有做错。"于是楚文王召回葆申，杀掉茹黄之狗，折断宛路之矰，打发掉丹阳美女，此后励精图治，兼并了三十九个国家。（《吕氏春秋·直谏》）

"礼义廉耻，国之四维，四维不张，国乃灭亡。"（《管子·牧民》）[1]认真分析这礼、义、廉、耻，完全是对君子的要求，具体在西周以至于春秋的历史背景里，可以说这四维全是对统治阶层的要求，没道理以这样的高标准来要求庶民。

礼，刑不上大夫，礼不下庶民；义，君子喻于义，小人喻于利；而葆申的上述言行恰恰可以为"耻"做一个很好的注脚。在葆申看

---

[1] 若严格分析的话，这四维很有些逻辑上的毛病。柳宗元曾据这个理由认为该说法并非管仲之语，推想柳宗元的真意，是认为所谓四维在逻辑上并不成立，只是他不便如此直言而已。见（唐）柳宗元著《四维论》，出自《柳宗元集》（中华书局，1979年出版），第77—78页。

来，体罚兼具了对尊严与肉体的双重伤害，君子（统治阶层）对后者相对无感，小人（庶民阶层）对前者相对无感；如果刑罚所击中的是君子的疼痛感与小人的羞耻感，那么这样的刑罚无论其是否公平、是否合乎道德准则，首先就因为缺乏实质意义上的功效而丧失了存在的意义。

　　君子在意的是脸面，是那些被小人看来毫无实际益处的虚名。以"好死不如赖活着"为人生观的人无法理解"士可杀，不可辱"的信条。惩罚君子，适度地使他知羞即可，永远不可不留余地地剥夺他的尊严。所以，在汉人看来，秦朝就是一个完美的反面范例：法律面前人人平等的法家精神彻底败坏了道德风气；王公大臣和庶民接受同样的刑罚，以至于前者的道德操守迅速降低到后者的程度。"四维不张，国乃灭亡"，二世而亡的秦朝以惨痛的代价印证了这句箴言是何等之正确。

47

　　汉人中将这一问题分析得最为透彻的莫过于贾谊，他的意见大致可以归纳为两点：

　　（1）一个和谐的社会必须具备稳定而繁复的层级结构。社会阶层越多，底层和上层的间距越大，上层就越发体现出尊贵感，下层就越发萌生出敬畏心。

（2）对于由上至下的各个社会阶层，约束手段是从礼到法的过渡，较高的社会等级理当享有较多的政治特权，如此整个社会的尊卑秩序才不会紊乱。(《新书·阶级》)

贾谊这篇文章题为《阶级》，题目是今天"阶级"一词的语源所在。贾谊之所谓阶级，是将社会层级比作殿堂建筑。古人修建宫殿，是先在平地上筑起台基，再于台基上修建殿堂，所以要想走进殿堂必须拾级而上，整个过程是一级一级登高的过程。天子正如殿堂，高高在上以显尊崇，设若不筑台基，直接将殿堂建在平地上，那么殿堂的尊崇感也就荡然无存了。

要保障殿堂的尊崇感，就必须使每一级台阶都具备与其高度相应的尊崇感才行。贾谊以"欲投鼠而忌器"这句俗谚说明：在社会功能的意义上，对违法乱纪的上层人士施加惩罚时必须有所顾忌才行，因为若伤害了他们的体面，势必会连带着伤害了天子的体面；如果将上层阶级与下层阶级同罪同罚，这就等于殿堂没有了台基，直接就坐落在平地上了；更何况对于士大夫阶层，只有以礼相待，充分顾全他们的体面，才能够有效地激励他们保持节操。[1]

那些上层人士，平时上蒙天子恩宠，下受下级官员和庶民的恭顺侍奉，而一旦有了过错，可以免其职，可以赐其死，但不应该以对待普通囚犯的方式任由狱吏之辈来捆绑、拘系、辱骂、鞭打他们，更不该让庶民看到这些。正如鞋子再新也不能戴在头上，帽子再破

---

[1] 汉武帝建元三年，中山靖王刘胜阐述宗室藩王不宜轻易被朝臣惩治的道理时也用过类似的比喻："臣闻社鼷不灌，屋鼠不熏。何则？所托者然也。臣虽薄也，得蒙肺附；位虽卑也，得为东藩，属又称兄。今群臣非有葭莩之亲，鸿毛之重，群居党议，朋友相为，使夫宗室摈却，骨肉冰释。斯伯奇所以流离，比干所以横分也。"(《汉书·景十三王传》)

也不能穿在脚上,上层人士哪怕罪行再重,也不该使他们受到下层人士的凌辱。

在贾谊看来,就连给上层人士议定罪名都应当像古人那样使用含蓄而文雅的措辞。譬如称贪污罪以"簠簋不饬"为婉语,称淫乱罪以"帷幕不修"为婉语,称为官不称职以"下官不职"为婉语。上层人士若接到处罚的敕令,犯轻罪的人应当"白冠牦缨,盘水加剑"(头戴白冠,以盘盛水,置剑于其上),以示愿自刎以谢罪;[1]犯较重罪行的人应当自缚请罪;犯重罪的人应当向北行再拜之礼,跪而自裁。不是说上层人士享有免罪的特权,而是说对他们的刑罚应当充分顾全他们的体面。如果天子对待士大夫如同对待庶民一样,那么士大夫难免会以庶民的心态来回报天子了。[2]

毕竟因为去古未远,汉人确实还存有士大夫的礼义廉耻之风,深以对簿公堂为耻,因为一旦对簿公堂,就不得不接受刀笔小吏等卑贱者流的审问和摆布,甚至会在拘押期间接受狱吏的喝骂和看管,

---

[1]《汉书·贾谊传》如淳注:"水性平,若己有正罪,君以平法治之也。加剑,当以自刎也。或曰杀牲者以盘水取颈血,故示若此也。"
[2]《孔子家语·五刑解》有极类似的内容,是孔子向冉有解释"刑不上大夫,礼不下庶人"的道理何在,可参看:冉有问于孔子曰:"先王制法,使刑不上于大夫,礼不下于庶人。然则大夫犯罪,不可以加刑?庶人之行事,不可以治于礼乎?"孔子曰:"不然。凡治君子,以礼御其心,所以属之以廉耻之节也。故古之大夫,其有坐不廉污秽而退放之者,不谓之不廉污秽而退放,则曰'簠簋不饬'也。有坐淫乱男女无别者,不谓之淫乱男女无别,则曰'帷幕不修'也。有坐罔上不忠者,不谓之罔上不忠,则曰'臣节不著'。有坐罢软不胜任者,不谓之罢软不胜任,则曰'下官不职'。有坐干国之纪者,不谓之干国之纪,则曰'行事不请'。此五者,大夫既自定有罪名矣,而犹不忍斥然正以呼之也。既而为之讳,所以愧耻之。是故大夫之罪,其在五刑之域者,闻而谴发,则白冠厘缨,盘水加剑,造乎阙而自请罪。君不使有司执缚牵掣而加之也。其有大罪者,闻命则北面再拜,跪而自裁。君不使人捽引而刑杀之也。曰:'子大夫自取之耳,吾遇子有礼矣。'以刑不上大夫而大夫亦不失其罪者,教使然也。所谓礼不下庶人。者,以庶人遽其事而不能充礼,故不责之以备礼也。"

就算最后得以申冤脱罪,重回朝堂,但尊严早已经丧失殆尽了。所以高官一旦获罪,无论蒙受多大的冤屈,有廉耻的做法就是不做任何申辩,直接自杀了事。李广因失道获罪,自刎之前的遗言有所谓"终不能复对刀笔之吏",这样的心态在汉代是很有典型意义的。[1]

至于与皇帝关系极近的皇亲国戚,就算他们犯罪之后甘愿自杀,皇帝也理应出于亲情、孝道而积极阻拦。所以最好的办法莫过于既尊崇他们的身份,又不给他们犯罪的机会。汉章帝建初二年,外戚重臣马防受命讨伐羌人,第五伦上疏劝谏,提出了一个很有技术性的意见:对于皇亲国戚,可以给他们尊贵的爵位,可以使他们富有,但不可以委派官职。因为一旦居官就难免犯错,那时候如果依法制裁就会伤害感情,以亲徇私就会罔顾国法。如今太后仁慈,皇上孝顺,而马防这次西征,万一有行差踏错,处置起来恐怕有伤亲情。(《通鉴》卷四十六)

第五伦的这项建议如果真的形成制度,再辅以贾谊的措施,想来的确会在相当程度上收到他们预期的效果。皇室宗族为天下表率,王公大臣群起而效法,庶民安于和睦的宗族生活,尊者尊之,卑者卑之,各安其分,使国家在极简的政务里取得不治之治的成效。

---

[1] 贾谊养大臣之节的意见确实得到了相当程度的重视,《汉书·贾谊传》载:"是时,丞相绛侯周勃免就国,人有告勃谋反,逮系长安狱治,卒亡事,复爵邑,故贾谊以此讥上。上深纳其言,养臣下有节。是后大臣有罪,皆自杀,不受刑。至武帝时,稍复入狱,自甯成始。"

48

后世帝王对此态度不一。儒家气质的帝王会与贾谊心有戚戚焉，致力于打造一个尊卑有序、层次分明的和谐社会，使同罪同罚的原则仅限于同一个社会阶层内部，使乡村社会形成相当程度的宗族自治；法家气质的帝王更喜欢简单的二元社会，即全社会只有上下两个阶级，上层阶级只有帝王本人，其他所有人都属于下层阶级，法律对下层阶级一视同仁，等而下之者就是君主言出令随，君主的意志就是法律。当然，除了帝王的气质与偏好之外，社会结构之现实也是一个有着相当决定性的因素：越是贵族化的社会，越是倾向于前者；越是平民化的社会，越是倾向于后者。

唐太宗贞观二年，大理寺少卿胡演进呈囚犯名簿，带囚犯列队经过殿前。太宗认出行列中有岐州刺史郑善果，便对胡演说："郑善果虽然有罪，毕竟品级不低，不宜与其他囚犯同列。以后凡三品以上官员违法犯罪者，不必带来殿前过目，只让他们在太极宫承天门外东西朝堂听候处分。"（《通鉴》卷一百九十二）

之所以出现这样的政策，一方面是因为唐太宗在立国方针上听取了魏征的意见，以儒家仁道致力于"再使风俗淳"，另一方面是因为唐初门阀传统尚在，世家大族享有绝高的声望与地位。郑善果恰恰就是世家大族出身，稚龄袭爵，风光无限；郑善果的母亲是著名的清河崔氏之女，言行举止莫不体现着贵族家庭的谨严门风，对儿子的教养也是一整套完善的贵族式教育。科举制度其时虽然方兴未艾，但还远远没有形成"朝为田舍郎，暮登天子堂"的局面。

盛行于明代的廷杖制度（严格说来，这与其说是一项制度，不如说是一种现象）就其形式本身而言实在是对士大夫阶层莫大的侮辱。自洪武以至崇祯，杖声不绝，而廷杖在形式上极尽侮辱之能事。明末古文大家魏禧记有姜埰受廷杖时的生动经过：皇帝必派遣宦官监视，一众朝臣朱衣陪列，中使与锦衣卫各三十人分列左右，下列旗校百人，皆穿襞衣，执木棍。圣旨宣读完毕之后，有人用麻布兜将姜埰兜住，自肩脊以下束紧，还要缚住双足，四面牵曳。受刑者露股受杖，头脸贴地，尘土满口。（《明遗臣姜公传》，《魏叔子文集外篇》卷十七）

鉴于明代廷杖之盛，读书人要想做官，就必须对这样的屈辱做好充足的心理准备。且不论挨这样一顿棍子所存在的致死致残的风险，单是这种在大庭广众之下当着所有同僚与"下等小人"所受的屈辱，就不是任何一个有正常自尊心的人所能承受的。哪怕是今天一个从未接受过任何儒家教育的普通应届毕业生，在求职的时候如果得知某公司有这样的惩罚制度，恐怕也会不加丝毫犹豫地转身就走吧，何况那些饱读圣贤书的古人。

有明一代是士大夫最无尊严的一代，除廷杖外，更有罪官女眷发配象奴之类的侮辱。其实早在明朝开国之初，明太祖常与侍臣讨论对待大臣之礼，太史令刘基就有提议："古代公卿有罪，盘水加剑使之自裁而已,并不轻易折辱,所以存大臣之体。"侍读学士詹同更取《大戴礼记》及贾谊疏进呈,且说:"古代刑不上大夫,为的是激励士大夫的廉耻心。"太祖深以其言为然。(《明史·刑法志三》)只是刘基与詹同的意见以及士大夫阶层相当数量的同类意见显然并未得到真正的重视,当时的读书人倘若还有一点君子操守、士人风范的话,似乎唯一保全自尊的出路就是隐遁山林。

49

北齐颜之推回忆一位士大夫对自己讲过的话:"我有一个儿子,已经十七岁了,很懂一点文书写作方面的事。我教他鲜卑语和弹琵琶,他也快要学成了。以这些特长去为王公大人们效劳,没有不受到宠爱的。"这番话的背景是,北齐显贵多为鲜卑人,鲜卑人多爱琵琶,所以会讲鲜卑语、会弹琵琶确实是取悦鲜卑贵族的上佳门径。颜之推以这件事教育子孙:"我当时低头听他讲,未作回答。这个人教育孩子的方法真是令人惊愕啊!靠这种方式即便可以官至宰相,我也不愿意你们去做。"(《颜氏家训·教子》)

以今天的标准来看,让孩子学一门外语、学一项艺术特长,以期在就业和婚姻市场上多几分筹码,这是再正常不过的事情。如果孩子学出成果,家长也有十足的理由在亲朋好友间夸耀。在北齐而言,会讲鲜卑语,会弹琵琶,这是最能在就业市场上为自己加分的技能,但君子之所以觉得羞耻，是因为这实在太穷形尽相了些。

孔子早有教诲："古之学者为己，今之学者为人。"（《论语·宪问》）为学的目的在于提升自己，而不是取悦他人。根据就业形势来调整报考专业的方向，在今天的学生而言只是最基本的一点精明，是热门行业决定了热门专业。如果孔子可以看到这番景象，一定会说："这就是小人所应有的样子啊，君子以为耻。"

"君子喻于义，小人喻于利"，无论社会风向怎样转变，小人是墙头草，君子则是坚挺的柱石。无论后果或富贵或贫贱，君子都不会因此改变一以贯之的操守。换言之，君子行法以俟命，仅为原则而生活，至于结果是好是坏，完全听天由命，毫不计较。

如果学鲜卑语和弹琵琶皆属有辱斯文的话，那么甘冒廷杖风险入朝为官以及立身于一个不时展现廷杖之威的朝廷，被迫成为廷杖的旁观者，这又该是怎样程度的一种羞辱呢？设若颜之推生活于明代，应该不会准许子弟科举求仕的吧？两汉那些贵族传统尚存的君子，应该也会耻于跻身这样的朝廷吧？

明代士子既抗拒不了出仕为官的诱惑，又因为读圣贤书而深知何谓廉耻，这样的纠结对于心理素质稍弱的人都是难以承受的。所以明代士大夫在整体上呈现出了一种堪称异常的道德态度，似乎若非如此的话，其出仕的道德合法性就会有不足之虞。洪武九年出现异常天象，太祖诏求直言，叶伯巨上疏详论时弊，其中有这样的一番古今对比："古之为士者，以登仕为荣，以罢职为辱。今之为士者，以溷迹无闻为福，以受玷不录为幸，以屯田工役为必获之罪，以鞭笞捶楚为寻常之辱。"（《明史·叶伯巨传》）于是廷杖由奇耻大辱变成家常便饭，再一变而成莫大殊荣，变为士大夫们趋之若鹜的邀名之具。以人情视之，这个过程简直有些荒诞剧的味道。明代士大夫之所以最为标榜名节，恐怕是因为他们其实深知自己甫一出仕即意味着名节有亏的缘故吧。

颜之推苦心孤诣撰述的家训并不足以阻止后世学子的趋利忍耻之心，平民社会对体面的理解亦与贵族传统下的君子有异：高车驷马，锦衣玉食，凡此种种才是体面的资本，等而下之者就是笑贫不笑娼了，他们不晓得学鲜卑语与弹琵琶怎么就成了可耻的事情！

50

世风的影响力永远大于家风，而事情的另一面是，即便是贵族君子，也不能小觑钱财。是的，仅凭家风、教育尚不足以维系体面，物质基础同样不可小觑。箪食瓢饮、弊衣陋巷的乐道生活毕竟过于苛刻，只适合颜回、原宪那般出类拔萃的人物。至于普通人，"有恒产者有恒心，无恒产者无恒心"（《孟子·滕文公上》），孟子这句话原本指的是"民之为道也"，然而传统贵族之所以重义轻利，家族恒产其实是一项极重要的道德保障。追溯到周代封建，贵族有固定的采邑收入，辞职去官也可以活得体面。换言之，股东有股份收益作为生活保障，不必依赖职务收入，雇员却只有职务薪酬，离职意味着即刻断绝收入来源。那么显然相对于股东，雇员对职务的依赖性更强,对老板的颐指气使等由职位带来的委屈的容忍度也就更高。

于是帝王就会面临一种选择:如果更希望经营一个尊卑有序、风俗淳善的贾谊式的社会,很多时候就没法威福自作、予取予夺,而是要以十足的礼仪和恭谨来安抚那些上层人士,要时时处处顾及他们的颜面,还要注意培育地方社会的宗族自治传统;如果更希望经营一个专制帝国,让自己可以威福自作,让所有人在自己面前都同样地俯首帖耳,就不能容许除自己之外还有其他国家股东的存在,同时还必须打破地方社会的宗族自治,转而实行编户齐民的户籍制度,使人与人更加疏离,使人心变成一盘散沙。

这两种情形各有利弊,帝王们一般也不会真的那么走极端,而总是在这两极之间选择一个适合自己的折中点——要么更偏向贾谊式的阶级社会,向贵族化靠拢;要么更偏向秦帝国式的散沙社会,向平民化靠拢。所以历朝历代所推行的各项国家大政都会在"贵族化—平民化"的坐标上占据某个位置,譬如西汉选拔官员,曾经对家庭财产有过要求:有十万资产的人才可以做官。后来汉景帝下令减十万为四万。[1]汉人应劭论述古代风俗,说古时为求廉政,鉴于"衣食足,知荣辱"的道理,规定只有资产十万以上的人才可以进入仕途。王夫之反驳说,以这样的逻辑,就好比担心有人酗酒而将醉鬼请上筵席一样。(《读通鉴论》卷三)

选富人为官与高薪养廉在思路上如出一辙,这似乎是有意在贵

---

[1] 汉景帝考虑到廉洁之士未必能有十万家资,所以降低了标准,但基本的富庶家产仍被视为必要条件。《汉书·景帝纪》:"五月,诏曰:'人不患其不智,患其为诈也;不患其不勇,患其为暴也;不患其不富,患其亡厌也。其唯廉士,寡欲易足。今訾算十以上乃得宦,廉士算不必众。有市籍不得宦,无訾又不得宦,朕甚愍之。訾算四得宦,亡令廉士久失职,贪夫长利。'"

族政治与平民政治之间取一种折中。然而一来人欲永无止境，二来在郡县制下，官吏的流动性极强，官吏与治下百姓之间并不存在封建制下的那种祖祖辈辈互相依存的关系，所以无论官吏的家资再富、薪水再高，依然无法杜绝他们对治下百姓的竭泽而渔的盘剥渴望。

相较之下，科举制度的表现显然出色许多。科举制度，就其严格意义来说就是一种打破阶级壁垒，将社会扭转向平民化的努力。当代学者往往不自觉地以今天的价值观赞美这一制度的道德意义，然而在古人看来，尤其在贾谊的后世知音者看来，非但其道德意义值得怀疑，甚至其社会功效也未必就是进步的。道理显而易见：科举制度很容易造就主父偃那样的心理扭曲的人物。

以今天的视角看来，主父偃的一生完全可以当作成功学的范本。他出身于社会下层，试图以知识改变命运，然而四十年间遍干诸侯，只是吃尽了闭门羹，受尽了世人的冷眼，直到西入长安阙下上书，一天之间便使汉武帝大有相见恨晚之感，于是一年之中四次升迁，烜赫一时。飞黄腾达之后，主父偃行事张扬，招财纳贿，面对责难时自有一番高谈阔论的道理："我自结发游学以来，四十余年间郁郁不得志，父母不把我当儿子，兄弟不肯收留我，朋友纷纷离弃我，我实在是困厄得太久了。大丈夫为人处世，生不五鼎食，死则五鼎烹！我年纪已经太大了，所以才倒行逆施，不循常理。"（《汉书·主父偃传》）

与之相应的是，科举制度在严格意义上的推行往往会导致"朝为田舍郎，暮登天子堂"的结果，而这样的朝廷官员分明就是政治暴发户、官场凤凰男，他们以十年寒窗之苦，处心积虑地赢得了一个聘任性质的政治职位，而高付出总会伴随对高回报的期待；虽然不排除这些人当中必定有着志虑忠纯之士，但是从总体来看，他们对于来之不易的功名难免会过于在意。

比起为今人大为诟病的所谓"钳制思想"，上述问题才是科举制度最大的弊端。

宋孝宗淳熙八年，陆九渊携弟子前往江南东路南康军拜访朱熹，其间应邀在白鹿洞书院演讲《论语》。陆九渊选择了"君子喻于义，小人喻于利"作为演讲题目，直切科举时弊。陆九渊认为，学子首要之务是辨别为学的动机，如果动机在义，那么所习者必在于义，也自然喻于义；如果动机在于通过学习为个人牟利，那么所习者必在于利，也自然喻于利。科举取士施行已久，然而考试的得失只取决于考生的应试技巧与主考官员的偏好，不能以此来辨别君子与小人。然而当下的风气极重科举及第，一个人如果汩没于这种风气里，那么终日所读虽然都是圣贤之书，其志向却早已与圣贤背道而驰了。推而上之，所关心者无非是官职之高低与薪俸之厚薄，这样的人在出发点上便已是利，终不脱得小人嘴脸，又能为国为民行几多之义呢？（《白鹿洞书院论语讲义》，《陆九渊集》卷二十三）

这是陆九渊极著名亦极成功的一场演讲，所提出的标准看似严苛，其实比起周代与汉代的道德实在已经宽松了太多。如果以周、汉两代的君子标准衡量之，即便是真正的志虑忠纯之士，参加科举考试这一行为本身就已经在一定程度上使他们辱没斯文，丧失体统。除非目标的高尚真的可以掩盖手段的不光彩，否则他们从刚刚步入国家行政系统的那一刻起就已带上道德污点了——平民社会无法理解这种逻辑,然而在传统的贵族社会的道德体系里,应举是一种毛遂自荐式的自我推销,而一个自尊、体面的人是绝对不可以自我推销的。

51

自我推销是一种典型意义上的非礼行为。一个人在仕途上不可以自我推销,正如在婚姻中不可以自由恋爱一样。孟子对此有一段很精彩的类比:异性相吸,这是人之常情;父母很早就开始操心子女的婚姻大事,这也是人之常情。但如果有人等不及父母之命、媒妁之言,从墙洞、门缝偷窥对方,眉来眼去,乃至于翻墙私会,那么从父母到全社会的人都会轻贱他们。同理,古人并非不愿做官,只是绝不肯经由不合礼义的途径进入仕途。以不合礼义的途径入仕,这与钻墙孔、扒门缝偷窥异性是同样性质的事。(《孟子·滕文公下》)

婚姻之所以需要父母之命,是因为婚姻不是个人的事,而是家族的事;之所以需要媒妁之言,是因为在求婚的时候,你总要讲出自己有哪些好处,但自己总不方便自夸;父母夸自己的儿子也不可取,至少对于外人来说是毫无说服力的;只有媒人有着中立的立场,可以无所顾忌地大讲你的诸般好处,这些话如果你有机会亲耳听到,一定会觉得无地自容。

而且人情世故总忌讳不期而至,邹阳《狱中上梁王书》讲过这个道理：明月之珠，夜光之璧，若是在黑暗中投给路上的行人，行人都会按剑而警惕；盘根错节的大树可以被制成器物献给万乘之君，这是因为君主左右的人事先为它做过雕琢、装饰。所以无故而至的东西即便是隋侯之珠、夜光之璧，也足以结怨而不足以使人感恩；而只要有人推荐在先，即便是枯枝朽木也会得到重视。

"析薪如之何，匪斧不克；取妻如之何，匪媒不得。"（《诗经·齐风·南山》）无论从体面还是功效上说，媒介总是必不可少的。所以，提亲之类的事情，当事人切切不可亲自出面、亲力亲为。若真的这么做了，就会被人讥为"自媒"，顾名思义，就是自己为自己做媒。在传统的儒家观念里，求婚的"自媒"和求仕的"自媒"都是同样性质的事情，同样卑劣，同样有失尊严。

一个人越是有所求，越是自媒，便越是容易露出急功近利、穷形尽相的嘴脸，也就难免使别人生出轻贱之心。而周代礼制传统有所谓世官世禄，做官不用求，只需要在论资排辈的序列里安心等待就是；汉代用人有孝廉制度，乡举里选，给人的感觉是，政府很欣赏你的品格和才华，所以"请"你出来做官。无论这些制度在实行中出现过多大的弊端，终归给了做官的人以"父母之命"和"媒妁之言"。

科举制度完全撕破了这个体面，给全社会发出了自由恋爱的信号：只要你喜欢，就应当勇敢地追求，勇敢地和其他追求者公平竞争；你越是争抢得卖力，赢面也就越大。这真是一项鼓励人们彻底放弃体统的制度，甚至在那个尚未实行糊名制的唐代，考生还需要在考试之前去王公贵族与社会贤达那里打通关节，进献自己的作品以求得对方的赏识和推荐。这种做法被称为行卷，行卷之于科举，简直就是一种为了自媒的自媒。

在婚姻和仕宦的问题上，自媒其实需要饱满的勇气和极佳的心理素质，自尊心稍强的人就做不来这些事情。然而唐代在中国历史上实在有点特殊，它虽然一般无二地秉持儒家传统，但帝国上下总是洋溢着一股进取的力量，越是个性张扬、不惮于自我推销的人，在这个时代越吃得开。而所谓个性张扬，所谓自我推销，归根结底都是自媒的一类。所以事情也或许是，科举制度与行卷风气使那些外向的、擅长自媒的人更容易活跃在政治和文学舞台上，而内向的、自我敏感度较高的人很容易被时代的筛子淘沥至底层。

52

唐代的著名诗人里不乏自媒的高手。即便是李白那般不屑于科举的人，在向韩朝宗自我推荐的时候也会吹捧对方"制作侔神明，德行动天地，笔参造化，学究天人"，夸赞自己"虽长不满七尺，而心雄万夫；王公大人，许与气义"，在今天看来实属肉麻至极。杜甫到长安求仕，不断写诗投赠王公显贵，甚至在诗中拜托京兆尹鲜于仲通帮自己走通巨奸杨国忠的门路，一天天过着"朝扣富儿门，暮随肥马尘"的日子。

夸张一点来说，科举考试的成功与否，士子是否擅长自媒实在是第一要因。对于那些不屑且不擅长自媒的人而言，倘若再缺乏优越的家庭背景，必定只会迎来一个无比黯淡的仕途。譬如李商隐，他在少年时代所接受的学术训练与人格培养都使他疏离于唐代的主流社会之外，这使他在将来的成年世界里对自媒行径充满鄙夷。他在一篇祭文里谈及自己的性情："不忮不求，道诚有在；自媒自炫，病或未能。"(《重祭外舅司徒公文》)正是这最后的一点人格坚守，正是对自媒自炫的极度蔑视，使他在后来的科举与仕途中屡屡碰壁，使他一次次败给那些擅长自媒的竞争者——资源总是过度稀缺的，你纵然全力以赴地去争夺，也未必能赢得自己的一份，更何况你甘愿被各种不合时宜的道德锁链缚住手脚。

仅在科举制度施行未久的唐初，以博涉文史知名的薛登作过长篇奏疏以言其弊。后世论科举之弊者甚多，但一切见地几乎不超出薛登此文。而且这篇文章在极具卓识之余，文辞斐然成章，值得再三涵咏，故全文照录如下：

> 臣闻国以得贤为宝，臣以举士为忠。是以子皮之让国侨，鲍叔之推管仲，燕昭委兵于乐毅，苻坚托政于王猛。子产受国人之谤，夷吾贪共贾之财，昭王锡辂马以止谤，永固戮樊世以除谮。处猜嫌而益信，行间毁而无疑，此由默而识之，委而察之深也。至若宰我见愚于宣尼，逄萌被知于文叔，韩信无闻于项氏，毛遂不齿于平原，此失士之故也。是以人主受不肖之士则政乖，得贤良之佐则时泰，故尧咨八元而庶绩其理，周任十乱而天下和平。由是言之，则士不可不察，而官不可妄授也。

何者？比来举荐，多不以才，假誉驰声，互相推奖，希润身之小计，忘臣子之大猷，非所以报国求贤，副陛下翘翘之望者也。

臣窃窥古之取士，实异于今。先观名行之源，考其乡邑之誉，崇礼让以励已，明节义以标信，以敦朴为先最，以雕虫为后科。故人崇劝让之风，士去轻浮之行。希仕者必修贞确不拔之操，行难进易退之规。众议以定其高下，郡将难诬于曲直。故计贡之贤愚，即州将之荣辱；秽行之彰露，亦乡人之厚颜。是以李陵降而陇西惭，干木隐而西河美。故名胜于利，则小人之道消；利胜于名，则贪暴之风扇。是以化俗之本，须摈轻浮。昔冀缺以礼让升朝，则晋人知礼；文翁以儒林奖俗，则蜀士多儒。燕昭好马，则骏马来庭；叶公好龙，则真龙入室。由是言之，未有上之所好而下不从其化者也。自七国之季，虽杂纵横，而汉代求才，犹征百行。是以礼节之士，敏德自修，闾里推高，然后为府寺所辟。魏氏取人，尤爱放达；晋、宋之后，祇重门资。奖为人求官之风，乖授职惟贤之义。有梁荐士，雅爱属词；陈氏简贤，特珍赋咏。故其俗以诗酒为重，不以修身为务。逮至隋室，馀风尚在，开皇中李谔论之于文帝曰："魏之三祖，更好文词，忽君人之大道，好雕虫之小艺。连篇累牍，不出月露之形；积案盈箱，唯是风云之状。代俗以此相高，朝廷以兹擢士，故文笔日烦，其政日乱。"帝纳李谔之策，由是下制禁断文笔浮词。其年，泗洲刺史司马幼之以表不典实得罪。于是风俗改励，政化大行。炀帝嗣兴，又变前法，置进士等科。于是后生之徒，复相放效，因陋就寡，赴速邀时，缉缀小文，名之策学，不以指实为本，而以浮虚为贵。

有唐纂历，虽渐革于故非；陛下君临，思察才于共理。树本崇化，惟在旌贤。今之举人，有乖事实。乡议决小人之笔，行修无长者之论。策第喧竞于州府，祈恩不胜于拜伏。或明制才出，试遣搜扬，驱驰府寺之门，出入王公之第。上启陈诗，唯希咳唾之泽；摩顶至足，冀荷提携之恩。故俗号举人，皆称觅举。觅为自求之称，未是人知之辞。察其行而度其材，则人品于兹见矣。徇己之心切，则至公之理乖；贪仕之性彰，则廉洁之风薄。是知府命虽高，异叔度勤勤之让；黄门已贵，无秦嘉耿耿之辞。纵不能抑己推贤，亦不肯待于三命。岂与夫白驹皎皎，不杂风尘，束帛戋戋，荣高物表，校量其广狭也！是以耿介之士，羞自拔而致其辞；循常之人，舍其疏而取其附。故选司补署，喧然于礼闱；州贡宾王，争讼于阶闼。谤议纷合，浸以成风。夫竞荣者必有竞利之心，谦逊者亦无贪贿之累。自非上智，焉能不移；在于中人，理由习俗。若重谨厚之士，则怀禄者必崇德以修名；若开趋竞之门，邀仕者皆戚施而附会。附会则百姓罹其弊，洁己则兆庶蒙其福。故风化之渐，靡不由兹。今访乡闾之谈，唯祗归于里正。纵使名亏礼则，罪挂刑章，或冒籍以偷资，或邀勋而窃级，假其不义之赂，则是无犯乡闾。岂得比郭有道之铨量，茅容望重，裴逸人之赏拔，夏少名高，语其优劣也！

祗如才应经邦之流，唯令试策；武能制敌之例，只验弯弧。若其文擅清奇，便充甲第，藻思微减，便即告归。以此收人，恐乖事实。何者？乐广假笔于潘岳，灵运词高于穆之，平津文劣于长卿，子建笔丽于荀彧。若以射策为最，则潘、谢、曹、马必居孙、乐之右；若使协赞机猷，则安仁、灵运亦无裨附之益。由此言之，不可一概而取也。至如武艺，则赵云虽勇，资诸葛之指挠；周勃虽雄，乏陈平之计略。若使樊哙居萧何之任，必失指纵之机；使萧何入戏下之军，亦无免主之效。斗将长于摧锋，谋将审于料事。是以文泉聚米，知隗嚣之可图；陈汤屈指，识乌孙之自解。八难之谋设，高祖追惭于郦生；九拒之计穷，公输息心于伐宋。谋将不长于弓马，良相宁资于射策。岂与夫元长自表，妄饰词锋，曹植题章，虚飞丽藻，校量其可否也！

伏愿陛下降明制，颁峻科。千里一贤，尚不为少，侥幸冒进，须立堤防。断浮虚之饰词，收实用之良策，不取无稽之说，必求忠告之言。文则试以效官，武则令其守御，始既察言观行，终亦循名责实，自然侥幸滥吹之伍，无所藏其妄庸。故晏婴云："举之以语，考之以事；寡其言而多其行，拙于文而工于事。"此取人得贤之道也。其有武艺超绝，文锋挺秀，有效伎之偏用，无经国之大才，为军锋之爪牙，作词赋之标准。自可试凌云之策，练穿札之工，承上命而赋《甘泉》，禀中军而令赴敌。既有随才之任，必无负乘之忧。臣谨案吴起临战，左右进剑，吴子曰："夫提鼓挥桴，临难决疑，此将事也。一剑之任，非将事也。"谨案诸葛亮临戎，不亲戎服，顿蜀兵于渭南，宣王持剑，卒不敢当。此岂弓矢之用也！谨案杨得意诵长卿之文，武帝曰："恨不得与此人同时。"及相如至，终于文园令，不以公卿之位处之者，盖非其所任故也。

谨案汉法，所举之主，终身保任。杨雄之坐田仪，责其冒荐；成子之居魏相，酬于得贤。赏罚之令行，则请谒之心绝；退让之义著，则贪竞之路消。自然朝廷无争禄之人，选司有谦损之士。仍请宽立年限，容其采访简汰，堪用者令其试守，以观能否；参验行事，以别是非。不实免王丹之官，得人加翟璜之赏，自然见贤不隐，食禄不专。荀彧进钟繇、郭嘉，刘隐荐李膺、朱穆，势不云远。有称职者受荐贤之赏，滥举者抵欺罔之罪，自然举得贤行，则君子之道长矣。(《旧唐书·薛登传》)

概括薛登奏疏的要领，主要有以下几点：

（1）选才举士是极重要的政务，而选才举士的方式事关风化，亦即关乎国家气运，故此无论怎样重视都不为过。

（2）上有所好，下必甚焉，历史上不同朝代的不同取士方式塑造了不同的社会风尚。汉代取士，要多方面考察各种品行，所以只有勉励自修的士人才有望得到乡里的推崇，然后被政府征召做官。魏氏取士，偏爱放达之人。晋、宋之后只重门资，助长了代人求官、尸位素餐的不良风气。梁朝取士重视文章，陈朝尤重诗赋，所以其风俗以诗酒为重，不重视修养身心。隋代取士仍有梁、陈余风，隋炀帝设置进士等科，使得年轻人急功近利，不务实学而以虚浮为贵。

（3）唐代取士，大大鼓励了那些钻营之辈。这些人或奔走于官府，或游走于王公显贵的宅第，上书献诗以期获得赏识，奴颜婢膝以求受到提携，而耿介正直的人羞于自荐，这就导致了越是厚颜无耻的人越有机会踏入仕途，而这自然会彻底败坏社会风气。

（4）取士标准切忌单一，因为擅长应试的人未必有实际的治国能力。

（5）汉代的取士制度非常值得学习，除了乡举里选，还有制度规定推荐人要对所举荐的人才给予终身担保，举荐者会因为被举荐者的功与过受赏或受罚。而举荐人才不能仅仅是地方长官的个人行为，更要参照当地的民情公议，这就会将被举荐者的贤愚与地方长官的政治前途以及当地人民的集体荣誉感结合在一起。

薛登很推崇汉代的人才选拔机制，当然很可能是出于借古讽今的考虑，他并未提及汉制的流弊。但无论如何最为要紧的是，汉制从制度本身上说，人才是首先在地方舆情中赢取了美誉，然后接受政府的"邀请"。邀请之所以至关重要，是因为士人最重脸面。

理论上说，邀请需要再三再四，士人需要一推而拒，并且要讲某某人比我更加贤能，更适合担任政府公职，而政府会回复说：我们很重视您的意见，但请您一定出仕，为社会多做贡献。

而科举制度是反其道而行之，所以薛登说"故俗号举人，皆称觅举。觅为自求之称，未是人知之辞"，亦即当时俗称之举人并非如汉代那般是被人举拔，而是靠自己钻营得来。于是朝廷所选拔者，往往是一些钻营能力出类拔萃之辈。长此以往，政治与风俗可想而知。

53

以史为鉴，汉武帝时代变无为之治为威权政府，传统人才选拔制度衰落，见利忘义、寡廉鲜耻迅速成为官场风气。[1]东晋以至南朝应该算是更具典型意义的时代，当时就曾出现过寒门子弟多掌机要的局面。清代史家赵翼分析说，那是门阀时代，高门大族门户已成，论资排辈就可以坐等高官显爵，所以世家子弟既不屑于竭尽心智以邀恩宠，又在清谈之风的盛行中视公务为俗务。但公务总要有人去做，于是机要重权自然会渐渐集中在寒门子弟的手中。

今人多认为寒门弟子的上位是为陈腐的政坛注入新鲜血液，为疏阔无能的官场增添一些必要的实干家，这当然是一股进步的社会力量。然而事实上这些寒门子弟把政局搞得更坏了，使贪腐盛行，一发不可收拾。赵翼的解释是，一般而言，出身寒贱则器小易盈，不知大体，一朝上位就很容易招权纳贿，不再顾惜名节。其中虽然也有少数好人，但乘势作奸者毕竟是大多数。小人却拥有了君子的权柄，害处实在是说不尽的。（《廿二史劄记》卷八"南朝多以寒人掌机要"）

---

[1]《汉书·食货志》如此记录这一时期："入物者补官，出货者除罪，选举陵夷，廉耻相冒，武力进用，法严令具，兴利之臣自此而始。"

这样的政治弊端非但不是科举制度可以挽救的，反而最有可能改头换面地重现于科举社会之中，薛登的洞见其实一点没错。然而科举积弊确实就这样长此以往下去了，终李唐王朝，任何意图改弦更张的人都难免生出螳臂当车的无奈。

时经安史之乱，在内忧外患夹击之际，礼部侍郎杨绾向唐肃宗上疏陈述科举之弊，建议恢复汉代察举孝廉的制度。看上去这样的建议绝非应当务之急，然而杨绾有着和薛登一般的忧思：科举制度实为败坏国家风教的罪魁祸首，制裁得越晚，风教便越发难以收拾。最令杨绾痛心疾首的是，科举考生们到处联络豪门权贵投刺拜谒，一方面趋炎附势，穷形尽相，另一方面自吹自擂，自卖自夸，寡廉鲜耻者莫此为甚。

唐肃宗下诏，将杨绾的奏疏发给给事中李栖筠、李廙与尚书左丞贾至、京兆尹兼御史大夫严武详加讨论，后者一致认为杨绾的意见"实为正论"，只是考虑到现实可行性，须要做一点折中处理。朝中重臣则以为现行制度通行已久，难以骤变，新办法不妨从第二年开始，只有翰林学士担心这样会给那些因渴望中举而寒窗苦读的学子难以承受的打击，不如一切照旧为好。（《旧唐书·杨绾传》，《新唐书·选举志上》）[1]从各方面的意见来看，多数人都认为科举制度弊病

---

[1] 唐人论本朝选贤取士之弊，还可参见韦嗣立上唐中宗奏疏中的片段，与薛登所见略同："今之取人，有异此道。多未甚试效，即顿至迁擢。夫趋竞者人之常情，侥幸人之所趣。而今务进不避侥幸者，接踵比肩，布于文武之列。有文者用理内外，则有回邪赃污上下败乱之忧；有武者用将军戎，则有庸懦怯弱师旅丧亡之患。补授无限，员阙不供，遂至员外置官，数倍正阙。曹署典吏，困于祗承，府库仓储，竭于资奉。国家大事，岂甚于此！古者悬爵待士，唯有才者得之，若任用无才，则有才之路塞，贤人君子所以遁迹销声，常怀叹恨者也。且贤人君子，守于正直之道，远于侥幸之门，若侥幸开，则贤者不可复出矣。贤者遂退，若欲求人安化洽，复不可得也。人若不安，国将危矣，陛下安可不深虑之！"（《旧唐书·韦嗣立传》）

太多，而之所以有必要将这一"弊政"进行到底，仅仅是因为改弦更张的成本实在太高。

风俗浸淫之下，及至宋代，读书人更可以堂而皇之地追求黄金屋、千钟粟、颜如玉，帝王的动机便更加不免令人怀疑：这到底是要选拔治国安民的人才，还是为了将天下才士束缚于场屋，笼络于耳目之下，免得他们拿这份才干与志向做出什么危害政权稳定的事情？

54

冯梦龙以下述两则事例作为对比，道出了一些世俗的洞见。其一是秦桧的故事：秦桧当权时，有士人伪造秦桧的亲笔信去拜谒扬州太守，太守看出其伪，果断将士人收押。待秦桧见到此人，却借给他一笔钱，任由他去打通关节，谋取官职。秦桧的理由是，胆敢伪造他的亲笔信，这样的人必非常人，若不以官职笼络住他，他难免会逃出国境为敌国效力。

第二则故事与第一则有些许类似：北宋以韩琦、范仲淹掌管对西夏用兵之事，有张姓、李姓两名士人有意向韩、范二公献策，却耻于自媒，于是刻诗于碑，使人拖曳石碑而过，希望得到韩、范的关注，进而延请自己。殊不知韩、范二公觉得事情可疑，竟置两名士人于不理。无奈之下，二人来到西夏，以张元、李昊的名义到处题诗，终于引起西夏国主元昊的重视。元昊与两人面谈，一晤倾心，

当即奉之为谋主,从此宋朝多有边患。(《智囊·上智部·见大》)

冯梦龙认为秦桧的见识远高于韩琦、范仲淹,但我们从中还可以看到的是,自媒是何等令人蒙羞的事情,以至于就连一心上位且缺乏基本节操的人也会开动脑筋尽量避免这样的羞辱。而一种鼓励自媒的政策,可想而知会在多大程度上伤风败俗。

55

换个角度,即便仅仅从行政效果的角度来看,科举制度也有其天生的弱点。如果我们把施政看作一种技能的话,那么就无法否认家族传统对于一项绝不简易的技能而言具有何等重要的意义。战国时仍有俗语说"将门必有将,相门必有相"(《史记·孟尝君列传》),这一方面是有世官世禄制的残余,另一方面也是家风熏陶所致。而当陈胜喊出"王侯将相,宁有种乎"的时候,正显示着奉行法家政策的秦制是如何打破尊卑秩序,使下民生出僭越之心的。

古人认为请医生看病务必要请那种祖上三代行医的世家子弟,政府还会要求各类工匠必须祖祖辈辈世守其业;既然一个商人出身的泥瓦匠和一个屠夫出身的医生显然很难取信于人,为什么一个农民出身的政府官员就有十足的理由让人们相信其行政能力呢?

周代传统,非但做官有世官世禄,百工也要世代相袭。后世虽然人的自由度提升了,但这一传统精神依然不绝如缕。譬如唐初,高祖李渊任命胡人舞蹈家安叱奴担任散骑侍郎,礼部尚书李纲认为此事不妥:"古时乐工不能与士人同列,即便是子野、师襄那样道德高尚的乐师,也都遵循着世世代代不改变职业的传统。只有北齐末年封曹妙达为王,封安马驹为开府,后世君主皆以此作为亡国之鉴。"(《通鉴》卷一百八十六)

即便是现代的西方社会,社会学家也从统计数据中分析出,对一个人的成长影响最大的因素就是他的出身,这也是无论古今中外只要从朴素的生活经验就可以隐约感知得到的结论。但人们对出身论的道德意义褒贬不一。

在现代社会当然贬多于褒,但在古代社会恰恰相反,最著名的理论就是柏拉图的"高贵的谎言"。柏拉图怀着高尚的情操提出,统治者应当不惜以伪造神话的方式来固化人们对出身论的信仰——这信仰的内容虽然是一个骗局,但于国于民有着绝大的益处。无论如何,一个人浸淫于其中的生活方式与价值观的确在很大程度上塑造了他在成年之后的性情、偏好、技巧与思维模式。

少成若天性,习惯成自然。譬如张良留给世人一句名言:"贾竖易动以利。"当时刘邦准备攻打峣关,张良献计说:"秦军还很强大,不可轻易开战。我听说守关将领出身于屠夫家庭,这种人很容易收买。"刘邦派人以重宝行贿,秦将果然愿意投降。(《史记·留侯世家》)刘邦在平定陈豨之乱时,探知陈豨手下的将领都是商贾出身,于是出重金笼络,这些人果然毫无悬念地纷纷投降。(《汉书·高帝纪》)家庭出身对一个人性情、偏好的熏陶常常有潜移默化的意义,如果说屠夫之子为将脱不了贾竖意识,那么农民之子做官难道就没有诸如小农意识之类的先天缺陷吗？

而且科举考试的内容主要是经义与诗赋，亦即考察一个人的政治理论与文化修养，这与实际的施政才能毕竟还很有差距。唐武宗会昌四年，延英殿论事议及科举，武宗认为科举应当对官宦子弟与寒门子弟一视同仁，不问出身而只论才干。公卿子弟出身的名臣李德裕发表了一番极要紧的议论："我不是经由科举晋身，本不该议论进士之非，然而我的祖父在天宝末年因为仕进只有科举一途，于是勉强参加考试，一举登第，此后便不在家里放置《文选》，是厌恶其崇尚浮华的文采而不切实用。我认为朝廷显官必须由公卿子弟担任，因为公卿子弟自小便学习举业，又因为家庭环境的影响而对朝廷事务、官署的礼仪制度、朝廷的典章标准等无师自通，而寒门子弟即使有超群的才华，但也只有在中举做官之后才接触到朝廷事务，完全就是新手。所以科举取士对公卿子弟一定要多加关照才是。"（《旧唐书·武宗本纪》）

李德裕的担忧不无道理，因为科举取士的标准越是被严格执行，寒门子弟的录取比例一定越高。原因无他，公卿子弟中举做官，对人生只是锦上添花，而寒门子弟中举做官却意味着自此彻底改变个人与家族的命运，谓之一步登天亦不为过，所以两者学习、备考的动力自然悬殊。而在实际施政的层面，公卿子弟却占据了熟稔公务与人脉广博这两大优势，不是寒门子弟可以轻易比肩的。那么，在科举考试中给公卿子弟一些特惠待遇，或者说给他们一些特权，虽然不利于公平，却显然有利于效率。

然而李德裕的意见并没有真正被贯彻下去。自晚唐以降，历朝历代的科举趋势反而是向着与李德裕相反的一面。似乎帝王们为了保障公平而不惜牺牲行政效率——这样想的话当然就低估了他们的私心,因为站在帝王的角度,对于李德裕站在国家大政立场上的合理化建议难免也会有一些合理的顾虑:

(1) 越是簪缨世家,积累的政治资本也就越多,因此对皇权的潜在威胁也就越大。

(2) 世袭特权会降低人们对帝王的感恩心理,譬如一个抢手的职位若依据传统惯例授予一名世家子弟,显然不如授予一名平民子弟更能收到邀买人心的效果。

(3) 越是贵族化的政治结构,越是需要地方政府容忍相当程度的宗族自治,而这就势必使中央对地方不能做如臂使指的有效管理。更加令人担忧的是,大宗大族一旦生出异心,就会爆发出惊人的能量。江盈科记有一则明初传闻,说金华浦江郑氏有一块门匾,上书"天下第一人家",明太祖召其诘问,郑家人说这是因为自家人一连八世聚族而居,不曾分家,所以元代郡守赐给这块门匾作为旌表,如今全家人口已经上千。明太祖深为叹赏,而马皇后听说之后却很忧虑:"陛下以一人举事而得天下,郑氏千人如果齐心举事,那还不是轻易就能夺取天下嘛!"(《闻纪》)[1]

---

[1] 此事的结局很有喜感:"上乃亟召郑氏而反之,问曰:'汝治家有何法?'对曰:'无他,但不听妇人言耳。'上笑,遣之,赐贡梨二枚。叩首擎出,至家,盛水二缸,捣梨为汁投水中,人啖一口,向北谢恩。上闻,大悦。"

56

当然，如此这般的帝王机心总不便于明示天下，天真的儒者们也总是愿意把帝王想象成有一颗大公之心的诚挚领袖。而大公之道，如果借用一下道家的逻辑，那就应该是"大公若私"的——看似以法律面前绝不人人平等的原则支持特权，看似以绝不把一碗水端平的荒谬态度欺凌弱势群体，但这样的"私"归根结底都是"大公"。如果我们以这样的认识来回顾郑氏的故事，那么我们就会理解：如此简易的治家之法虽然在江盈科的记载里简直像个笑话，但儒家理想中的"修齐治平"当真就这般大而化之，以至以简驭繁，以不变应万变。

是的，从儒者的政治理想的角度来看，一个尊卑有序的大家庭只需要粗略的家规，绝对要不得冰冷而繁文缛节的法律。那么我们不妨设想一下，在醇儒们批评了子产，批评了赵广汉，批评了包拯之后，若他们自己处于类似的局面，肩负治理一方之任，他们究竟会怎么做呢？

赵广汉做颍川太守的时候，以智计与苛察大擅胜场，政绩斐然，即刻便收立竿见影之效，这是前文中已经详细描述过的内容。巧合的是，恰恰就在赵广汉调任之后，继任为颍川太守的韩延寿为我们展现了一番截然相反的施政措施。

韩延寿所接手的颍川,其风俗道德足以令任何一位心怀真诚的儒家官吏痛心疾首。前任赵广汉虽然收效于一时,却搞得民风大坏,百姓争讼成风,彼此多结仇怨。韩延寿到任之后,以移风易俗为首务,信用父老,复兴古礼,消弭仇怨。可想而知的是,这样的举措要想看到成果一定需要有很好的耐心才行,而正如前文中孔颖达指出的那样,地方官的任期到底不长。幸而在几年之后,当韩延寿调任的时候,新任颍川太守黄霸延续了前任的政策,这才成就了地方之大治。

当然,我们最感兴趣的还是韩延寿如何对付那些作奸犯科的人、如何解决狱讼纷争。据《汉书》本传记载,韩延寿对待手下的官吏极好,如果还是有人欺骗或背叛了他,他既不会惩罚对方,也不会刁难对方,而是真正做到孔孟的修身准则:躬自厚而薄责于人,行有不得,反求诸己,亦即多在自己身上找原因,绝不苛责别人。韩延寿会如此自责:"难道是我辜负了他吗,他为什么这样做呢?"听到这些话,那些辜负他的人总是会深自痛悔。

这些人的痛悔并不是做做样子,对君子欺以其方。一位县尉在痛苦自责中自刺而死,还有一位下属挥刀自刭。自刭的那个人侥幸未死,只是声带受损,再也无法发声说话。韩延寿听说之后不禁涕泣不止,不但为他安排医疗,还免除了他家里的所有赋税、徭役。这样的所作所为,这样的收效,或许可以说是以德服人的某种极致了吧。

还有一次韩延寿准备外出,临上车的时候,有一名骑吏迟到,韩延寿便叮嘱功曹，准备处罚这名骑吏。没想到一名门卒引经据典地劝谏说："《孝经》教人以事父、事君之道，而今天您上车之前，骑吏的父亲恰好来到府门，却不敢进来，骑吏听说后便赶忙出府去见父亲，这才耽搁了时间。骑吏可谓事父以敬，如果因为这个缘故受到惩处，这岂不是有损风化吗？"韩延寿当即接受意见说："若不是你，我还不知道自己犯了错呢！"

儒家治道就是这样，往往公私不分，这在今人看来简直是不可想象的。今天任何一名公司职员，如果因为这样的理由——纯粹的私人理由——而耽误了工作，尤其是耽误了高级领导的顺利出行，绝没有任何逃避惩罚的借口。法家最看不惯儒家这种做派，认为照这样搞下去，家里的好儿子注定是国家的坏臣民。然而在儒家看来，求忠臣必于孝子之家，事父不孝又岂能事君以忠呢？因此难免发生的类似于骑吏迟到这样的小事，终归是可以容忍且必须容忍的。

韩延寿任左冯翊的时候，百姓中有亲兄弟争夺耕地，各自起诉到官。倘若法家来断这个案子，会秉持今天为我们所熟悉的"亲兄弟，明算账"的原则，严格依照法律条文来做裁决，绝不夹带私人感情。然而韩延寿的做法是，首先表现出刻骨的悲伤，如此说道："我有幸做了这个地方长官，为一郡做表率，我却没能宣明教化，以至于百姓中有亲人之间彼此争讼的事情的发生。这实在有伤风化啊，又使贤明的长吏、啬夫、三老、孝悌们蒙受耻辱。这是我的过错，我应当引咎辞职。"于是，韩延寿当天称病不办公务，闭门思过。在他治下的那些令丞、啬夫、三老一概自系待罪，而那争夺田产的两兄弟大受宗族亲友的责备。这两兄弟终于受到感化，自髡肉袒以谢罪，都愿意把田产让给对方,至死不敢再争。韩延寿这才高兴起来,备下酒肉招待两兄弟,认真勉励他们,并且派人宣扬这件事,借以淳化地方风俗。孔子的"必也无讼"的理想,终于在韩延寿这里被实现了。

事实上,韩延寿这样的施政方式并非出于醇儒真知,只是以儒家手段作为政治权术罢了,所以当事情一旦涉及切身利害的时候,韩延寿立即就会换成酷吏嘴脸,不惜屈打成招以陷害政敌。"周公恐惧流言日,王莽谦恭未篡时。向使当时身便死,一生真伪复谁知。"无论如何,倘若韩延寿在暴露出小人嘴脸之前就幸运地死掉的话,他的施政模式完全有理由成为儒家认真加以推广的典范。

57

汉代名臣田叔在地方政府任职时的施政风格比韩延寿更有过之。前文已有提及的是,田叔调查梁孝王所涉凶案,劝汉景帝不必深究,而这件事的后文是,汉景帝深以田叔为贤,派他去做鲁国的丞相。田叔一上任,迎接他的就是许多民告官的麻烦事。

鲁国百姓有一百多人来找田叔告状,控诉鲁王抢夺自己的财物。事实是,百姓们并没有冤枉鲁王,所以案情的难点不在于查明真相,而在于如何审理判决。若依照"太子犯法与庶民同罪"的原则,理当治鲁王以巧取豪夺之罪;若依照"八议"原则,涉案事实先须确定,然后可由皇帝以及元老重臣们从长计议;若依照"再使风俗淳"的原则,不妨在原告与被告中间斡旋说和,万事以和为贵。而田叔的做法是,不问青红皂白,逮捕原告中为首的二十人,各笞五十,其余原告各笞二十,然后怒气冲冲地斥责这些人:"鲁王难道不是你们的君主吗,你们怎么胆敢控诉自己的君主呢?"

令人吃惊的并不是田叔官官相护、徇私舞弊、媚上虐下——毕竟这都是官场常态,史不绝书——而是很少有人能坏得这么理直气壮。显然在田叔看来,自己的做法非但不坏,反而是一种为了维护尊卑秩序与道德风俗的良好努力。田叔的良苦用心果然起到了积极的效果:鲁王大为惭愧,拿出府库里的钱财,请田叔偿还百姓。而田叔于此刻施展出更见功力的政治手段,他拒绝了鲁王的要求,说道:"您夺来的财物使我去偿还,这就是您做了恶人而我做了善人,这样不好。"于是鲁王亲自去偿还财物,无一遗漏。(《史记·田叔列传》)

当然,那个时代还存在一些在今天看来其结局足够令人气闷的裁断。比如张安世在西汉名臣中是一个尤其温良恭俭让的角色,他在担任光禄勋的时候办过一起强奸案:有郎官奸淫官婢,受害者的哥哥向张安世申诉。

西汉郎官,基本都有着或官二代或富二代的身份,这件案子倘若换作包拯审理,显然会不畏权贵,为受侮辱与损害的底层人民讨还公道,而张安世的实际判决是,认为这是奴婢怀恨污蔑士大夫,让有关部门将那一对可怜的兄妹责罚了一通。这一颠倒黑白、官官相护的手腕得到《汉书》的高度评价:"其隐人过失,皆此类也。"(《汉书·张安世传》)

这件事至少说明两个问题：

（1）公正基于平等。在当时的主流道德里，士大夫的地位高于奴婢，正如在今天的主流观念里，人类的地位高于牲畜。猪不能因为被人吃就有权利控诉人类，奴婢不能因为被士大夫凌辱就有权利控诉士大夫。

（2）张安世的做法之所以是美德的体现，是因为郎官那"无伤大雅"的生活污点因此受到了保护和包容，上流社会的稳定秩序也因此得到了很好的维系，而相较于官婢的委屈，这当然属于"更高的善"。

58

礼义有时也会用到普罗大众的身上。譬如颍川太守黄霸，汉宣帝的表彰诏书里称其为政宽简，而治下道不拾遗，男女异路，狱中没有重罪囚犯，故此赐爵关内侯，赐黄金百斤。黄霸的施政方针，一言以蔽之就是礼义教化。但我们难免怀疑，礼义教化难道真能在短时间里起到如此大的作用，以至于连一个重罪犯人（比如死囚）都没有吗？难道死刑在黄霸任上的颍川就从来不曾施行过吗——实际情形是这样的：对于犯法的人，黄霸并不是依照律法定罪施刑，而是以礼义劝谕他们自杀。（《史记·张丞相列传附黄霸传》）这不禁使人想起清儒戴震谴责理学家"以理杀人"，而黄霸的政治风格真是字面意义上的以礼杀人。

当然，在儒者看来，治国总免不了杀人，而理想的杀人方式当然就是以礼杀人。杀人只有以礼而非以刑，风俗才会日渐淳善而非日渐败坏。所以，无论是田叔使无辜蒙冤者遭受雪上加霜的笞打也罢，黄霸以礼义劝违法者自杀也罢，虽然全无法律条文的支持，虽然各自都由心法而形成了独特的行政风格，但同样可以作为法无定法的儒家施政典范。

法无定法，极端者可以彻底抛弃文书案牍。唐代阳城治理道州，就是用对待家里用人的方式对待属下的吏员，该罚的就罚，该赏的就赏，完全不把官府章程放在心上。可想而知的是，阳城的处刑方式和田叔堪有一比。阳城的前任刺史犯有贪污罪，观察使正在审讯的时候，吏员中有个前刺史的亲信出来揭发前刺史的罪行，以此邀功。阳城的做法是，当即将这名吏员毙于杖下。(《旧唐书·隐逸传》)推想阳城的逻辑，官员贪赃固然不对，而吏员检举上官，紊乱尊卑纲常，形同卖主求荣，这种小人最是卑鄙无耻，对社会风气的影响最坏。

上述的记载都是从维护纲纪、矫正风俗的大处来着眼的，而今人最容易生出的疑惑是，设若真的就是有那么一些冥顽不灵的刁民，虽然也受到了礼义教化所感，但到底意难平，执意要讨还公道，那时候可该怎么办呢？倘若受了田叔笞责的百姓就是想不开，而鲁王又偏偏不肯还钱；倘若黄霸治下的刑徒就是不肯自杀，笃信无论依据法意与人情自己都罪不至死；倘若韩延寿治下的那两兄弟死不悔改，一定要亲兄弟明算账；倘若这些刁民坚信自己之所以受到不公正待遇，乃是因为地方长官贪赃枉法，于是不仅自己的合法权益理应受到权力机构的维护，而且那些置自己于不幸境地的贪官污吏也理应受到国法的制裁……凡此种种，又该如何是好呢？

以今天的风俗来看，弱势群体似乎天然具有道德优势，对不懈诉求合法权益的弱势群体不应以刁民视之，然而古人的认识恰恰相反，他们普遍相信庶民阶层缺乏教养，是一种近乎动物的原生态存在，始终需要上层社会的道德感召。

孔子讲"民可使由之，不可使知之"，今天看来这几乎就是反人民的政治宣言，然而在古人看来，这句话在具有道德含义之前首先是陈述了一个事实。郑玄注释，从训诂意义上说"民"即"冥"。这是自西汉以来的知识分子的共识。贾谊说人民群众之所以被称为民萌，因为在字面意义上，民即瞑，萌即盲。(《新书·大政下》)这样讲并非刻意与人民为敌，恰恰相反，贾谊高度认同人民为政治之本。只不过要想真正使人民受益，统治者很有必要看清人民是一种怎样性质的存在。

汉人对这个问题分析得最为透彻的莫过于董仲舒，他在《春秋繁露·深察名号》一章里做出了长篇大论，概言之要点如下：

(1)为政必先正名，深入考察名背后的实。

(2)民之为名，含义是瞑，也就是说，人民本性昏瞑如同没有睡醒，所以若没人扶持就会跌倒。

(3)天子与圣人肩负着引导万民使之向善的义务。

在这样的思想基础上，我们可以理解治民的要点就在于不要把人民群众当作和自己平等的人，这甚至会使人产生这样的感觉：士与民是判然不同的两个物种。无论如何，在理想的政治格局中，治民者的义务是引导，被治之民的义务是服从。所以刁民从来都是最讨厌的下层群体，他们除了给政府增添太多不必要的麻烦，最大的危害就是败坏了尊卑秩序，亦即扰乱纲常。如果刁民认死理，不识好歹，那就没理由纵容他们。

59

王夫之，这位以"循天下之公"为主旨，被当代学者誉为颇具现代性的大思想家，对上述问题有过一番堪称经典的论述："自三代以来，权力不断下移，自天子而诸侯，自诸侯而大夫，自大夫而陪臣，自陪臣而庶人。郡县制施行之后，诸侯没有采邑，大夫的职位不能世袭，天子与庶民的距离被拉近了。上至宰相，下至县令，其尊荣仅仅来自荣华富贵。一旦庶民团结起来与长官抗衡，长官很难有力量来制裁他们。

"《易经》有言：'天险不可升也。'意思是说，上下悬隔，下不能陵上。地方长官或仁慈或残暴，全是由天子所操控，由中央官员所平衡、由巡视地方的监察官员所纠劾的，不该由庶民来制衡。贪官污吏兴起，确实会遮蔽上下之交通，天子与中央大臣不能廉察，民怨为之愈重。但是，倘若将揭发、检举贪官污吏的权力交给百姓，并以此作为对地方长官黜陟诛赏的依据，这就会提升庶民的地位而将天下至高的权柄分给了他们。如此一来，那些品格恶劣的官吏，其弱者就会暗地里与百姓联合在一起，其强者就会培植私人势力而彼此竞争，豪民则会将地方长官看作鸡豚一般，可以豢养，可以攻讦，不满意的话甚至可以杀掉。如此则百姓怎会不生出叛离之心呢？这就是天下盗贼之所以此起彼伏的原因啊。

"《易经》有言：'上天下泽，履，君子以辨上下，定民志。'亦有言：'小人而乘君子之器，盗思夺之矣。'如果不能分辨上下尊卑，百姓的志意也就无从安定了。百姓若可以决定地方长官的生死荣辱，则人人可以为王侯，人人可以为天子。如果上级对地方官吏的监督不严，而听任庶民告官，以为这样可以了解真实的民情，这实在是会动摇人心的，深谙天纲人伦的人都会知道这样做的弊端。陵夷尊者而提升卑者，这是立国者应当引以为戒的。"（《读通鉴论》卷七）

以今天的眼光来看，王夫之这番话可谓赤裸裸地反人民、反民主、反革命，没有任何可以转圜辩护的余地。而这一今天看来的非正义，在当时看来却是绝对的正义，言说者故而理直且气壮。并且，这样的政治原则与民贵君轻的原则非但不矛盾，反而相呼应。王夫之并不是站在特权阶级的立场上，甘心做特权阶级的吹鼓手，尽一切所能与人民为敌，因为在他看来，以及在一切正统儒生看来，不给庶民以权柄，不提升庶民的政治地位，反而是正确的护民养民之道，庶民反而会是最大的受益者。正如家长管教未成年的孩子，孩子在家里的地位越高，权柄越大，越是有资本和家长分庭抗礼，那么他的成长前景也就越是堪忧。

孩子的天性就是庶民的天性。孔子有名言说："唯女子与小人为难养也,近之则不逊,远之则怨。"(《论语·阳货》)教育使人节制,可以约束和规范人的不良天性,而那些未受教育的人,诸如孩子、庶民与女人,总会显露出缺乏节制、不识大体的举止。如果你真心为他们好,就应当使他们安心居于卑者的地位,并且永远也不生出僭越的意图,如此则尊卑有序,社会安定。

空穴来风,事出有因,王夫之最"反动"的见解在历史上不乏依据。譬如明英宗正统四年,浙江嘉兴府知府黄懋上奏,说嘉兴人民多系无赖,很喜欢打官司,动不动就上京城告状,甚至有人雇人代写诉状,所牵连者动辄百十人,查上几年也查不出真凭实据,只是使良民抱屈含冤而已。所以他希望朝廷通报有关部门,今后凡嘉兴人上诉,一概不予受理。而英宗的回应甚至超出了黄懋的期待——英宗认为这种乱象天下皆然,并非嘉兴所独有,下令法司于全国普禁,今后唯有谋反重情才允许上京告状,其余必须自下而上,违者以僭越论罪。(顾炎武《日知录之余》卷二"禁御状"引《明英宗实录》)

刁民越级上诉,到天子脚下告御状,这意味着刁民不知本分,扰乱尊卑秩序。当然,理想情形是上梁要正,则下梁必不会歪;父母官真的为民之父母,哪有父母忍心虐待孩子的道理呢?

只要纲常有序,四维有定,则其他问题皆可以不解而自解。最容易引起今人疑惑的是,这样的政治方针似乎将重心完全放到了对社会稳定的维系上面,全然不考虑经济发展,然而儒家的主流意见是这样的:政府没必要发展经济。这倒不是说国富民强不是政府应该关心的目标,而是说经济发展是社会稳定的衍生效果,只要有了稳定,自然就有了经济效率,如果刻意追求经济效率,不但很容易破坏稳定,而且会陷入欲速则不达的尴尬境地。

孟子见梁惠王,开启了先秦儒家最著名的一段义利之辩:

> 孟子见梁惠王。王曰:"叟!不远千里而来,亦将有以利吾国乎?"孟子对曰:"王!何必曰利?亦有仁义而已矣。王曰:'何以利吾国?'大夫曰:'何以利吾家?'士庶人曰:'何以利吾身?'上下交征利而国危矣。……"(《孟子·梁惠王上》)

这是《孟子》全书之首,是人们对《孟子》最熟稔的一段。梁惠王关心如何利国,孟子认为,只有不以利益为政策导向才是利国之本,而越是以利益为导向,其结果就越是南辕北辙,以至于"上下交征利而国危矣"。

道家也有近似的看法,只是侧重点不在仁义,而在自然。有道家倾向的司马迁以朴素的观察发现了经济运作的基本规律:人们生活所需的所有被服饮食、奉生送死的物品需要各行各业的人来协同完成。这并不依赖官府的征召,只是每个人各任其能,各竭其力,各自为了满足自己的欲望而已。所以一个地方物品价格低时就会被运到别处以求高价售出,价格高时就会有人到外地想办法低价购进。人们各勤其业,各乐其事,正如水往低处流一样,既不用征召,也不用强求,这难道不是道的体现,是一种自然规律吗?(《史记·货殖列传》)

这样的思路有点近似于现代的守夜人政府的理论。若是把国家想象成一个居民小区,那么政府就是小区的物业公司,物业公司收取物业费，为所有业主提供清洁、保安之类的服务，至于怎样促进业主的生产效率、提高业主的收入水平，显然不是物业公司应该考虑的事情。古代政府当然没有这么洒脱，而帝王哪怕是出于私产增值的考虑，也会希望户口增多、农业丰收。

60

汉殇帝延平元年，朝廷下诏："近来一些郡国发生洪灾，影响了庄稼的收成，朝廷深为忧虑。然而地方官府为了得到丰产的名誉，刻意隐瞒灾情，夸大耕田面积，非但不积极统计逃亡人数，反而竞相增报户口……既不知上愧于天，亦不知下愧于人。从今以后，朝廷将加重对不法官员的处罚。现在命令二千石一级的官员各自核查灾情，免除灾民的赋税。"（《通鉴》卷四十九）

这份诏书，王夫之称其有"仁者之怒"，并评论说："开垦荒田不足以作为地方官的功绩，这是很简单的道理。田地荒芜了，百姓自然想去开垦，之所以未去开垦，仅仅是因为力量不足。凡是百姓有能力开垦的田地，即便官吏怠惰，疏于督促，百姓也会照样开垦出来；凡是百姓没能力开垦的田地，即便官吏再如何督促，百姓也不会开垦。这正如儿子因为生病而没有胃口，慈父也不能强迫他吃，以免因强吃而哽住。地方官倘若真的有心鼓励百姓垦田，那就不如任其开垦而暂时不上报给朝廷知道。官员越是大张旗鼓地要百姓垦田，百姓就越是不敢开垦，这样做只是欺天罔人而已，结果田地终于荒芜，国家终于贫困。这是汉宣帝时那些窃取循吏之名的官员的流毒所衍，而贪婪的君主误以为能从中渔利，其危害恐怕不是靠惩罚就可以消弭的。

"至于户口之增，欺谩尤甚。春秋战国之世，列国争夺人口资源，有以小恩小惠引诱邻国百姓来投靠本国的事情。来归的百姓越多，国家也就越强，但这只是特殊年代的特殊政策，并非四海平康之道。天下一统，郡县制实施，人口的增长是受自然规律限制的。人毕竟不是茂草灌木，说长就能长起来，所以当某地人口突然增多，一定意味着其他地方人口减少。地方官并非不知道这个道理，只是为了政绩好看，他们才做出这种利己而损害国家的事情。若不这样做的话，他们就会拆散人家的父子兄弟，将一个大家庭拆分成若干个小家庭，这样也可以增加户口，增收赋税，以至于赋税竟要征收到老人和孩子的头上，虐政莫过于此。贪君以此渔利，酷吏以此邀名。读延平元年的诏书，便知道此前汉章帝、汉和帝之世有太多祸害百姓以邀功求赏的地方官。有张伯路聚众叛乱之事发生，并非一朝一夕之故啊。"（《读通鉴论》卷七）

这样看来，政府越是将政策中心放在经济发展上，反而越容易出现南辕北辙的情形。政府真正该做的就是维系好全国的纲常秩序。尊卑就位则纲常有序，纲常有序则社会稳定，社会稳定则经济与人口就会在自然规律中自然增长。而在这样的稳定秩序里，特权是公开化的，是堂而皇之地以正义的面目出现的。不同的社会阶层享有不同程度的特权，而所有的特权都理应被全社会一致认可。统治者没有公仆的名义，而是名实相符的主人，是名实相符的民之父母，其所享有的特权没有任何遮遮掩掩的必要。

维系秩序，保障特权，这是仁政。所以治民切忌明察秋毫，因为明察秋毫之末往往意味着不见舆薪，以至于因小失大。社会关系无非是家庭关系的拓展，如果某个儿子偷割了兄弟姊妹的牛舌，父母如果以包拯的方式处置，无疑会导致家庭成员之间感情浇薄。如果长辈侵占了晚辈的财产，晚辈显然也不应该锱铢必较地想要讨还公道。人诚然皆有犯错的可能，使犯错者自省，使受害者宽容，这才是父母官的职责所在。在泛着仁爱光芒的尊卑秩序里，经济也好，人口也好，任其自由发展最好。

61

可以从功利主义立场提出的质疑是，一国之政，有民政亦有军政，上述典范似乎只可治民而不可治军。在我们通常的认识里，治军最基本的纲领就是纪律严明，要像子产铸刑书那样公开惩罚细则，执法务求严明。所以，孙武初入吴国时训练夫差姬妾的方法是最值得褒扬和取法的，就连儒家经典《尚书》也强调军政要赏罚分明。

《尚书·甘誓》记载了夏启讨伐有扈时的战前总动员，动员令对车左、车右、御者各有明确的职责要求，申明奉命者将在祖庙受赏，违命者将在神社受罚——要么杀掉，要么贬为奴隶。

《汤誓》记载商汤讨伐夏桀的战前总动员。商汤，这位儒家所高度推崇的三代圣王之一也说过同样的话，而且强调了对违令者绝不赦免。据唐代官方解释，在夏启与商汤所发布的动员令里，声明，对待违令者不仅要杀其本人，还要株连其子。虽然上古的刑罚原则是父子兄弟罪不相及，但在特殊情况下不妨有权宜之计，以杜绝人们违抗命令的胆量。(《尚书正义》之《汤誓》《甘誓》孔颖达疏)

军事行动，往往一人之行为关乎全军之成败，甚至关乎国运，所以在一般的认识里，军纪无论怎样严厉都不为过，但事情也并不尽然，隋朝战功赫赫的楚公杨素曾经向儒者王通咨询用兵之道，王通说："行之以仁义。"杨素再问："如何决胜？"王通答道："莫如仁义，否则就会招致失败。"(《中说·问易》)王通从未有过带兵打仗的经验，以仁义教杨素看上去简直是一介腐儒的空泛之言，然而历史上真有以仁义决胜者，汉文帝时的云中太守孟舒就是与孙武截然相反的一例。

其时汉文帝请田叔推荐忠厚长者，田叔推举已获罪免官的原云中太守孟舒。汉文帝诧异道："孟舒被先帝任命为云中太守，历十余年，而匈奴一朝入寇却无力坚守，士卒无故战死数百人，难道忠厚长者也会驱使士卒送死吗？"田叔答道："这正是孟舒之所以为忠厚长者的缘故。……当初楚汉相争，士卒早已劳苦困顿，而匈奴冒顿单于新近征服了北夷，进而侵扰我国边塞，这又是不得不用兵之际。孟舒深深体恤士卒的劳苦，不忍心驱使他们，然而士卒们争相登城死战，如同儿子为了父亲、弟弟为了哥哥一样，所以才有数百人战死，并非孟舒驱使他们身临险地啊。"汉文帝因此领会了孟舒的贤

能,重新任命他做云中太守。(《史记·田叔列传》)

这样看来,无论民政与军政,儒家的无法之法皆可以游刃有余,然而幸或不幸的是,法律条文终究还是随着时代的发展而繁复起来,叔向为子产铸刑书所发出的悲伤预言果然有日益应验的趋势。平民百姓自动自发地学习法律知识,淳朴的村庄里开始出现以教授法律知识牟利的专业教师,民间的争讼之风越发难以遏止。

62

欧阳修为叔父欧阳颍撰写墓志铭时,概述了后者作为当时知名能吏的辉煌一生。

欧阳颍因为超乎寻常的干练,所以总被调去治理那些全国最难治理的州县。其中最是穷山恶水多刁民的地方当属歙州,那里的百姓精通律令,很喜欢打官司,甚至家家都备有一种本子,凡是听说别人家的一点阴私,或是听谁家讲的什么闲话,随时都会记录在册,等需要打官司的时候就取来作为证据。百姓把坐牢当成家常便饭,既不畏惧,也不觉得有甚羞耻。(《尚书职方郎中分司南京欧阳公墓志铭》)

宋代甚至出现了职业律师,当时称之为"健讼"或"珥笔"之人。

在一些以好讼著名的地区,熟谙法律条文的平民百姓与这些职业律师的结合简直令那些怀有儒家理想的地方官大感头痛。至于儒家地方官恰当的应对方案，我们不妨以南宋方岳的一次判案经过为例。

方岳赴任袁州，尚未到达任所就遇到许多拦路告状的人，其中甚至有一名年仅十二岁的女孩子。在得知这位小原告不具备书写能力之后，方岳追问出她的状纸是一名叫作易百四的男人代写的。这位易百四显然就是一名"健讼"，方岳对此大为光火，暂且将案情搁置一边，首先要追究易百四的责任。

方岳给易百四总结了三大罪状：

（1）明知小女孩还不到可以依法做原告的年纪，却故意教人诉讼。

（2）明知在某个案件里原告毫无法律依据，却还是教唆其诉讼。

（3）明知新知县刚刚到任，尚未接掌印信，依法不能开庭审案，却故意教人诉讼。

方岳的判决是："我刚来这里上任，应当狠狠惩治那些奸猾之辈，以使本地风俗醇厚起来。所以判易百四杖责一百、戴枷示众，张榜公告他的罪行。以后再有教唆诉讼的奸人，我就不会这么轻判了。希望易百四之辈通通另谋职业，不要再犯到官府手上。"（《名公书判清明集》卷十二"惩教讼"）

案子还未开审，先打原告律师，这在今天简直不可想象，而在古代官员的判决文书里实在不乏其例。其中有些被严惩的讼棍刁民，如果我们抛开判决文书里的一切感情色彩的话，会发现我们也完全可以用"不畏万难""为民请命"之类的褒奖语气将他们的事迹和作风重新表述一遍，虽然他们确实给政府添了不少麻烦。

耐人寻味的是，方岳惩治易百四显然是为了杀一儆百，为袁州打造"必也无讼"的淳善风俗，而他为易百四归纳的三大罪状竟然完全和上述意图无关，仅仅是就法律论法律，所指出的都是易百四在诉讼程序上的失误。看来方岳是有过一番精打细算的，唯恐给这些很可能比自己更精通法律条文的好讼奸民留下口实。

醇儒为官，总想要"致君尧舜上，再使风俗淳"；之所以如此重视风俗的政治意义，是因为"倘筑太平基，请自厚俗始"，这是儒者的共识。[1]基于这样的共识，理想的施政纲领就是以家法治国，以父母养育子女的姿态治理庶民。换言之，百姓们的一切矛盾都是某种程度上的家庭内部矛盾，而家务事怎么可以锱铢必较乃至对簿公堂呢？

国政是家政的延伸，国民伦理是家庭伦理的延伸。在天下这个大家庭里，并没有严格意义上的谁是谁非，爱的温柔软化一切棱角。当真如此的话，难道爱的礼赠不应当也是一种无可指摘的事情吗，无论这礼赠是经济财富还是政治特权？

---

[1] 参见《汉书·景帝纪》："赞曰：孔子称'斯民，三代之所以直道而行也'，信哉！周秦之敝，罔密文峻，而奸轨不胜。汉兴，扫除烦苛，与民休息。至于孝文，加之以恭俭，孝景遵业，五六十载之间，至于移风易俗，黎民醇厚。周云成康，汉言文景，美矣！"

63

既然国政只是家政的延伸,是"修齐治平"的逻辑定式使然,那么以家政而言,父子之亲无疑是所有亲属关系中最亲的关系。这并非儒家的特例,而是人性的通则,放之四海而皆准。

有"伊斯兰文明的百科全书"之称的《卡布斯教诲录》是波斯中世纪的王子昂苏尔·玛阿里为儿子撰写的教诲之书,绪言里有这样一段深情的文字:"孩子啊!你可知道:人的本性就是要向世界孜孜不倦地追求本应属于他自己的东西,然后再把它遗留给最亲近的人。在这个世界上,理应属于我所有的,就是这本教诲录,而你便是我至亲的亲人。我很快就要去世了,作为遗产留给你的便是这本教诲录。我希望你不要固执己见,警惕沾染恶习。"[1]

很少有人怀疑这是一位父亲应有的权利和应尽的义务。当然,玛阿里因为特地留下的是一些人生哲理,因而在道德上显得单纯和崇高一些,但是,若他留下的是物质财富与政治特权,难道又有什么本质上的不同吗?

为昂苏尔·玛阿里所道出的实在是人类基因里的一种万难抑制的

---

[1] 见(波斯)昂苏尔·玛阿里著、张晖译《卡布斯教诲录》(商务印书馆,2001年出版),第2页。

生物性，以至于宗教人士亦不能免俗。譬如在11世纪天主教会的改革浪潮里，教士们的婚姻与家庭问题无疑是最为棘手的。事情诚如罗素所谓："僧侣们一旦结婚之后，他们自然企图将教会的财产传给他们的子嗣。假如他们的子嗣当了僧侣，那么他们更可以进行合法的授予；因此当革新派获得势力之后，他们所采取的最初措施之一便是禁止把僧职授予僧侣的子嗣。然而在当时的混乱状态下却仍然存在着一种危险，因为设若僧侣已经有了子嗣，他们总不难找到一些非法侵占部分教会田产的方法。"[1]

如此则在世俗世界里，一个人荫及子孙的愿望实在不该有任何可以指摘的理由。对于提倡为政当顺应人性的儒家来说，官二代与富二代所继承的特权与财富便如匠人的子孙继承了匠人的手艺一般顺理成章。

当然这并不公平，只不过在家族伦理之内，公平从来都是一种相当次要的诉求。为什么一个孩子仅仅因为是父亲正妻所生的头生子就天然拥有了对家庭财产与头衔的完整继承权，而另一个孩子只因为出生得较晚一些，或者虽然生得更早，但因为母亲没有正房的身份，便可能什么都继承不到？或者父亲偏偏宠爱幼子而不喜长子，哪怕长子至诚至孝而幼子是个十足的纨绔子弟？

这是因为在家族伦理内部，"稳定"的优先性远远高于"公平"，而嫡长子继承制度是一种虽然远欠公平却非常有利于稳定的制度。一个人的品德和能力从来都是不易量化亦缺乏客观标准的指标，并

---

1 见（英）罗素著，何兆武、李约瑟译《西方哲学史》上册（商务印书馆，1982年出版），第501页。

且，选贤举能的机制势必引发激烈的竞争，而如此激烈的竞争势必又会破坏家族共同体得以维系的脉脉温情。

事实上，只要是在承平之世，领袖的品德与能力并无太高的重要性可言，风俗习惯的巨大惯性才是一个家族共同体的真正领导者。所以，无论儒家还是道家，都很不喜欢"有为"的政治，因为"有为"正是破坏社会惯性的罪魁祸首。

只要人们达成这样的共识，自然而然地就会接受那个明显欠缺公平的嫡长子继承制度。无论如何，既然身为人子，默默接受不公而孝心不改才是唯一正确的做法。

于是，"稳定"永远位列"公平"之上，而为了稳定，很多时候是不该也不必讲理的。那么，当贫民百姓看着官二代与富二代们挥霍祖荫、作威作福的时候，理应就像无所继承的庶子们看着继承了一切的嫡长子一般，以柔软的亲情化解心底的妒意与恨意。

如此我们则很容易理解为何儒家思想会支持特权的合法性，毕竟在传统的"修齐治平"的政治里，国政无非是家政的延伸，既然家庭理应和睦、稳定，那么情大于理不仅无可厚非，甚至是十分必要的。试想一下，如果那个疼你爱你的兄长、那个在任何方面都不如你优秀的人，其地位和财富却远远在你之上，即便你不会为此感到高兴，难道还应该在心底燃烧起嫉妒的烈火不成？

64

这或许算得上一种温情脉脉的司法原则，也确实具有相当的理据，但它面对一个追根溯源的问题，即"天下凭什么该是一家"。

"修齐治平"的原则扎根于周代的宗法社会，那时候要说天下一家，庶几不差。从天子至诸侯，从诸侯至大夫，从大夫至士，或多或少总是沾亲带故。《左传·僖公二十五年》有载：

> 阳樊不服，围之。苍葛呼曰："德以柔中国，刑以威四夷，宜吾不敢服也。此谁非王之亲姻，其俘之也！"乃出其民。

周襄王赐晋文公阳樊之地，阳樊不服，晋文公以武临之。阳樊人苍葛向城外的晋军大呼，理直气壮地指责晋人。苍葛的理据是"德以柔中国，刑以威四夷"，即对周人同胞应当以德怀柔，而武力只该用来针对夷狄。对同胞动武，怎能使人心服呢？至于为什么不该对同胞动武，苍葛的理由非常实际：因为阳樊人或远或近都是周天子的姻亲，是血缘意义上的一家人，即对待亲人应当以德怀柔，对待外人才可以以武威临。

《国语·周语中》记苍葛之语较详，又记有晋文公闻之曰："是君子之言也。"晋文公认可了苍葛的道理,于是任由阳樊居民离境,表示自己仅取其土地而不敢役使其人民。

如果把周政权比作一家大型股份公司的话,那么从贵族序列顶端的天子到序列底端的士,所有这些"君子"在身份上都是这家公司的股东,只是占有的股份有多有少罢了。士以下的那些庶民"小人",对于这家股份公司来说要么是被奴役者,要么是被聘任者,相应地也就缺乏归属感了。

所以即便以今天的眼光来看,"八议"多少也算言之成理,譬如"议功",功劳相当于投资,特权相当于红利或遗产。然而问题在于,譬如仅以"议功"而论,那这功劳究竟是为谁而立的;所谓为国立功,究竟是造福于一国之民,抑或仅仅是帮助某位野心家夺取了一份私人产业?

武王伐纣,创建了属于周人的国家。至少在周人自己给出的说法里,这一方面是天命所归,另一方面是民心所向。在这样的前提下,每一个周人及其同盟者的确有理由分享克商所带来的政治红利。换言之,他们出生入死地完成了一项上天赋予的正义使命,为此得到一点奖励总是理所应当的。而政治特权的分配被限制在礼的框架里,后者在相当程度上具有宪法的色彩,即便天子也不可逾礼、逾制。

在今人看来,任人唯亲显然不如唯才是举,但周人的看法恰恰相反。晋、楚邲之战,晋国士会分析楚国的国情,说楚庄王的用人之道是"内姓选于亲,外姓选于旧",即于同姓之中从最近的亲属里选拔人才,于异姓之中从世家旧族里选拔人才。耐人寻味的是,士

会是以称道的口吻来讲这件事的,而邲之战的结果也是楚胜而晋败。(《左传·宣公十二年》)[1]

特权的合理分配意味着政治秩序的公平(至少在周人自己看来)与稳定,所以对于有功之人,赏赐财富不妨丰厚,赏赐特权却必须慎之又慎。《左传》有晋文公请隧的故事:

> 戊午,晋侯朝王,王享醴,命之宥。请隧,弗许,曰:"王章也。未有代德而有二王,亦叔父之所恶也。"与之阳樊、温、原、攒茅之田。晋于是始启南阳。(《左传·僖公二十五年》)

其时晋文公帮助周襄王平定王室内乱,功莫大焉。晋文公因功请赏,请求准许自己死后能以隧礼(即天子的丧葬规格)安葬。周襄王答复说:"周朝典章制度尚在,天下也没有改朝换代的迹象,若准许您的请求则意味着天下有二王并立,这也是叔父您所厌恶的啊。"所以周襄王不赐隧礼而赐予土地,给了晋文公很大的实惠。

平民社会很难理解晋文公的偏好和周襄王的顾虑。要奖状还是要奖金,这对于今天绝大多数的劳动者而言,答案既是不言而喻的,也不需要任何斟酌。曹操的人生哲学"不可慕虚名而处实祸"在平民社会里得到了高度认同,反其道而行之的人会被轻易贴上"迂腐"的标签。而儒学之所以也被称为名教,是因为它以正名定分为政治

---

[1]《左传·成公十六年》载晋、楚鄢陵之战,楚国禁卫军依然保持着"选于旧"的传统,但晋国郤至提出"旧不必良",反而认为这是楚军的不利条件之一。要想长久维持既旧且良的状态,亦即维持一个组织既稳定又高效的状态,实为组织行为学上的一大难题。

核心，因此在平民社会以及权谋家的眼里实在迂腐得不可救药。

以正名定分的标准来看，特权是政治福利，财富是经济福利。既然一切应当以政治挂帅，那么政治福利的意义自然远高于经济福利。

曹操身处乱世，要想在乱世中求生存，实力永远是第一位的；但如果世界还没有乱到那个程度，虚名显然就重要多了，因为它是世界秩序的维系力量。事实上，所谓"不可慕虚名而处实祸"，仅仅是在虚名与实祸之间取舍而已，而曹操自己很可能就是三国乱世中从虚名里获益最大的人：挟天子以令诸侯，这项基本"国策"恰恰是巧妙利用了天子的名分，使无论延揽人才还是打击异己都可以名正言顺。以曹操的政治资历来看，虚名正是实利之根源，是赢得实利的最强有力的保障。

至于晋文公，一生颠沛流离，在艰难中成就霸业，这样的人物无论如何也不可能是迂腐的。假令请隧成功，那么晋文公就会成为当代之周公，可以更加名正言顺地号令诸侯。请隧之举并非全然僭越，当初周公因为有大功于国，其封国鲁国就被天子特别授权，有资格享用天子礼乐。如果援引这个先例，晋文公还是很有谈判资本的。然而无论是晋文公之请还是周襄王之拒，仿佛心照不宣一般，似乎彼此都不晓得还有周公先例。

这是典型的贵族社会的语言风格，如果晋文公搬出周公先例，周襄王说"您的功劳不如周公"或者"您没资格和周公相比"，这就是穷形尽相，不给对方留一点余地了，周王室与晋国的关系就会彻底搞僵。贾谊《新书》也采录了这则故事，给周襄王加了一句话："如果您认为赏赐您的土地太少,可以再增加一些。"这就太不符合贵族社会的语言风格了,想来贾谊是以此强调政治福利与经济福利完全不在一个层面上。

65

《左传·成公二年》中,卫国与齐国交战,卫军溃败,新筑大夫仲叔于奚救下卫军主帅孙桓子。战后,卫国论功行赏,赐封邑给仲叔于奚,后者推辞,希望能以曲县、繁缨为赏。所谓曲县,当时天子安置钟、磬等乐器,四面悬挂,以象宫室之四墙,谓之宫县(县即悬);诸侯去其南面乐器,三面悬挂,谓之轩县或曲悬;大夫有两面悬挂,谓之判县;士仅有东面或阶间悬挂,谓之特县。仲叔于奚请赏曲县,是以大夫僭越诸侯之礼。所谓繁缨,是马匹鬣毛前面的一种装饰,亦属诸侯一级的礼制规格。仲叔于奚慕虚名而舍实利,卫君竟然也真的这样赏赐他了。孔子对此事有评论说:

> 惜也,不如多与之邑。唯器与名,不可以假人,君之所司也。名以出信,信以守器,器以藏礼,礼以行义,义以生利,利以平民,政之大节也。(《左传·成公二年》)

孔子之所以发出这样的叹息,是因为上述举动实在是礼崩乐坏的标志，正所谓"八佾舞于庭，是可忍也，孰不可忍也"。如果认为原先的赏赐太轻，不如再多赏赐一些封邑。土地、财富、人口都可以作为赏赐的内容，只有器与名只可以掌握于人君之手，切忌假借于人。曲县、繁缨不是普通的器物，而是政治特权的级别标志，亦即名位的标志。名位错乱则纲常紊乱，纲常紊乱则社会无法维系其稳定。封邑之多寡只是实利之小者，曲县、繁缨之虚名却关乎莫大之利益。

在儒者看来，对名位无论如何重视都不为过，所以必须防微杜渐，防患于未然。

《春秋·成公十四年》有两条记载，一是"秋，叔孙侨如如齐逆女"，二是"九月，侨如以夫人妇姜氏至自齐"，所记皆为鲁国贵族叔孙侨如到齐国为鲁成公迎娶姜氏夫人，叔孙为氏，侨如为名。据《左传》解释，前一条称叔孙侨如，于名前冠以氏族名，是因为"尊君命"；后一条仅称侨如，是为了"尊夫人"。《春秋》笔法原本未必真有这层含义，只是这样的解经方式始终被尊为儒学的最高原则之一。《左传》于此有君子评论说："《春秋》之称，微而显，志而晦，婉而成章，尽而不汙，惩恶而劝善。非圣人谁能修之？"

正是在这样的原则下，我们的确能看到一些行近迂腐的极端事例，所谓"里名胜母，曾子不入；邑号朝歌，墨子回车"（邹阳《狱中上梁王书》），甚至连个人取名都不能逾礼：卫文公朝觐天子，王室外交官询问他的名字，卫文公答道："卫侯辟疆。"外交官表示不满："启疆、辟疆是天子一级的名号，诸侯不能僭用。"卫文公只好改名为燬，这才获得了朝觐周天子的合法资格。

此事载于贾谊《新书·审微》，事情虽然未必属实，但重要的是贾谊借此传达出了一则原则性的政治理念：善于维系尊卑上下的君主，即便对于空名也给予足够的重视，不使有逾礼之嫌。"辟疆"的含义是开疆拓土，这是天子之权，故此除天子之外，所有人都不该取这样的名字。

当然后人是没有这些禁忌的，不乏以"辟疆"为名或为字者。晋代有大族名士顾辟疆，其园林直迄唐代尚为名胜，即唐诗中屡见之辟疆园；明末四公子之一的冒襄字辟疆，当世名流硕儒多与定交，以字称之而不觉其怪。贾谊若地下有知，是否会见微以知著，判断出顾辟疆与冒辟疆所生活的时代一定是王纲解纽的大乱之世呢？也许仅仅是巧合，实情还真是这样。

名与位要有完美的结合，尊名卑位与尊位卑名都是礼制大忌，是政怠国亡的先兆。

《左传·昭公二十一年》中，在蔡平公的葬礼上，蔡太子朱，即蔡平公的继承人，没站在自己应站的位置而站在了较低级别的位次上（据杜注，太子朱未依嫡庶的次序而是依照长幼的次序站队）。鲁国派去送葬的大夫回国，将这件事告诉了昭子，昭子叹息道："蔡国怕是要亡国了，即便不亡，这位新任国君也一定做不长久。《诗》说：'不解于位，民之攸塈。'现在太子朱刚刚继位，就在葬礼上将自己降于卑位，他很快也会失去国君的位子。"

仅仅在葬礼上站错了位置，就有失去权柄乃至亡国之虞？而就在同年年末，这位新任蔡君果然出奔楚国。在今天看来这简直言近于诬，但无论《左传》对这件事究竟是据实而录还是添枝加叶，其所传达的礼制观点是明白无误的：对名实相符这个原则一定要给予十足的审慎。[1]

66

如果我们把标准放宽一些，那么就会发现，无论是晋文公请隧还是仲叔于奚请曲县、繁缨，虽属非礼，毕竟都还在赏功的范畴。而在彻底的礼崩乐坏的局势下，就连赏功也会让位给赏忠，这在贵族君子看来岂止是匪夷所思，简直应该为之痛心疾首。

刘邦起兵反秦，同乡周緤追随左右，无论形势好坏，始终对刘邦不离不弃。高祖十年，陈豨反叛，刘邦有意亲征，周緤边哭边谏："当初秦始皇攻破天下，从未亲征，而您如今屡屡亲征，难道是因为手下无人可遣吗？"刘邦认为周緤"爱我"，因此赐予他两项政治特权：一是入殿门不趋，二是杀人不必偿命。（《史记·傅靳蒯成列传》）

所谓入殿门不趋，"趋"是一种快步疾走的特殊步态，以示对君长的尊敬，是为人子、为人臣的必要礼数；如果人臣入殿门可以不

---

[1] 这类事情于《左传》屡见，如《成公二年》："十一月，公及楚公子婴齐、蔡侯、许男、秦右大夫说、宋华元、陈公孙宁、卫孙良夫、郑公子去疾及齐国之大夫盟于蜀。卿不书，匿盟也。于是乎畏晋而窃与楚盟，故曰匿盟。蔡侯、许男不书，乘楚车也，谓之失位。君子曰：'位其不可不慎也乎！蔡、许之君，一失其位，不得列于诸侯，况其下乎？《诗》曰："不解于位，民之攸塈。"其是之谓矣。'"再如《成公六年》："六年春，郑伯如晋拜成，子游相，授玉于东楹之东。士贞伯曰：'郑伯其死乎？自弃也已！视流而行速，不安其位，宜不能久。'"

趋，以平常的步态行走，这是一种绝大的殊荣。至于杀人而不必偿命，这更是一种显见的特权，如果周缤杀了人，既不必贿赂法官，也不必依靠官官相护，完全可以理直气壮地面对死者家属，法律已经明明白白地赋予了他杀人的特权。

诚然，自礼崩乐坏之后，特权的道德色彩便逐渐淡化了。所谓家天下，其实质就是黑社会在做到极致之后摇身变为合法政府，但政治架构仍然是黑社会式的，其要点无非有三：招小弟（纳贤选能），抢地盘（攻城略地），收保护费（赋税劳役）。所谓王朝更迭，正朔嬗变，其实质无非是一个野心家对其他野心家的胜出。而在黑社会的模式里，忠诚度绝对要比功劳重要，至于国家与百姓，其实质只是帝王或以帝王为核心的一个小集团的私产而已。

黄宗羲对这个问题有一番极著名的议论，大意是说，君王打天下就是为自家博产业，在挣到这份产业之后，敲剥天下之骨髓，离散天下之子女，以奉我一人之淫乐，且视之为理所当然，原因无他，只因为自己所享受的无非都是产业的花息而已。（《原君》）帝王对这个道理并不是一概讳莫如深的，譬如汉文帝朝，薄昭承旨写给淮南王刘长的谏书里就有这样的话："夫大王以千里为宅居，以万民为臣妾，此高皇帝之厚德也。"（《汉书·淮南衡山济北王传》）讲得如此光明正大，一点也没有遮遮掩掩的意思。

既然是家天下，既然天下只是自己的产业，那么政治的大原则自然就是"打理好这份产业"。帝王并不会因为身居帝位便天然具备了忧国忧民的道德意识，公职人员也不会因为获得公职而天然变成一心为民的道德楷模。

人心向私，这是基因所决定的人性本质。帝王有家业要打理，而上至王公卿相，下至庶民，也都有自己的家业需要打理。在承认私心的前提下，理想的政治模式是所有人的私利在大方向上趋同，亦即对于每一个人而言，其他任何人的私利增进对自己的私利增进皆有相当程度的助益。譬如民富则国富，国富则帝王与官僚皆富，并且每个人的私利增进都是在公平的框架内实现的，因此只会引起旁人的艳羡，而不会招致刻毒的嫉妒。

在这样一种理想状态里，即便上至帝王，下至王公卿相，人人为私，也未必一定会出现黄宗羲所痛恨的"敲剥天下之骨髓，离散天下之子女，以奉我一人之淫乐"的情形。这正是现代政治理论持久关注的焦点问题：政治领袖并不天然比普通人更加高尚，他们有着和我们一样的七情六欲，小算盘甚至打得比我们还精，任何对于他们主动提升道德修养的期待都是不切实际的，但这又有什么关系呢？

古代社会当然距离上述理想状态甚远，因为权力是自上而下的。尤其在礼崩乐坏之后，人们除了期待统治阶级的自律之外别无良方，而自律实在是人类所有品性中最靠不住的一种。所以，当帝王、公职人员与庶民这三者的利益方向并不一致，且自律风气普遍薄弱的时候，我们就会看到这种情形：唐僖宗乾符六年，黄巢北进襄阳，唐山南东道节度使刘巨容与江西招讨使曹全晟合兵荆门备战，一战而大捷。有人劝刘巨容乘胜追击，若把握住这个难得的机会，便可以彻底剿灭黄巢叛军。然而刘巨容自有一番看法："国家说话反复无常，危难时候就对我们百般恩宠，危难一过就将我们抛在一边，甚至有人因功得罪。所以对贼寇不要剿尽，还是留一些下来作为我辈

博取富贵的资本吧。"(《通鉴》卷二百五十三)

刘巨容的这种心态与做派相当具有典型意义,而且绵延于全部历史之中。战争时期军队养寇,和平时期职能部门故意放纵违法乱纪的行为,即便朝廷不像刘巨容所形容的那般不堪,官吏与军将们照样乐此不疲。原因无他,他们都在博自己的家业而已。

官僚集团并非铁板一块,而是始终纠结在盘根错节的关系网与利益网里。帝王、官僚、百姓,每个阶层的每个人各谋私利,而所有的利益若缺乏一个一致的方向,就难免互相侵害。皇室与政府需要用钱,很容易就会打百姓的主意。历史上敛财的办法多种多样,或隐或显,货币经济下最容易搞的就是素有隐性税收之称的通货膨胀,使百姓在不经意间就被剥夺了大笔财富;而在货币经济不发达的时代,敛财手法总显得有些明火执仗,很容易激起民间的反感——诸如苛捐杂税、强借富户之类。

就在刘巨容放走黄巢的翌年,即唐僖宗广明元年,度支官鉴于政府用度不足,建议向富户及胡商借款。唐僖宗下诏,令富户、胡商将一半财货借给政府。盐铁转运使高骈劝谏说:"如今天下叛贼蜂起,这都是因为百姓饥寒交迫,不得已铤而走险,没造反的就只剩下富户和胡商了。一旦这个政策颁布下去,怕连这些人也要反了。"(《通鉴》卷二百五十三)

从一般的政治策略而言,统治者不怕得罪任何人,怕的只是在同一时间里得罪所有的人。高骈所指出的正是这样的风险,而唐僖宗还没有昏庸到不知死活的地步,于是明智地撤销了这份诏令。

倘若不是形势过于险恶,其实这样的诏令也算不得十分残暴。就在数年之前,即唐僖宗乾符二年,僖宗因为赏赐无度而陷入内府枯竭的窘境,当时权宦田令孜建议,以诏令籍没长安东西两市商旅的宝货,一概收归内府,有胆敢申诉者即行逮捕,交付京兆尹乱棍打死。(《通鉴》卷二百五十二)天可怜见,这项政策确实被付诸施行了。人们常说京城是"天子脚下",不容放肆,而皇帝本人竟然在天子脚下强抢民财,如果以天下人口、土地、财富皆属皇帝私有的立场来看,唐僖宗这样做除了因寅吃卯粮而不利于自己及继承人的长久统治,并因此愧对祖先之外,倒也算不上有什么道德污点。

是的,如果天下人口、土地皆属帝王私产的话,那么财富作为人口与土地的附属物与衍生物,任何予取予求都算正当。人口的私产属性最让有良知的士大夫无法接受,譬如唐德宗朝,名士阳城外任道州,发现道州这个地方的百姓天生矮小,朝廷每年常常要乡户进贡矮男,号为矮奴,充作俳优弄臣。阳城大感不安,认为朝廷不该把良民当成奴隶。阳城因此上疏,呼吁朝廷免除道州矮男之贡。令人欣慰的是,朝廷批准了阳城的奏疏。道州百姓为之感泣,大大称颂阳城的恩德。(《旧唐书·隐逸传》)后来唐宪宗元和年间,白居易据其事写下《道州民》一诗:

> 道州民,多侏儒,长者不过三尺余。
> 市作矮奴年进送,号为道州任土贡。
> 任土贡,宁若斯,不闻使人生别离,老翁哭孙母哭儿。
> 一自阳城来守郡,不进矮奴频诏问。
> 城云臣按六典书,任土贡有不贡无。

> 道州水土所生者，只有矮民无矮奴。
> 吾君感悟玺书下，岁贡矮奴宜悉罢。
> 道州民，老者幼者何欣欣。
> 父兄子弟始相保，从此得作良人身。
> 道州民，民到于今受其赐，欲说使君先下泪。
> 仍恐儿孙忘使君，生男多以阳为字。

这首诗是白居易的新乐府之一，副题为"美臣遇明主也"，庆幸阳城这样的良臣遇到了德宗这样的明主，才使得道州奴升格为道州人。道州人感激阳城之恩德，生男多取名为阳。

历代宫廷以侏儒为俳优弄臣在所多见，而在有良知的士大夫看来，"道州水土所生者，只有矮民无矮奴"，百姓是民而非奴，应当是帝王恩养的子女，不该被帝王当成私有财产来对待。当然，从功利主义的角度来讲，水能载舟，亦能覆舟，对老百姓好一点，帝国的统治才能安稳一点。

帝王本人是否真心接受阳城和白居易的观点，这就是见仁见智的事情了。在帝王实际遵从的伦理原则里，家族责任是排在首位的，这与普通人并无二致。创业之君辛勤打下一份产业，后世子孙理当好好保有之，这确实是古代帝王的一项沉重的道德责任。所以大臣劝谏帝王的胡作非为，往往会用"天下并非陛下之天下，而是开国先皇之天下"这样的理由。换言之，帝国作为私产，是一份家族产业，后世帝王理应对创业祖先负责，至于要不要对天下万民负责，那就是另外的问题了。

以此来看，倘若帝国创业者匆匆亡国，其所担当的道德责任反而要小很多。侯景之乱时，梁武帝说了一句掷地有声的名言："自我得之，自我失之，亦复何恨。"（《通鉴》卷一百六十二）意即这份帝国基业是我自己打下来的，如今再从我手上失去，这没有什么可遗憾的。——这样的思想境界从古至今一再得到宣扬，古人会说"生不带来，死不带去"，今人也完全可以找来无数本励志读物以佐证梁武帝的正确性。如果人口、土地、财富只是你夺来的一份产业，那么你完全没理由对这份夺来的产业负有任何道德责任，正如强盗对抢来的珠宝、窃贼对偷来的钱包不负有任何道德责任一样。只不过人间现实总是"窃钩者诛，窃国者为诸侯"，只要你抢的东西足够大，世人也就赋予你的行为足够的道德合法性了。正如我们很难说刘邦就比项羽更有道德合法性，很难说李渊就比窦建德、王世充更有道德合法性，很难说赵匡胤比李煜、钱镠更有道德合法性，很难说朱元璋就比张士诚、陈友谅更有道德合法性，而胜利者一方面有条件给自己制造合法性神话，另一方面世人总要为自己的生存寻找道德依据，所以心理上总是倾向于为既成事实赋予道德合法性——这正是严肃的学者们最为反感的逻辑方式，即以实然证明应然。

67

从博取产业的角度来看，我们可以理解到特权的另一个性质。

北齐高氏家族在挣产业的时候，主要依靠的是怀朔一镇的军官集团，该集团成员后来理所当然地享受了政治红利。《北齐书·杜弼传》载，杜弼建议高欢先除内贼，再讨外患，高欢问他谁是内贼，杜弼直指那些掠夺百姓的政治新贵。高欢却为他们辩解说："这些人为打江山曾经出生入死，现在纵然贪鄙，毕竟功大于过，不可依照常例处理。"

从这个角度来看，特权已毫无道德色彩可言，然而其必须性丝毫不曾因此减弱。群居动物的自然秩序总是以少数统治多数，人类也不例外，而少数之所以有能力统治多数，一项极重要的原则就是，少数是凝聚的，多数是分散的，所以在每一局部，少数反而是多数，多数反而是少数，力量的对比就这样颠倒过来。要想维系这种状态，统治者就有必要给核心成员以足够的好处，无论是一家公司、一个黑社会组织还是一个帝国，莫不如是。理想主义虽然有时候也能达到同样的甚至更好的效果，但毕竟是没有持续力的。

再者，知恩图报终归是一项美德。在高欢的例子里，帮助他夺取江山的不是庶民，而是他的那些亲密战友；假如他败给政治对手，这些百姓也不会为他掬一把同情之泪，何况这些百姓不过是他掠夺来的家产中的一部分而已，那又为什么应当为这些完全无功于己的百姓寻公平，而不惜得罪那些一度出生入死帮自己打下这偌大家业的功臣呢？功臣们当初之所以甘冒矢石之险，出生入死，难道不也是希望在江山定鼎之后能分一杯羹、沾一点光吗？从功利主义的角度来讲，假如对功臣与百姓一视同仁，这岂不是寒了前者的心？一旦寒了功臣之心，身边这些兄弟中还有谁愿意继续为自己卖命呢？

精明的帝王总是要把功臣的政治地位限定在一个微妙的分寸里，既不可使小集团因为普遍寒心而失去了必要的凝聚力，也不可使功臣坐大而危及自身的统治地位。历朝历代对功臣的安置最为妥当者公推宋太祖赵匡胤。传说赵匡胤杯酒释兵权，无论这个传说真实与否，赵匡胤确实是以和平手段成功解决了这个难题。他剥夺了功臣的兵权，而作为补偿，后者得到了大量的良田美地以及政治特权。

　　创业功臣、核心官僚集团及其子孙享有一定的政治特权，历代皆然，甚至这种特权还会合乎道德地延及姻亲。唐代名臣魏元忠的儿子魏昇娶荥阳郑远的女儿为妻，后来魏昇与节愍太子谋诛武三思并废韦后，事败为乱兵所杀，魏元忠也受儿子的牵连下狱受审。郑远赶忙来找魏元忠为女儿索要休书，仅在得到休书的第二天就让女儿改嫁他人。殿中侍御史麻察出于义愤，上疏弹劾郑远。麻察所写的是一份文采绝佳的奏疏：

"……郑远纳钱五百万，将女易官。先朝以元忠旧臣，操履坚正，岂独尚兹贤行，实欲荣其姻戚，遂起复授远河内县令，远子良解褐洛州参军。既连婚国相，父子崇赫，迨元忠下狱，遂诱和离。今日得书，明日改醮。且元忠官历三朝，荣跻十等，虽金精屡铄，而玉色常温。远胄虽参华，身实凡品。若言齐郑非偶，不合结缡；既冰玉交欢，理资同穴。而下山之夫未远，御轮之壻已尚。无闻寄死托孤，见危授命，斯所谓滓秽流品，点辱衣冠，而乃延首靦颜，重尘清鉴。九流选叙，须有淄渑；四裔遐陬，宜从摈斥。虽渥恩周洽，刑罚免加；而名教

所先,理资惩革。请裁以宪纲,禁锢终身。"(《大唐新语·公直第五》)

当时朝廷内外都赞赏麻察的公正耿直,而郑远也果然因此受到革职处分。我们从麻察的奏疏里能读出这样两则信息:

(1)郑家的地位远不及魏家,而当初郑远嫁女,不但挣得了巨额财礼,还使自己和儿子都有了官做。魏家刚刚遭难,郑远就急于与之撇清关系,这种卑鄙小人理应被永远清除出士大夫的行列。

(2)朝廷当初之所以授官给郑远父子,不是因为他们本人的才能,而是为了崇尚魏元忠的贤德而希望他的儿女亲家也得到荣耀。

以今天的标准来看,结婚与离婚纯属私生活问题,不该和公务牵扯在一起。就算事实上官场联姻总免不得有许多政治利益上的考虑,但那毕竟都是台面之下的事情。然而在麻察的奏疏里,朝廷既可以名正言顺地授官与贤臣的姻亲,也可以义无反顾地以私生活上的理由罢免官员。

所谓"一人得道,鸡犬升天",这是一种普遍存在的社会现实,但对这个现实究竟给予怎样的道德评价,不同时代有不同标准。今人一般不太赞许这类事情,但古人另有想法:魏元忠一人得道,连儿女亲家都可以获得荣华富贵,这完全无可厚非,因为以魏元忠的贤德,理应享有这样的待遇。这既是对魏元忠本人的奖励,也是对世俗风化的激励。设若魏元忠的儿女亲家箪食瓢饮地生活于穷街陋巷,即便魏元忠本人不感觉有任何不妥,舆情却难免这样的议论:以魏元忠的贤德尚且不能泽被姻亲,看来贤德也不能使人获得多大的好处啊!

为了"再使风俗淳",并且"以劝能者",古人相信爱屋及乌的心理是完全应当被制度化的。人爱其亲莫过于爱子女,恩荫制度显然击中了人心里这最为柔软的一处。

68

恩荫制度是一种相当典型的特权制度,保证了一人在立功或做官之后可以将政治收益传之子孙。这看上去颇有几分封建制下的世官世禄的影子,但毕竟社会格局大变,由恩荫所获得的世官世禄并不能使一个家族与一片土地像封建时代那样紧密地联系起来。这也就意味着,对于郡县时代的普通百姓而言,很难由恩荫制中享受到如封建时代的百姓由世官世禄制中所享受到的那种好处。

"犹将十世宥之,以劝能者",祁奚当初如此强调给能者的子孙后代以政治特权对于良好社会风气的树立有着何等的重要性。倘若获得如此特权的人并非能者,对社会风气究竟会造成怎样的影响也就可想而知了。只是帝王出于维护统治的考虑,难免会这样做。对子孙之爱毕竟是最为根深蒂固的人之常情,多少人甘愿抛头颅、洒热血,为的无非是博取功名以封妻荫子。如果子孙得不到足够的好处,确实很能够打击人的积极性。以这个角度来看,恩荫无论公平与否,至少是很有功利意义的。

而且古人缺乏今人这样的个体意识，家族意识则大大重于今日，所以往往在考量问题的时候将家族作为一个个体。可资参照的是汉明帝永平九年广陵王刘荆的案例。当时刘荆召来看相术士，问说："我的相貌酷似先帝。先帝三十岁得天下，我如今也三十岁了，不知道可以起兵争夺天下了吗？"没想到术士将这番话上报了官府，刘荆大为惶恐，主动将自己囚禁在监狱里。汉明帝是刘荆的哥哥，很是顾念手足之情，对这件事并不严查，只是诏令剥夺了刘荆在封国的管理权而已。无奈刘荆志向依旧，又找来巫师祭祀、祝诅。汉明帝闻讯，诏长水校尉樊鯈等人联合审理此案。樊鯈等人在审清案情之后，上奏汉明帝，要求诛杀刘荆。明帝大怒："你们难道以为刘荆只是我的一个弟弟，所以才敢杀他不成？如果换作我的儿子，你们还敢杀吗？！"樊鯈等人的回答是我们这里要关注的要点："天下是高皇帝（刘邦）的天下，并非陛下的天下。《春秋》之义，君亲无将，将而必诛。（案：这是《公羊传》所提出的一条极重要的春秋大义，意即无论对父亲也好，对国君也好，动一点点反叛的念头都是该杀的。）臣等因为刘荆是陛下的同母弟弟，陛下圣心定有恻隐之情，这才加以请示，如果换作陛下之子，臣等就不向陛下请示，直接将他诛杀了事。"这番话实在义理分明，汉明帝叹息称善。(《通鉴》卷四十五)

今人会提出的合理质疑是，即便以家族为单位来考虑问题，前辈对后辈天然就有遗赠，所谓"积善之家，必有余庆；积不善之家，必有余殃"(《周易·文言·坤》)，没必要再以制度化的形式给出什么特权保障。然而在古人看来，一方面积善之家未必就有余庆，积不善之家未必就有余殃,这种残酷的社会现实有必要得到人为的扭转;另一方面制度化的政治恩荫也完全可以说是一种自然而然的前辈遗赠。

从风化的角度来看,保障"积善之家,必有余庆;积不善之家,必有余殃"实在是头等大事。倘若一个社会已经堕落到"杀人放火金腰带,修桥补路无尸骸",并且大家都怀着复杂的心理被迫认可这样的现实,以至于自然而然地笑贫不笑娼,那真是礼义廉耻四维俱折了,国乃灭亡的晦暗前景已经近在眼前。

古人认为好人有好报的一项重要标准就是好人的子孙一定要繁荣兴盛,于是当明人江盈科一度游赏西湖,经过岳飞墓与于谦墓,得知岳、于二公皆无后人时,不禁感慨至深,不理解为何积善余庆的天道偏偏在这最不该出错的地方出了差错。有人解释说岳飞、于谦名声太重,故而为造化所忌。江盈科不以为然:名浮于实才会招造化所忌,而岳、于二公实至名归,如果这也招造化所忌的话,造化真成卑鄙小人了。江盈科思前想后,终于为这个道德难题想出了一个合理的解答:两公忠义贯于人心,各地都有香火崇奉,所以天下后世之人都是他们的子孙,又何必一定要有血缘意义上的子孙呢?听说秦桧的后人繁衍兴旺,但后人竟以祖先为讳,这才是真正的无后啊。(《谈丛》"岳于无后")

世态人情正所谓"记得绿罗裙,处处怜芳草",因为爱上了一位身着绿罗裙的女子,所以哪怕在看到与绿罗裙颜色相近的芳草时也不由得心生爱怜。这实在是爱屋及乌的人之常情,是人类天然的心理定式。所以在家族视角的传统里,爱一个人而希望看到他门庭兴旺，恨一个人而诅咒他断子绝孙，这是很可以理解的事情。

爱其祖而延及其子孙，恨其子孙而延及其祖，这是古代社会的人情常态。狄仁杰父子在魏州的不同遭际即为一例：唐代名臣狄仁杰曾任魏州刺史，任上颇有惠政，百姓感戴之下为他建设生祠；后来狄仁杰之子狄景晖也到魏州做官，担任魏州司功参军，却因为贪暴而受人痛恨，愤怒的魏州人恨其子而及于其父，率然拆毁了狄仁杰的塑像。（《通鉴》卷二百〇七）倘使江盈科行经魏州，不知道会如何感慨这样的史事。

岳飞与于谦的后裔问题至少在伦理问题上较为简单一些，而江盈科身为士大夫阶层的一员，又是公安文学的骁将、巨擘，尚且在岳墓、于墓之前生出难解的纠结，更何况普通百姓了。百姓有没有足够的才识想出江盈科这样的解决之道，显然是大可怀疑的。而除了江盈科的这种纠结之外，家族视角还会产生一个伦理问题：我们没理由仅以个人为单位来判断一个人的是非成败。

《左传·昭公元年》中，秦景公即位之后，其母弟后子惧祸而逃奔晋国，与晋国的执政大臣赵孟有一段意味深长的对话。赵孟向后子请教新任的秦国国君是个怎样的人，后子说："是个无道之君。"赵孟再问："那么秦国会因此灭亡吗？"后子答道："国家不会因为某一代的国君无道就会灭绝。一个国家得以建立，一定存在着各种助益因素，除非连续几代的国君都荒淫无道，否则是不会灭亡的。"赵孟再问："那么秦君会短命而死吗？"后子答道："会的。"赵孟再问："他还能支持多久呢？"后子答道："我听说国家无道却风调雨顺，粮食丰收，这是有上天在帮助。有上天的如此帮助，他至少还可以再支持五年吧。"赵孟看着日影，颇感慨道："早晨与晚上的事情就各不相干了，谁耐烦去操心五年之后的事情呢？"后子告辞之后，对旁人说："赵孟快要死了。他作为国民的主宰，却怠惰于安逸的现状，虚度日月，不是享年长久之相。"

这段对话虽然带着《左传》一贯爱发预言、爱从细节判断人物命运的神秘主义气息，但重要的是，这里所表现出来的后子对"余庆"与"余殃"的理解在春秋时代颇为典型。宗法制度以家族至上，而以家族的视角来看，一个人积德行善未必会报在己身，而是会在子孙后代那里得到福报；一个人为非作歹也未必会祸及己身，而是会使子孙后代承受恶果。这就是中国原初的、本土的善恶报应观念。而在宗法社会解体，编户齐民越发成为基本国策之后，家族观念便相对淡化了，佛教的善恶报应尽在己身的因果报应理论才开始大行其道。诚然，佛教"业力自作自受"的原则和现代的个人主义精神很有些异曲同工之妙，但当我们以这样的精神来理解宗法社会的本土观念以及在宗法土壤里诞生出来的儒家学说的时候，就难免会发生一些方枘圆凿的格格不入。

69

再如《左传·成公八年》中，晋国赵庄姬诬陷赵同、赵括意图作乱，栾氏、郤氏两大家族为之做证，于是晋国剿灭赵氏宗族，只有幼儿赵武因为跟着赵庄姬住在公宫才免于被杀。晋景公要把赵氏的田产赐予祁奚，果真这样做的话，赵氏家族在晋国就算被连根拔掉了。韩厥劝说晋景公道："以赵衰的功劳、赵盾的忠诚，却绝了后，人们恐怕就不敢为善了。三代的贤君都能保持数百年的国祚，传承之中当然也会出现邪僻的君主，但都托庇于祖先而免除了祸患。《周书》说'不敢侮鳏寡'，正是以这样的原则来发扬道德的。"于是晋景公改变初衷，立赵武为赵氏的继承人，归还他赵氏的田产。

在韩厥的逻辑里，祖先的贤德与功勋理应荫及子孙，因为否则的话就会降低劝善的力度。也就是说，对功臣的子孙与普通百姓的子孙同罪不同罚，这实在是合乎道义并有利于社会进步的好事。

《国语·晋语八》中，叔向为韩宣子历数的栾氏家族的故事也是"余庆"与"余殃"的极佳例证：栾武子身为晋国正卿，土地不足百顷，祭器也不齐备，一心发扬美德，赢得了诸侯的爱戴与戎狄的归附，使晋国得享安宁。所以当栾武子弑杀晋厉公，犯下弑君这样的大罪，却未被国人责难，自身安然无恙。及至栾武子死后，其子栾桓子一改乃父之风，骄横无度，贪得无厌。以栾桓子的所作所为，实在应该招致灭顶之灾，然而仰赖父亲栾武子的美德余荫，竟然得以善终。到了栾桓子的儿子栾怀子，不效乃父而效乃祖，行事常以美德善念。照理好人当有好报，然而栾桓子当年种下的恶因在儿子身上结成恶果，致使栾怀子被迫逃亡楚国。

《国语·晋语八》同样记载了栾怀子被迫逃亡的前因后果，而此事的主谋——晋国大夫阳毕，所给出的理据恰恰与叔向的上述逻辑如出一辙。其时晋平公忧虑于兵患频发，大夫阳毕为之筹划一劳永逸的定国之策:"筹划的关键在于教令明确,教令明确需要有足够的权威,树立权威则在于君主您自己。您不妨选拔那些世代有功于国而后代衰微的世家子弟,给他们安排官职,同样也把前代奸臣的后人找出来除掉,这就会提高您的威望,使您长保君权。……栾氏欺瞒晋国人已经很久了,栾武子就是败坏宗族的罪魁祸首,他当年弑杀厉公来增强自己宗族的势力。您现在只要诛灭栾氏,人们就会畏服您的权威;您只要选择瑕、原、韩、魏等功臣的后人,给他们官爵和赏赐,人们就会感念您的恩德。恩威之施恰到好处,国家自然安定。"

及至唐代,柳宗元读《国语》,对阳毕的逻辑大为不满。柳宗元提出反驳意见:栾武子弑君的确不假,但当时不去讨伐他,却要隔两代人之后惩罚他的孙儿栾怀子,栾怀子又有何罪呢?栾怀子原本是晋国的一位良大夫,非但无罪,反而于国有功,阳毕却以其祖父的弑君之罪为名而加罪于整个栾氏宗族,将原本为良大夫的栾怀子逼反。晋平公若果真惧祸惩乱,只要增其德而修其政就好,叛贼自然顺服;如果反其道而行,这和叛贼有什么两样呢?何况叛贼的后裔明明无罪啊!(《非国语·逐栾盈》)

对比柳宗元与阳毕的见解,似乎显示出时代向着文明化进步的轨迹,然而事实上柳宗元是古代知识分子当中的异类,他的《非国语》尤不为主流所赏识。直迄明清,家族视角依然没有从人们心中淡化,个人主义的抬头是一个十足的现代性问题。[1]

70

顾炎武《日知录》卷十三有"禁锢奸臣子孙"一条,罗列掌故,如唐太宗下诏,禁锢宇文化及、司马德堪、裴虔通等人的子孙,不许他们做官。至德年间朝廷大赦,唯不赦安禄山党羽及李林甫、杨国忠、王铣的子孙。宋高宗即位,诏令称蔡京、童贯、王黼、朱勔、李彦、梁师成、谭稹皆为误国害民的奸佞,子孙不得做官,章惇的子孙也不可仕于朝廷。明太祖也有诏令,称宋末蒲寿庚、黄万石的子孙不得仕宦。

唐太宗贞观年间,权万纪上奏称宇文智及受隋朝厚恩,却蔑弃君

---

[1] 现代的个人主义世界会很难理解古人的这种观念。可资参照的是,哈耶克描绘过在现代的个人主义的世界里人们对家庭的一种奇怪的矛盾心理:"人们一方面对这个机构表现出敬意,另一方面又不喜欢某人因出生于特殊家庭就享有的特殊利益的事实。很多人似乎都相信:某人所获得的有用品质如果是源于自己的天赋,而其出现的条件又与大家一样,那么这些品质便对社会有益;相反,如果这些品质是源于环境的优越,而其环境又非他人能够企及,那么这些同样的品质就不是那么值得向往了。同样令人难以理解的是:相同的有用品质,若是出于自身的天赋,便大受欢迎;若是出于明智的父母或良好家庭所创造的环境,便价值顿减。"从功利的角度,哈耶克是这样认为的:"其实,我们有更充分的理由认为某些具有社会价值的品质很少是通过一代人获得的,它们往往是经过两代甚至三代人连续不断地努力,才最终形成。这恰恰意味着:一个社会的部分文化遗产,通过家庭能够获得更有效的传播。同意此点,也就无理由否认,如果不把上升限于一代人,如果不故意地使每个人从相同的水平起步,如果不剥夺孩子们从其父母可能提供的较好的教育和物质条件中获益的机会,社会就可能获得更出色的精英人物。不否认这一点只意味着承认:隶属某个家庭也是个人性格的一个组成部分;社会既是由家庭又是由个人构成的,在人们努力追求更美好事物的过程中,家庭内部文化遗产的传播同有益的生理属性的遗传是同等重要的工具。"(英)哈耶克著,杨玉生、冯兴元、陈茅等译,《自由宪章》(中国社会科学出版社,1998年出版),第130—131页。

亲,成为弑杀隋炀帝的首谋,这样的人实属人臣之所同疾、万代之所不原;现在宇文智及的儿子竟然在本朝担任千牛卫,侍奉在陛下左右,请陛下将其屏黜,以为惩戒。权万纪的意见得到批准,若以今天的标准来看,宇文智及之子真可谓遭受了一场无妄之灾。

倘若是柳宗元如此搜罗史料,一定是为了给这些无辜受累的奸臣后裔平反,而顾炎武的用意恰恰相反,他甚至给出了更进一步的建议:以上史料都是中央政府颁布诏令,其实地方政府也应该起而效法,拣选当地的知名奸佞,将他们的名字镌刻在监狱门口的大石上,禁止其后人入仕。九刑不忘,百世难改,这应当就是古代圣王"树之风声"(树立良好的道德风尚)的用意吧。

据此看来,显然《尚书》提出的父子兄弟罪不相及的刑法原则并不符合自然规律。在自然规律里,人天生就是带有原罪或原善的,其滥觞或许是家族余荫,或许是其他什么因素。在古人的主流观念里,父债子偿是一件天经地义的事情。换言之,以社群主义的立场来看,在家族视角之下,父子兄弟罪不相及这样的刑法原则并不公正。即便站在功利主义的立场,以上述方式使人们相信善恶有报,不报在自己身上就报在子孙后代身上,这对于"再使风俗淳"的儒家理想无疑是很有助益的。

那么,恶报既然可以名正言顺地施于子孙后代,善报又为什么不可以呢?得国不正的统治者们可以祭出"逆取顺守"的法宝,过去的一切就依照孔子的教诲"既往不咎"好了,只要自现在以至将来于国于民有利,统治者还是有希望赢取道德合法性的,何况对于其治下的所有人来说,认死理绝不可能有任何好处。逆取顺守的理论加上统治者为自己编织的其他种种合法性神话，使功臣与官僚集团有理由将自己为子孙后代赢得的恩荫与"犹将十世宥之，以劝能者"相提并论。

即便现实一点地认可这样的说法，但是，今人最有可能提出的合理质疑是，无论对于能者、功臣还是整个统治集团，即便可以享受恩荫，但恩荫不必表现为政治特权，完全可以是财富或其他的什么。正如孔子对仲叔于奚救请赏曲县、繁缨所评论的那样，不如多给他一些封邑好了；汉代名臣王吉也曾在奏疏中长篇大论，要求废除当时的恩荫制度，对于外戚及皇帝亲朋好友应当多多赏赐财货，但不要轻易让他们做官。(《汉书·王吉传》)仅仅从治国的功效来看，这样似乎也会更好一点吧？

可资参照的史事是，汉代自景帝时七国之乱后，渐削诸侯之权，"其后诸侯唯得衣食租税，贫者或乘牛车"。(《汉书·高五王传》赞)西汉末年外戚擅权，刘向在一封奏疏里建议罢免外戚的政治职务，代之以优渥的经济待遇，如此则避免了矛盾升级，皇族得以稳固，外戚也可以永保家族和爵禄。(《汉书·楚元王传附刘向传》)

所以魏征后人的一段遭遇是易于被今人理解的：唐宪宗即位时，想要造访开国名臣魏征之家，却惊讶地发现魏征的子孙早已经陷于贫贱，被迫卖掉了祖先故宅，而这座故宅到此时竟然已经几番易手了。名臣之后竟不能保持最基本的祖业，这难免使人唏嘘。

于是平卢节度使李师道——这位一直试图以加剧割据来对抗中央的藩镇大员，奏请朝廷，愿意以自己的钱财赎回魏征故宅，将它还给魏征的后人。宪宗对李师道的一番善意表示嘉许，派宦官梁守谦宣敕，并安排时任翰林学士的白居易撰写回复李师道的诏书。白居易上表反对，认为宪宗没有看清这件事背后的政治含义：赎回故宅，交还魏征子孙，这是一件激励风化的好事，但这个好事只宜由朝廷出面来做，怎能使李师道掠美？再说这座宅邸卖价不高，不如以官钱赎回，让人们知道事出皇恩圣德，岂不是好？（《论魏征旧宅状》，《白居易集》卷五十八）

这件事一方面使人看到仅仅以财富的形式恩典功臣子孙也可以起到激劝风俗的效果，但另一方面也会使人看到：魏征后裔丧失了足以庇身的政治地位，这才无力守护祖业。

古代社会的残酷现实是，没有任何一项利益有资格与政治特权相提并论。任你田连阡陌，富可敌国，统治者要想剥夺你的财产实在是一件过于轻而易举的事情。一个人只要不加入政治集团，不成为统治阶层的一员，那么他当下所享有的任何好处都得不到实质性的保障。并且在官官相护这个官场上永恒的潜规则下，一个人只有晋身于仕途才有望获得官僚集团的庇护，否则的话，谁有足够的动机来施加援手呢？

既然政治权力才是最为宝贵的财富，那么官职就成为最有价值的馈赠，李大亮与张弼的故事将这个道理完美地展现在我们面前。隋朝末年，李大亮被叛军擒获，同时遭擒的其他人全被杀死。叛军首领张弼觉得李大亮并非常人，特地释放了他，还与他定下交谊。后来天下定鼎，李大亮仕途显达，常常念及张弼的恩情，却苦于寻不到恩人来报答。直到唐太宗贞观末年，李大亮在路上偶遇张弼，才知道张弼隐匿了身世，正在新朝担任着将作丞这样一个卑微的职务。

李大亮就在道路中间握着张弼的手，泪下而不能自已，要把自己的全部财产赠给恩人，怎奈张弼推辞不受。李大亮向唐太宗请求："我之所以得到现在的荣华富贵，全是张弼的功劳，乞求陛下降低我的官爵来给张弼升任。"唐太宗于是任张弼为中郎，随即改任为代州都督。(《大唐新语·举贤第十三》)

以公职报答私恩，并且堂而皇之地在朝堂讨论，这在今天看来是不可想象的。这也并非末世之乱征，而是发生于中国历史上最负盛名的贞观之治时期。这类事例在史书中并非少见，原因在于所谓公职并不是真正意义上的公职，既不由公众检选，也不受公众监督，更不对公众负责。在帝王家天下的时代，所谓公职人员，其实质无非是帝王私产的打理者而已。从这个角度出发，对恩荫制度就更加容易理解了。

71

历代恩荫以宋代为最。赵翼《廿二史劄记》有一节专论宋代恩荫之滥，提到当时恩荫最滥时，一人入仕，则其子孙亲族俱可得官，甚至连门客和私人医生都有官做。

这样的乱象当然会激起一些良知之士的不满。宋代学者李觏就抱怨说，一人通籍则旁及兄弟，下至曾孙之子，坐吃国家的好处。久而久之，老百姓的日子越过越难。(《寄上孙安抚书》，《李觏集》卷

二十八）

彼君子兮，不素餐兮。毕竟羊毛出在羊身上，恩荫太滥，就意味着寄生虫太多。这样的特权泛滥现象不仅仅会引起有识之士的道德忧虑，首当其冲倒是功利问题：长此以往，国将不国。

当然，在主流认识里，恩荫本身实有道德依据，如果立国的道德合法性获得了普遍认可，祁奚所谓"犹将十世宥之，以劝能者"的观点无论在道德意义上还是在功利意义上都有着稳固的立足点。而相应的是，如果赏功所针对的是家族而非个人，那么罚过所针对的也应该是家族而非个人——前述禁锢奸臣子孙的事情就是对这个问题的有效说明。

是的，如果先人的亲、能、功等可以荫及家族与子孙的话，那么罪过是不是也应当适用同样的原则呢？也就是说，是否连坐、灭族之类的残忍手段也和"八议"享有同样的道德依据呢？

事实上即便是鼓吹仁政的孔子也提出过支持连坐的主张。在以往被认为是王肃伪作的《孔子家语》里，孔子对弟子冉有如是说："大罪有五种，杀人是最轻的一种。这五种大罪及其相应的惩罚是，逆天地者罪及五世，污蔑周文王、周武王者罪及四世，逆人伦者罪及三世，谋鬼神者罪及二世，杀人者罪及自身。"（《孔子家语·五刑解》）

孔子所提出的前四种大罪的共性，是对社会安定有着广泛而深远的不良影响。这也就意味着，在孔子的刑法观念里，为那些被侮辱与被损害的人寻求正义并不在核心考虑之内，而"维护社会秩序"这样一种完全功利性的考虑才是第一位的。

即便我们在寻求正义的角度来思考连坐的合理性，也会发现，一个人如果可以以功劳荫及子孙，罪过却仅仅及于自身，这显然是不公平的。如果我们允许功劳可以荫及子孙的话，似乎也应该同样使罪过可以殃及子孙。

古人确乎在政治实践当中寻求过这种"公正"，使罪过不但可以殃及子孙，甚至可以殃及祖先。与石碏"以守石氏之祀"相应的是，灭族在古人的观念里不仅意味着绝后，而且意味着绝祀。绝祀是最严重的不孝，因为祖先的灵魂会因为缺少后人的祭祀而陷入"挨饿"的困境。灭族所消灭的不仅是一个家族所有在世成员的肉体，还包括其所有去世祖先的无辜灵魂。所以赏功及于子孙，意味着光宗耀祖，祖先非但会赢得荣誉，而且会一直享受丰盛而不辍的祭祀——通俗言之，就是飘荡在神秘地界的祖先灵魂从此可以吃到更好的伙食了；罚过及于子孙，则意味着祖先的灵魂受到了后人在现实世界中的牵累，因断绝祭祀而或灰飞烟灭，或变为厉鬼在人间作祟不止。[1]

一个家族永远是一个整体，家族中的每一个人向上要对故世已久的祖先负责，向下要对无缘谋面的子孙负责，大家永远荣辱与共。由此而来的道德自豪感与道德负担，都不是个人主义的社会所能轻易理解的。

---

1 《左传·昭公七年》有"鬼有所归，乃不为厉"，《礼记·祭法》有"泰厉""公厉"，郑注谓古代帝王绝后者为泰厉，诸侯绝后者为公厉。

第二章　特权的道德依据　·　277

第三章

叛徒·正义的边界

1

早在两千多年前,柏拉图探讨正义问题,认为国家的边界就是正义的边界。这一观念在西方世界饱受争议地绵延了两千多年,直到历史走入现代。现代性的一项特质是正义的边界超越了国家的边界。以这个标准看,很多现代人其实还是古人,古代儒家却是现代人——他们主张吊民伐罪,认为入侵邪恶国家不仅是一种善行,而且是仁者所必须履行的义务。法家也支持侵略,只是站在不同的出发点上。法家把侵略当成一种为国家排毒养颜的必要行为,认为一国之内总会渐渐积累起一些毒素,若不搞侵略的话,这些毒素就无法排出。至于谁打了第一枪这种问题,对他们而言都不重要。

唯有道义才是首要问题,譬如魏相,汉宣帝朝的一代名相,在一份谏阻讨伐匈奴的奏疏中将军事行动分为五类:其中救乱诛暴者称为义兵,兵义者王;面对敌人的入侵起而反抗的,称为应兵,兵应者胜。(《汉书·魏相传》)这样的观念与今天的战争哲学大异其趣,甚至足以沦为被道义谴责的对象,然而汉宣帝分明采纳了魏相的意见,后世的论史者们也并不觉得这样的意见有任何不妥。

2

《左传·昭公十五年》中，晋国以荀吴为主帅攻打鲜虞一族，军队包围了鼓国。这场战争原本应当轻松结束，因为鼓国有人叛变，要将鼓国交付给晋军。蹊跷的是，面对这样诱人的提议，荀吴竟然不为所动。

晋国军吏无法理解主帅的用意，问道："军队不劳战斗就可以轻易取下城池，何乐而不为呢？"荀吴的理由是："我听叔向说过：'只要统治者的价值观正确，人民就会清楚自己该做什么和不该做什么，这样的话，事情就没有做不成的。'这样想来，如果有人带着我们的城邑叛变，我们会恨得咬牙切齿，那么别人带着城邑向我们叛变，我们为什么就该喜欢？如果我们接受了这些叛徒，等事情结束之后实在没办法处置他们——如果奖赏他们，那就是奖赏我们所厌恶的行为，以后该怎么对待我们所喜爱的行为呢？如果不奖赏他们，那就是失信，失信则无法庇护人民。所以我认为，我们应该有力量就前进，力量不足就后退，量力而行，而不应该因为想得到城邑而接受奸佞，否则我们所损失的会比这一座城邑更多。"

于是，荀吴向鼓国人开诚布公，要他们自行杀掉叛徒，完善守备，准备接受晋军的攻击。

就这样，围城又持续了三个月，终于鼓国有人出城请求投降。

荀吴接待来使，稍稍观察了一下对方的气色，然后说了一句让所有人吃惊的话："看你们的脸色，饭还是都能吃饱的，你们回去吧，好好修缮你们的城墙。"

晋国军吏很有意见："明明有机会得到城邑却弃而不取，只是一味地使人民劳累，使军队疲惫，这难道就是您的事君之道吗？"荀吴却振振有词："没错，这就是我的事君之道。获得一座城邑却鼓励了人民懈怠，要城邑又有什么益处呢？与其得到城邑而换来懈怠，还不如一切维持原样。人民只要沾染了懈怠的习气，国家就不会有好的结果。一个人应当遵循道义，始终如一，有正确而一以贯之的价值观。这样的话，城邑终将被我们得到，人民也会明白道义之所在，而且不会沾染懈怠的习气和背叛的念头，这不是很好吗？"

围城战争就这样继续下去，终于有一天，鼓国人来报告说粮食吃完了，力量也用尽了。就这样，荀吴攻下鼓国，俘获鼓国的国君胜利回师。在这场旷日持久的战争里，晋军居然兵不血刃。

《左传》的这段记载虽然活灵活现，但看上去总嫌有一点不近人情。在这场被人为拉长的攻防战里，鼓国如果真的连一个战死者都没有，显然不算力竭。古人对此也有过合理的怀疑，不过对于我们来说，这倒完全不是重点。[1] 哪怕这段记载全属虚构，但讲述者与评述者在或隐或显中所展示出来的观念才是最要紧的。

---

1 譬如明人姜宝《春秋事义全考》卷十三："李氏私考：左氏载荀吴围鼓，以鼓子鸢鞮归，其事经文所无。晋于鲜虞，伐之又伐，盖本以殄灭为期者也。此皆广地之计，岂有不纳叛、不受降之心者耶？左氏好为迂谈，说盖不足信也。"姜宝很有质疑传统的胆气，他这部书的独到之处在于：在相当程度上否定了微言大义的褒贬，而是认为孔子对周王、鲁公的错误只是直记其非而已。

3

鼓人属于鲜虞一脉,而鲜虞是晋国周边的各类夷狄之一。换言之,鼓人并不在华夏系统之内,对于晋国而言,鼓国是真正意义上的外国。荀吴讨伐鼓国,看上去大有仁义之师的做派,在仁义原则面前对本国人与外国人,对华夏与夷狄,对自己人与敌人,一视同仁。这样的道德标准即便在醇儒看来亦属难能可贵,因为在华夷之辨的大原则里,华夏士人堂而皇之地蔑视夷狄,视之为禽兽之属,不当他们是对等的人类。人类对于禽兽,既可以杀戮,也可以欺诈,人类对禽兽讲仁义正如东郭先生对蛇讲慈悲一样。荀吴之所以没有如宋襄公那般以"蠢猪式的仁义道德"名扬后世,一个很重要的原因就是他最后以仁义赢得了胜利。

当然,这不是最主要的原因。最主要的原因是,荀吴其实并不迂腐,恰恰相反,他是一个很懂得审时度势、奸计百出的人。假如史册对荀吴的记载到此为止,我们或许会相信他的仁义,然而无论是荀吴还是鼓国,在《左传》的后文里都有耐人寻味的后话。

仅在伐鼓之役的两年之后,晋顷公派屠蒯入周,请周天子准许自己派人祭祀洛水与三涂山。听上去这是一个平常且合理的请求,但周室的智者苌弘从中看出了一点异常,于是叮嘱同僚刘子:"我看晋国的客人脸色不善,恐怕是要以祭祀为名去攻打戎人吧?陆浑之戎最近与晋国的对手楚国走得很近,晋国一定是要去攻打他们,您不如借此机会早做部署。"

九月丁卯日,晋国再次以荀吴为主帅,大军从棘津渡河,派祭祀官整备牺牲祭祀洛水,仿佛真的是为了祭祀而来。陆浑之戎因此毫不防备,结果被荀吴打了一个措手不及。周王室因为早有准备,借机捕获了许多逃亡的戎人。(《左传·昭公十七年》)

仅仅两年之隔,晋国主帅荀吴前后判若两人。虽然同样是讨伐戎狄,但前者仁义得近乎迂腐,后者诡诈得近乎狡狯。而事情并非到此终结,又四年之后,鼓人叛晋,复归鲜虞。翌年,荀吴再度伐鼓。这一次伐鼓的手段是,荀吴率军巡行东阳,完全隐藏起真实的军事意图,然后派军队伪装成籴米的人,背着皮甲在昔阳城门外休息,乘机突袭鼓国,一战功成。(《左传·昭公二十二年》)这样的一位荀吴,真让单纯的读者有些看不清了。

宋人吕祖谦分析荀吴前后之异,说真相很可能是这样的:当初围困鼓国,荀吴完全胜券在握,故而示以信义,以博美誉;后来讨伐陆浑之戎,陆浑有强大的楚国作为后盾,再行仁义之师只会自取灭亡,故而改仁义为诈谋。所以可以推知,荀吴的仁义只有在无关利害时才会用到,根本不是发自至诚。假仁假义当然无法服人,所以数年之后鼓人再次叛晋而归附鲜虞。倘使荀吴当初三擒三纵皆出于至诚,则鼓人虽十世也不会叛晋。荀吴二度伐鼓之所以使出诈术,是因为他自己心里清楚,此前的许多信义手段此时此刻已不再行得通了。(《左氏传说》卷十二)

4

儒者在道义上最关注的问题是，孔子对这些事情究竟做出了怎样的评价，给后世传递了怎样的政治信息。当然，这就要从《春秋》的微言大义里去寻找线索了。

宋人胡安国细心对比《春秋》记事的上下文，提出了一个耐人寻味的发现：晋国多次讨伐戎狄，在灭潞氏、甲氏以及两伐鲜虞的时候同样是以大夫为主将，但加以记载的时候称谓竟很不统一，或称人，或称国，或称其名氏，这究竟蕴含着怎样的深意呢？（《胡氏春秋传》卷二十五）

以今天的学术标准来看，《春秋》这些称谓未必真的含有什么微言大义，只是古人笃信于此，所以在《春秋》微妙的措辞变化上投入了极大的热情。胡安国所述之"或称国"，即《春秋·宣公十五年》中"晋师灭赤狄潞氏"，此役晋国以荀林父为主帅；"或称人"，即宣公十六年"晋人灭赤狄甲氏及留吁"，此役晋国以士会为主帅；"或称其名氏"，即昭公十五年"晋荀吴帅师伐鲜虞"，昭公十七年"晋荀吴帅师灭陆浑之戎"，定公四年"晋士鞅、卫孔圉帅师伐鲜虞"，定公五年"晋士鞅帅师围鲜虞"。

胡安国认为，上述种种事件的共同点是，晋国以大夫帅师讨伐戎狄。而看上去属于同样性质的事件，称谓记载上却小有差别，这正是让人耐心揣摩微言大义的地方。细细品味下来，就会发现这些讨伐之战虽然在客观事实上极其相似，主帅的战争动机与作战风格却大有不同，所以《春秋》才以差异化的称谓表达了差异化的道德评价：凡是以消灭对手为目的而毫无恻隐之心的，则称人；凡是见利忘义而以诡计欺诈来赢得胜利的，则称国；凡是以正义之师讨伐敌人而不接纳敌人之叛臣的，则称名氏。[1]

这样看来，《春秋》对荀吴围鼓之战应当是给予褒扬的，但胡安国坚持说，虽然道德评价有别，但称其名氏并非褒扬，而是仅免于贬而已，《春秋》用兵御侮之略尽在于此。（《胡氏春秋传》卷二十五）

胡安国生于南宋，靖康之耻始终不灭在心，所以他在自家的春秋学里特别标榜尊王攘夷，关注"用兵御侮之略"，对《春秋》的解释总是向着驱逐鞑虏、恢复中原的方向靠拢，难免有用力过度之嫌。当然，即便对鞑虏用兵，也要以王者仁心为用——胡安国毕竟是二程的再传弟子，醇儒的严苛心术总是深植于血脉之中的。若当真本于圣学，对荀吴围鼓之战本该加以贬斥才对，终归这是以仁义作为权谋的外衣，是早早就被庄子讥笑过的勾当。诚然，荀吴以正义之师讨伐敌人而不接纳敌人之叛臣，但《春秋》原心定罪，荀吴心术不正而假托仁义，这明明应该受到贬斥才是。所以对胡安国的解说，在这一点上越是深思就越是有捉襟见肘的尴尬。

事实上，要将《春秋》所蕴含的所谓微言大义解释得圆融无碍、

---

[1] 这很难解释荀吴第二次伐鲜虞之战，难免需要以其他理由来圆。

前后自洽，恐怕是任何学者都无能为力的。昭公十二年，《春秋》记载"晋伐鲜虞"，传统上认为称国以伐表示了孔子的贬斥之意，而昭公十五年《春秋》又记"晋荀吴帅师伐鲜虞"，叙事体例变了，意味着孔子对此事不加贬损了，然而后一事至少乍看起来并不比前一事来得高尚。无论如何左思右想，这真是难以自圆其说啊。

历代春秋学者在处理这一矛盾的时候，大多都与胡安国同一思路，即认为孔子的前后用语只显示出贬与无贬之别，而无贬不等于褒。然而在这同一种解读之下，也存在着不同的理解。值得参照的北宋学者赵鹏飞的解读：之所以昭公十二年晋伐鲜虞，孔子书晋以示贬，昭公十五年荀吴伐鲜虞反而无贬，是因为边患不可不除，加以讨伐完全是应该的，只是要看讨伐之师义与不义罢了。之前楚国刚刚灭掉陈国和蔡国，晋国对此不闻不问，无缘无故地去伐鲜虞，所以孔子贬之；后来中原地区稍稍整肃，鲜虞邻近晋国，有可能威胁到了晋国，所以荀吴才帅师征伐，与前者性质不同。之所以孔子并不褒扬荀吴，是因为自襄公、昭公以来，大夫每每擅自兴兵，只为自己建功立业，荀吴也不例外，并不值得褒扬。（《春秋经筌》卷十三）这就意味着，维系华夏同盟是第一位的事情，消除夷狄威胁是第二位的事情。

赵鹏飞有一句话略欠斟酌，即鲜虞"有可能威胁到了晋国"。其实对于鲜虞是否真的做了什么威胁晋国的举动，《左传》完全没有明文交代。明代大儒湛若水抓住了这个破绽：荀吴不纳叛，不急利，确实不错，但问题在于所谓征伐是要施加于有罪者的，鲜虞无罪而遭征伐，只能说明荀吴的军队从一开始就属于不义之师。以不义之

师而不纳叛、不急利,正如扭着兄长的胳膊来抢夺食物,只是抢得温柔一点而已。(《春秋正传》卷三十一)[1]

结合赵鹏飞、胡安国与湛若水的意见,我们会发现无论孔子有没有真的给出过什么微言大义,无论荀吴围攻鼓国时究竟怀有怎样的用心,无论仁义是否被荀吴当成了权谋的外衣,但只要荀吴所率领的是一支吊民伐罪的正义之师,那么有一点就是毋庸置疑的,即荀吴伐鼓就其军事过程本身来看,确实有仁有义,符合正道。换言之,荀吴拒绝接纳鼓国的叛徒,拒绝接受鼓国在力未尽、粮未竭的情况下投降,把一场本来可以不战而屈人之兵的轻松胜利变成一场旷日持久的围城战争,这非但一点都不迂腐,反而是值得大力褒奖的。倘使荀吴的事迹只留下围鼓这一件事情的记载,哪怕将他奉为圣贤都不为过。

5

今人最难接受的恐怕就是荀吴拒纳鼓国叛徒一事了。所谓敌人的敌人就是我们的朋友,这已经成为众所周知的道理;优待叛徒以鼓励更多的人从敌人阵营里叛变,这也是一项早已获得无数人认可的经典策略。这当然都是出自功利主义的实用考虑,违背了古之君子

---

[1] 这个比喻出自《孟子·告子下》:"紾兄之臂而夺之食,则得食;不紾,则不得食,则将紾之乎?逾东家墙而搂其处子,则得妻;不搂,则不得妻,则将搂之乎?"

坚定的原则性操守；而即便仅仅站在功利主义的立场，古之君子也会认为这样的道理和策略简直就是鼠目寸光。

是的，这确实可以取得一时之收效，但也同时播下了危机的种子。君子之德风，小人之德草，君子越是自矜身份，越是富于社会责任感，就越是会注意自己的一言一行对社会风气可能造成的潜在影响。从这层意义上说，叛徒就是叛徒，敌人阵营里的叛徒当然也是叛徒，卖国求荣或卖主求荣的行为理应受到天下人一致的痛恨。如果奖励了敌人阵营里的叛徒，就等于向全社会发出了这样一个信号：叛变这种事对当事人是大有好处的，只要他能够成功叛逃到恰当的阵营里去。

于是，叛变是否可取就变成了一件能够以成败论英雄的事情：失败的叛徒是可耻的，敌人对你的遭际无动于衷，因为你并没有给他们带来实际的利益；曾经的自己人对你恨之入骨，因为你本应是他们当中的忠诚一员，受到他们毫无保留的信任，和他们同甘苦、共患难，可你竟然恬不知耻地变节投敌，出卖了所有这些对你好、对你不加提防的人，这实在是不可饶恕的。然而成功的叛徒纵然不至于趾高气扬，至少也会受到相当程度的认同——从只受到自己阵营的认同转变为只受到对立阵营的认同，也就是说，无论你叛变与否，都有且只有一个阵营认同你。

一旦上述观念在社会上生根发芽，那么只要稍稍有一点风吹草动就会使人心思变。奖励叛徒意味着认可叛变这种行为，君子需要使全社会知道的是，叛变就其行为本身来说就是错误的、可耻的，是应被唾弃而不值得效仿的，叛变行为的可耻性不因为叛变者所处以及所投奔的阵营的不同而发生改变,亦不因为叛变者的成功与否而发生改变。一言以蔽之,叛变就是叛变,无论是我们的人向敌人叛变,还是敌人的人向我们叛变,两者同样不能被我们所容忍。不接受敌方的叛徒,就等于不向自己的国内散布一种不良的道德风气。长远利益与眼前利益孰轻孰重,古之君子往往都是倾向于前者的。

汉景帝朝,匈奴王唯徐庐等五人投降汉朝,景帝准备赐之侯爵之位以吸引更多的降者。丞相周亚夫劝阻道:"这些人背叛主君投降陛下,陛下如果赐予侯爵,以后又该如何处置那些不守节的臣子呢?"无奈景帝还是采取了急功近利的办法,周亚夫便依据惯例称病辞职。(《汉书·周勃传附周亚夫传》)

周亚夫并非迂腐儒生,而是平定了七国之乱的一代名将。在实干家看来,招降纳叛是否违反了什么虚幻的正义原则倒是无足轻重的事情,重要的是,它会招致很实际的现实危害。所以,任何一个实干家只要稍稍明智一点并且稍稍多一点社会经验的话,就能够很轻易地从功利主义的角度赞同那种拒赏降者的政治策略。换言之,这并不需要任何一点点的理论素养。只是"二鸟在林不如一鸟在手"也是一种相当经典的决策模式,短期利益的诱惑是如此之大,以至于"再使风俗淳"这类过于耗时耗力的追求一再被置诸脑后。而事实上,在竞争激烈的环境里,人们也确实没有足够的时间和耐心来考虑什么长治久安之策。

6

隋唐之际,群雄逐鹿,窦建德在赵州战役中擒获了唐营的两名主将,打算杀了他们。国子祭酒凌敬规劝道:"人臣各为其主,这两名唐将坚守城池,不肯向我们投降,是忠臣的典范。大王如果杀掉他们,用什么来激励部下呢?"窦建德愤愤答道:"我来到城下,他们非但不降,反而拼死作战,力尽之后才被擒获,我怎能放过他们?!"凌敬道:"不久之前您派大将高士兴在易水迎战罗艺,可罗艺才到,高士兴就投降了,大王您认为怎样?"窦建德恍然大悟,立即下令释放唐将。(《通鉴》卷一百八十七)

似乎自此以后,窦建德将凌敬的这条意见当作了一项基本原则,很有意识地将之贯彻到政治、军事的方方面面。就在同年稍晚,唐滑州刺史王轨的奴仆杀死主人,带着首级投奔窦建德。窦建德说:"奴仆杀主,大逆不道,我不能接受这样的投降者。"于是下令将这名奴仆处斩,并派人将王轨的首级送回滑州。群龙无首的滑州百姓大受感动,当日请降,就连附近州县也纷纷闻风而降。(《通鉴》卷一百八十七)与之相对的是,仅仅一年之后,窦建德属下的共州县令唐纲杀死刺史,以共州降唐。(《通鉴》卷一百八十八)史书并未记载这位以下犯上的唐县令有何下场,但似乎李唐政权欣然接受了他,这也并不妨碍李唐政权成为最后的赢家并跻身华夏帝系之正统。

在群雄以智力相角逐的时代,"仁者无敌"毕竟只是一个美丽的传说。施行王道如同酿酒,需要有严苛的条件和漫长的时间来缓缓发酵,但现实状况往往既备不齐那么多的条件,也等不及那么长的时间,一切都要追求权变与速效。假如在凌敬劝谏的时候,朱元璋可以跨越时空给出一些经验之谈的话,他会以权变与速效的办法达到同样的目的:凡领军在外者,家属一律扣为人质。

仁义之道终于没能成就窦建德的逐鹿大业。武德四年,唐高祖征召窦建德旧将范愿等人,这些失势豪杰不禁满腹狐疑,私下商议道:"王世充以洛阳降唐,他手下将相段达、单雄信等人都被满门抄斩,我们如果应召去了长安,肯定也逃不脱同样的下场。自大业十年以来,我们这些人身经百战,能活到现在已属侥幸,为什么还要吝惜余生而不敢再干一番大事呢?况且夏王(窦建德)当初抓住唐淮安王李神通,以客礼相待,但唐军抓到夏王却马上处斩。我辈受夏王厚待,现在不替他报仇,以后有什么脸面见天下之人?"范愿等人于是策划反叛,推举刘黑闼为首,从此掀起一番浩瀚波澜。(《通鉴》卷一百八十九)

至此反观吕祖谦对荀吴伐鼓的议论,会觉得相当贴合人情世故,如果真的在意胜利的话,那么当胜券在握时不妨好整以暇,显示仁义;在胜负未卜时还是要果断地抛弃仁义,改行诈谋。当然,坚持原则的人最看不惯这样过于现实的价值观。如果我们以荀吴故事的《淮南子》版本作为参照,就会发现原则与功利的冲突比之前所展现的还要大些。

7

《淮南子·人间训》也记有荀吴伐鼓的故事，只是内容略有不同。《淮南子》并非史书，采纳史事只是为了以历史事件阐明政治哲学上的一些原则，而这里所要阐明的原则就是"贤主不苟得，忠臣不苟利"。作者为此举了两则事例，第一则就是荀吴伐鼓的经过。

在这个版本里，荀吴攻打鼓国，战而未胜，晋人馈闻伦提议说："我认识鼓国的啬夫，我有办法不劳烦军队就拿下鼓国。"荀吴却不同意，在面对左右的质疑时这样解释说："馈闻伦是个奸佞小人，如果让他兵不血刃地拿下鼓国，我该不该论功行赏呢？如果颁赏，就等于使佞人得志，而我国的士大夫也就会因为他的受赏而舍仁用佞。这样一来，纵是取得了鼓国，对我们又有什么好处呢？"

《淮南子》对此有评论说，攻城是为了拓展疆域，之所以有开疆拓土的机会却弃而不取，是因为见其本而知其末。

《淮南子》所展现的故事版本的道德严苛性比《左传》的记载更有甚之。"兵者，诡道也"，这是《孙子兵法》最著名的一句，也是一切兵法中最核心的命题之一。荀吴之所以舍诡而用正，是因为顾及军事行动会对国家内政产生的影响，换言之，对外战争其实也是内政的一部分，对敌人行诡道虽然可以轻易达到军事意图，却大有败坏国内道德风气的危险。风俗，或者说一个国家的精神面貌，是毋庸置疑的立国之本，绝对不容败坏。在这种时候，就不必在意什么"不可因人废言，亦不可因言废人"的道理了。

《淮南子》列举的第二则事例是弦高犒秦师的故事：秦穆公派出奇兵偷袭郑国，途中被正在国外做生意的郑国商人弦高窥破用心。弦高假扮成郑国使者，以十二头牛犒劳秦师，使秦师主帅误认为郑国已有准备，从而打消了袭郑之想。此事亦载于《左传·僖公三十三年》，而《淮南子》的版本还有后文：弦高巧计退秦师，为郑国免除了一场灭顶之灾，这样的功劳理应受到重赏，而弦高执意辞谢道："如果我因欺诈的手段而受赏，郑国的信誉就会败坏。因为赏我一人而败坏整个郑国的风气，这不是仁者该做的；因欺诈而得到重赏，这不是义者该做的。"于是弦高举家迁往东夷，终身不再返回郑国。《淮南子》于此评论说，仁者不以私欲损害天性，智者不因利益败坏道义。圣人深谋远虑，愚者鼠目寸光。

《淮南子》没有讲的是，假如弦高不用诈术，假如郑国堂堂正正地迎击秦国的进攻，是不是就真的符合了道义呢？以国力对比来看，郑国迎击秦国，胜算实在渺茫得很，那么在这种情形下，君子是否还应该一味地坚守原则，宁肯以国破家亡为代价呢？

假如《淮南子》当真采取原则至上的立场，显然合乎逻辑的结论就是荀吴可以败，郑国可以亡，只有道义不可以有一丝一毫的妥协。但《淮南子》分明全从功利着眼，之所以推崇荀吴和弦高的做法，仅仅是因为这样的做法以牺牲短期利益为代价，却换取了国家的长远利益。于是在功利主义的立场上，《淮南子》的逻辑就不那么令人信服了：如果不以诡道用兵便有亡国灭种的危险，而一旦亡国灭种，一切长远利益就无从谈起，那么保障短期利益的行为难道不是更加符合长远利益吗？这种时候如果还坚持正而不谲的仁义之道，那就是真正意义上的迂腐了。

所以也有儒者——尽管是少数派——提出了和醇儒君子们相反却更接近现代思维的看法。譬如明人卓尔康认为：用兵之道在于奇正相辅而以奇为贵，荀吴围鼓之战虽然被君子们以为美谈，实则与宋襄公一般迂腐。(《春秋辨义》卷二十四）但是，当我们沿着这个思路推进下去，自然就会遇到这样一个问题：只要可以免于亡国灭种，是否任何在平日看来极度不道德的行为也都是可以的。换言之，只要利益足够巨大，是否任何原则都是可以抛弃的。

唐高祖武德二年，北突厥使者来到长安，请求唐朝杀掉曷娑那可汗。事情的起因是，曷娑那本是西突厥可汗，只是早已失势，一直寄居在长安，没想到势力强大的北突厥到底不容他活下去。于是，在北突厥使者面前，唐高祖李渊要解决这样一个政治与道德的难题：从道德上讲，曷娑那于唐无罪，杀他纯属滥杀无辜；从功利上讲，曷娑那人单势孤，得罪得起，北突厥却兵强马壮，完全得罪不起。

李渊毕竟要维持一点天子所应有的道义形象，准备拒绝北突厥的请求，而群臣一致站在功利角度反对说："保护了一个人，却得罪了一个国家，今后必有大祸。"只有李世民站在道德角度，看法与大家相反："人家是在穷途末路的时候投奔我们的，杀之不义。"李渊迟疑了许久，终于功利战胜了道义，招待了曷娑那一顿酒宴，然后把他送交中书省，听任北突厥的使者将他杀死。(《通鉴》卷一百八十七）

仅在前一年,即唐高祖武德元年,曷娑那可汗降唐,受封为归义王。曷娑那并非叛突厥而降唐,而是早在隋朝时便已落难,归降了隋炀帝,在炀帝被弑之后又归降宇文化及,再从宇文化及处归降李渊。曷娑那向李渊献上大颗珍珠,李渊不收,理由是:"珍珠确实是罕见的宝物,但朕所珍视的是你的赤胆忠心。"(《通鉴》卷一百八十六)时隔一年,言犹在耳,曷娑那的赤胆忠心终于只换来了见风使舵,"归义王"这个响当当的名号竟然变成了赤裸裸的讽刺。

在现代的民主逻辑里,李渊的做法是绝对不可取的。现代民主不是简单的少数服从多数,因为多数原本就人多势众,天然就能够以多欺少,用不着特意在制度上规定出少数人对多数人有服从的义务。与古代民主不同的是,现代民主反而特别保护少数派,其理由并不高尚,全然是功利性的:社会问题无穷无尽,你在甲问题上属于多数派,也许在乙问题上就属于少数派,换言之,任何人永远都存在着在某个社会问题上不幸沦为少数派的风险,所以,只要明白这个简单的道理,那么仅仅出于自保,人们也会高度一致地赞同对少数派的保护性政策。具体到曷娑那可汗的问题,如果那些齐声喊杀的大唐群臣能够有一点现代民主的基本素养的话,难免不会出现人人自危的情况:既然今天迫于北突厥的压力,可以让曷娑那可汗无辜送死,会不会明天又迫于什么压力,或者是出于对多数人利益的保护,把我推到曷娑那的处境中去呢?李渊如果也考虑到这一层的话,那么为了保持帝国的凝聚力,会不会做出不同的选择呢?

然而在崇尚风俗划一的古代,这样的担忧近乎于杞人忧天。沦为少数派只是小概率事件罢了,而任何一个理智清明的人,即便不具备任何概率知识，也晓得小概率事件在制定决策的时候是不应当予以考虑的。为成大事而不拘小节，这也是英雄豪杰们的惯常心理。而所谓小节，只是相对大事而言，有时候未必真的很小。

8

　　曷娑那可汗的确是个无足轻重的小人物，而大人物也有可能因为命运的舛误或人心的诡谲而陷入同样的境地。唐贞观四年，突厥颉利可汗在一次兵败之后，派人向唐太宗请降，表示了倾国归附大唐的至少在表面看来非常诚恳的意愿。太宗派鸿胪寺卿唐俭等人回访颉利，表示抚慰，又派李靖领兵迎接颉利来归。李靖一行途中与李勣会合，两位名将相互谋划道："颉利虽然兵败，实力依然不容小觑，如果他率部越过大漠去投靠敕勒九姓，我们定然难以追击。现在朝廷使节已经到了突厥营地，颉利可汗一定会放松警惕，我们只消以一万精骑带着二十天的粮草奔袭突厥大营，就可以轻而易举地生擒颉利。"

　　两人将计谋与张公瑾商议，张公瑾说："圣上已经下诏接受颉利投降，我朝使者就在对方的大营里，怎能就这样进攻呢？"李靖不以为然："这是当年韩信破齐的办法，唐俭等人不值得顾惜！"于是李靖与李勣维持原案，果然打了突厥一个措手不及，而唐俭竟然意外脱身，使唐军的胜利更显得无瑕无疵。（《通鉴》卷一百九十三）

被李靖和李勣毫不顾惜的这位唐俭并非无名之辈,他对李渊有过救驾大功,是图于凌烟阁的开国元勋之一。看来只要利益够大,大人物也不免沦为弃子。事后,李靖和李勣并未因唐俭一事受到任何追究,唐俭则似乎因为这次的遭遇而转变了人生观,常常邀集亲朋好友纵酒娱乐,对公务消极懈怠,毫不上心。(《旧唐书·唐俭传》)至于这件事究竟会在唐代一众朝臣心中散布如何的影响,会激励多少人效法李靖与李勣宁可牺牲同僚以建大功,又会有多少人因此心寒,采取明哲保身、消极退守的仕途策略,实在是大堪玩味的。

9

孟子为仁君给出过这样一个似嫌过苛的标准:"行一不义,杀一不辜,而得天下,皆不为也。"(《孟子·公孙丑上》)照这样的标准,简直没有哪个朝代真正拥有过合乎道德的立国依据。要得天下,难免要做一些不义之事,难免要杀一些无辜之人。如果在道义上可以有所辩解的话,那么行那些不义之事与杀那些无辜之人都无非是某些人为了达到更高的善而必须承受的一点阵痛,或必须付出的一点代价。这也就意味着,在道义上,作恶可以成为行善的必要手段,只要其结果是善大于恶。

当然,除非在佛教的理论系统之内,否则善与恶都是无法量化的东西。行一百件不义之事,杀一百万无辜之人,从而使天下万民得享大治，前者之恶与后者之善究竟孰大孰小，这实在是很难衡量的事情。无论如何，死去的无辜者已经没有发言权了。从这层意义来看，不仅历史是胜利者书写的，道德在相当程度上也是胜利者书写的，至少也是胜利者与幸存者共同书写的。

另一方面，孟子的标准虽然严苛，但仍然不失为君子切实可行的行为准则。原因无他，孟子是从盈利的角度做出描述的。但只要我们不怀有"得天下"这种无法遏制的雄心壮志，只要我们不对这个目标孜孜以求，总还是可以要求自己不行一件不义之事、不杀一个无辜之人。如果沿着孟子的思路，却不从盈利而从损失的角度重新表述这个命题，那就会真的有点令人为难了：如果不行一件不义之事、不杀一个无辜之人，我们就会亡国灭种，在这种极端情形下，究竟怎样做才是对的呢？

古罗马有一个故事：有神祇说必须派出使者，杀掉沿途遇到的第一个婴儿，才能够使城邦免于灭亡。一行使者因此上路，彼此约定绝不可心慈手软。在一户人家歇脚时，他们终于遇到了这个为命运所诅咒的婴儿，救亡图存就在此刻。一名使者抱起婴儿，却终于狠不下心，便将婴儿递给同伴，同伴却同样狠不下心。就这样，小婴儿在所有使者的怀抱里转了一圈，使者们面面相觑，终于一起告辞离开了。故事的结局是美好的：神祇被感动，使这座城邦免于灾难。

但是，假如没有这个颇显突兀的光明的尾巴，祖国与所有同胞因为这几名使者的妇人之仁而遭受灭顶之灾，那么我们该如何领会这个故事所蕴含的道德意义呢？——功利主义者会说："道德是源于人的，人都灭绝了，还哪里有道德可谈？所以人的生存理应排在所有道德谱系的第一位。"这也就意味着，假如我们只有遵循弱肉强食的原则才能生存的话，那么弱肉强食就是第一位的道德原则，只有弱肉强食的生活方式才是最符合道义的生活方式。当然，原则主义者一定不会赞同。设若孟子生活在这样的一个世界里，他也许宁愿亡国灭种吧？鱼与熊掌不可得兼，则舍鱼而取熊掌；生与义不可得兼，则舍生而取义。

是的，孟子确实讲过舍生取义的道理，但功利主义者最有可能的反驳是，如果为了义而舍弃的不是自己的生，而是全人类的生，这究竟还算不算取义呢？——这项反驳基于利与义的共性：义在很多时候也包含利，只不过它所强调的是公利罢了。再者如《国语·周语》中，富辰劝谏周襄王，批评后者的行为不义。富辰如此解释不义的坏处："义是用来生利的，若所行不义，则利益不丰。"在这样的逻辑里，所谓义，并非什么至高无上的伦理原则，而仅仅是为了获利而必须采取的一种手段罢了。富辰之所以能够毫不汗颜地论述这样的道理，原因仅仅在于这里所谓的利，不是私利，而是公利。

义利之争实质上往往就是私利与公利之争。平民社会有一种相当普遍而略嫌自相矛盾的观念：为了私利而侵夺他人是可耻的，为了公利而损害私利却可以理直气壮。君子之所以强调原则的重要性，之所以不肯为了利益而放弃原则，深究起来的话，所有这些原则有哪个不是以利益为导向呢？只不过导向的是深层与长远的利益罢了。照此说来，设若在某些极端情况下，对原则的坚守会导致任何利益——包括一切深层与长远的利益——通通丧失的话，那么这样的坚守是不是为了手段而放弃了目的呢？换言之，这样一种坚持原则的高尚者，是不是因为在义的旅途中走得太久而忘记了旅行的目的呢？

在公利的角度上，设若"公"所包含的所有的"私"一致发出慷慨赴死的声音，那么就连功利主义者也没理由否定这样的舍生取义的行为。晚清留学生陈天华曾惊讶地发现日本正处在这样的一种骇人状态——他在《警世钟》里如此叙述日俄战争："日本的国民，现在力逼政府和俄国开战，那国民说道，就是战了不胜，日本人都死了，也留得一个大日本的国魂在世；不然，这时候不战，中国亡了，日本也要亡的。早迟总是一死，不如在今日死了。政府又说没有军饷，和俄国开不得战。日本人民皆愿身自当兵，不领粮饷。战书既下，全国开了一个大会，说国是一定要亡的，但要做如何亡法方好；人人战死，不留一个，那就是一个好法子了。所以日本预存这个心，极危险的事毫不在意。俄人把守旅顺口、九连城一带如铁桶一般，都被日本打破。"

当然，也许陈天华天真地高估了日本国民呼声的一致性，也许出于激励同胞的目的而夸大了日本人的无畏情操，但无论如何，在他的叙述里透露出这样一种价值趋向：对亡国灭种的担忧不足以成为终极的道德依据。"知其不可而为之"这样的儒家原则不仅适用于个人，同样适用于群体。

10

《左传·襄公二十一年》中,邾国大夫庶其带着漆、闾丘两座城邑叛逃鲁国,鲁国执政大臣季武子非常高兴,不但把鲁襄公的姑母嫁给了他,使他一举跃升为显赫国戚,对他的随行人员也大加赏赐。

当时鲁国多有盗贼,季武子责备司寇臧武仲说:"封锁边境,惩办盗贼,这又不是什么难事。这是你的职责所在,为什么做不好?"臧武仲答道:"您作为国家正卿,招引来外国大盗,给予大大的礼遇,却让我惩治国内的盗贼,我怎么可能办得好?!庶其在邾国窃取城邑来到我国,您把国君的姑母嫁给他为妻,为他安排城邑居住,对他的随从大加赏赐。您对大盗给予大赏,对小盗给予小赏,一边奖赏盗贼,一边要求除掉盗贼,这恐怕是很难办的。我听说身居高位的人应当洗涤内心,诚挚待人,行为合乎法度,而后才可以治理人民。统治者是万民的榜样,他们的所作所为总会为百姓所效仿。……"

这件事看上去和荀吴伐鼓的事件大有异曲同工之妙,但值得格外留意的是,《春秋》记载此事,原文为"邾庶其以漆、闾丘来奔"。《左传》特别给出解释说:庶其非卿,只是普通大夫,若依照惯例,《春秋》不会记载他的姓名,而之所以记载下来,是因为他带着土地投奔鲁国——出于对土地的重视，哪怕庶其身份不高，也一定要将其记录在案。

庶其奔鲁的三年之后，齐国大夫乌馀带着城邑廪丘叛逃到了晋国，继而又攻占了卫国的羊角、鲁国的高鱼以及宋国的某座城邑。在当时的国际社会里，乌馀显然成为最犯众怒的人，但适逢晋国执政大夫范宣子去世，诸侯没有力量来制裁乌馀。一直等到两年之后，晋国新任的执政大夫赵文子才开始准备对乌馀施加惩治。赵文子向晋平公说："晋国作为诸侯盟主，有着维护国际秩序的义务。诸侯中若有人侵犯别人，我们应当出兵讨伐，逼他退还侵吞的土地。乌馀就属于该被讨伐的那类人，我们却贪图他的城邑而收留他，这哪还有一点盟主的样子呢？"晋平公表示赞同，把事情交给胥梁带来办。（《左传·襄公二十六年》）

翌年，胥梁带以诈术擒获乌馀，将其侵占的土地全部归还原主，诸侯因此顺服晋国。（《左传·襄公二十七年》）

11

《春秋·昭公五年》中，莒国大夫牟夷带着牟娄及防、兹三地归附鲁国。据《左传》的阐释，牟夷非卿，《春秋》之所以记下他的名字仅仅是出于对土地的重视。

鲁国接受牟夷，这当然引起了莒国的不满，后者于是请盟主晋国帮自己讨还公道。当时鲁昭公恰好在晋国做外交访问，晋君便想将他扣留下来，范献子劝谏说："不可以这样，因为这会显得我们晋国在诱骗鲁君。鲁国做错了事，我们晋国作为盟主，应当堂堂正正地出兵讨伐，而如果以诱骗的手段扣留人家的国君，这是懒惰怠慢之举，不是盟主应该做的。我建议使鲁君归国，我们等闲暇时再兴兵问罪。"

《春秋·昭公三十一年》中，邾国大夫黑肱以滥地投奔鲁国，《左传》因此记录了一段文采斐然的君子之言，这也是《左传》对所有同类事件给出的一个总结性的评述：

> 冬，邾黑肱以滥来奔，贱而书名，重地故也。君子曰："名之不可不慎也如是。夫有所有名，而不如其已。以地叛，虽贱，必书地，以名其人，终为不义，弗可灭已。是故君子动则思礼，行则思义，不为利回，不为义疚。或求名而不得，或欲盖而名章，惩不义也。齐豹为卫司寇，守嗣大夫，作而不义，其书为'盗'。邾庶其、莒牟夷、邾黑肱以土地出，求食而已，不求其名，贱而必书。此二物者，所以惩肆而去贪也。若艰难其身，以险危大人，而有名章彻，攻难之士，将奔走之。若窃邑叛君，以徼大利而无名，贪冒之民，将置力焉。是以《春秋》书齐豹曰'盗'，三叛人名，以惩不义，数恶无礼，其善志也。故曰，《春秋》之称微而显，婉而辨。上之人能使昭明，善人劝焉，淫人惧焉，是以君子贵之。"

这段话强调了《春秋》对"名"的重视，大意有三：

（1）邾庶其、莒牟夷、邾黑肱，这三个人都是带着土地投奔外国，只求富贵，不愿扬名，但《春秋》偏偏不顾他们身份的低贱而记下他们的姓名，使他们遗臭万年。因为若不如此的话，贪婪之人就会起而效仿，毫不担心自己会遭到千夫所指。

（2）卫国司寇齐豹地位高贵，杀害卫侯之兄以冀勇者之名，但《春秋》偏偏将这件事记载为"盗杀卫侯之兄絷"，抹去了齐豹的名字，刻意使他默默无闻。因为若不如此的话，那些犯上作乱的人就会起而效仿，希望借此来显扬自己的名声。

（3）所以说《春秋》对名号的记载极其慎重，其中大有深意，有惩恶扬善的功效，所以才为君子所珍视。[1]

平民社会很难接受这样的价值观，因为站在鲁国的立场上，完全可以将外国那些带着土地前来叛降的行为称作"起义"，将国内的叛变行为称作"叛逃"。儒家的正名原则在这里可以发挥出异乎寻常的功效，只要将自己打扮为正义的化身，将对手渲染为邪恶势力就可以了。

当然，技术无立场，这是一种双方都可以采用的方法，就看谁能够占据先机了。譬如楚汉相争，很难说清究竟是谁站在了正义的一方，但刘邦率先抢夺到正义的旗帜。《汉书·高帝纪》中，刘邦军至洛阳时，董公拦路劝谏说："臣听说'顺德者昌，逆德者亡'，'兵出无名，事故不成'，所以说先要指明敌人是逆贼，才方便征服他们。

---

[1] 类似事件还可参考《左传·文公十二年》："十二年春，郕伯卒，郕人立君。大子以夫钟与郕邽来奔。公以诸侯逆之，非礼也。故书曰：'郕伯来奔。'不书地，尊诸侯也。"

项羽无道,杀死义帝,实为天下之贼,您应当率领三军将士为义帝服丧,同时宣谕诸侯,您是为了这个缘故才东伐项羽的。这样的话,四海之内都将仰慕您的德行。上古三王就是这样打仗的。"

再如南北朝这样统绪无章的时代,更难说清究竟谁才是正统,所以自立正统显得尤其必要。北魏在首都洛阳专门设有四馆四里,名号相当讲究:有自南朝来降者,处金陵馆,三年之后赐宅归正里;自北夷来降者,处燕然馆,赐宅归德里;自东夷来降者,处扶桑馆,赐宅慕化里;自西夷来降者,处崦嵫馆,赐宅慕义里。(《洛阳伽蓝记》卷三)看来只要自说自话地占据意识形态的制高点,这实在是一种太容易解决问题的办法。这种名词戏法对头脑简单的人来说足够言之成理,对于功利主义者来说,这也可以成为一个普世标准,即任何一个群体都应当站在自身利益的基础上判断何为起义、何为叛逃——换言之,评价某行为属于起义抑或叛逃的唯一标准仅仅取决于你是站在被背叛的一方还是站在被投奔的一方。当然,这样的价值标准在贵族社会里是很受鄙薄的,只不过集体利益至上与原则至上这一对矛盾有时候即便是古之君子也很难给出自洽的解决方案。

《左传·哀公十四年》中,小邾国一名叫作射的大夫带着句绎的土地投奔鲁国。照例射要与鲁国的执政者歃血为盟,但也许是出于对鲁国执政者的不信任,射提出了一个新颖的方案:"请派子路来和我订约。只要有子路的许诺,盟誓就不必举行了。"鲁国便派子路前去订约,没想到子路拒绝了。鲁国执政大夫季康子派子路的同学冉有向子路转达:"人家不相信鲁国的国家信用,只相信你子路的个人信用,这对你是何等荣耀的事情!你究竟有什么顾虑呢?"子路答道:"如果鲁国与小邾国作战,那么我不会去问战事的原委,只会一心作战,哪怕死在对方的城下。然而射做的是不臣之事,如果我去和他订约,那不就等于我将不臣之事认可为义举吗?这种事情,我是不能去做的。"

子路是孔子的高足,《论语·颜渊》有所谓"子路无宿诺",可见他当时很以诚信著称。耐人寻味的是,子路的这番言辞在逻辑上并不能够自洽——如果为国作战乃至牺牲应当义无反顾而不问青红皂白的话,显然意味着无论战争是正义或非正义都无关紧要,个人对国家有无条件服从的义务;如果这个理由成立的话,对于订约之事又为什么不可以无条件服从呢?换言之,如果子路是出于正义性的考虑而拒绝与射订约,难道不应当出于同样的考虑而拒绝参加鲁国对邾国所可能发动的任何非正义的战争吗?

12

叛徒当然不可一概而论,但议论的标准仍然基于普世价值。

《左传·文公十四年》中,宋国边区的地方官高哀忽然被宋昭公提拔为卿。令人意外的是,高哀放弃了这个一步登天的机会,他认为宋昭公是个不义之君,不愿在他的朝廷里做事,于是放弃卿位,逃出宋国,寄居于鲁国。《春秋》如此记述此事:"宋子哀来奔。"子哀是高哀的字,《春秋》对逃亡大夫例称其名,这里之所以称字而不称名,经学家认为这是对高哀之举表示赞许。

对于宋国而言,高哀无疑是一名叛徒,而且是高级叛徒,但因为他的叛逃是出于道义方面的考虑,所以反而受到了《春秋》的嘉许。这同样意味着某种单一而普世的价值标准高于国家主权。更有甚者,《左传·僖公二十八年》中,晋文公讨伐曹国,在攻入国都之后公开宣布曹共公的罪状,其中最重要的一条就是"不重用贤臣僖负羁,却任用了多达三百名的无能大夫"。我们且不论晋文公伐曹的真实意图,至少从这条史料来看,这个显然在今天看来纯属过度干涉主权的理由在当时是能够以义正词严的姿态公之于众的。

无论如何,在春秋时代的贵族传统里,"天下之恶一也"(《左传·庄公十二年》石祁子语),"臣无二心,天之制也"(《左传·庄公十四年》原繁语),"夫不令之臣,天下之所恶也"(《左传·定公十一年》叔武语),都被认为是普世的价值标准,不应因为立场的不同而改变。而当这样的价值标准成为一个人自动自发的反应模式之后,确实也难免产生一些看似迂腐的举动。

《左传·成公二年》中,这一年爆发了春秋史上著名的鞌之战。晋国一方,以晋国为主,郤克任统帅,有鲁国、卫国、曹国和狄人加盟;齐国一方,齐顷公亲任统帅,邴夏为齐顷公驾驶战车,逢丑父担任车右,即齐顷公的贴身护卫。这一战齐军大败,晋军追赶齐军,绕着华不注山足足跑了三圈。晋国大夫韩厥亲自驾车,牢牢地咬住齐顷公不放。邴夏对齐顷公说:"射那个驾车的,他是个君子。"谁知齐顷公在这样的危急关头竟然答道:"说他是君子却要射他,非礼啊。"于是只向韩厥的车左和车右射箭,将其中一人射落车下,将另一人射毙车中。

齐顷公为自己的守礼行为付出了惨痛的代价——韩厥终于追上了他，而韩厥也表现出落落大方的君子之风，他握住马缰，向齐顷公行再拜稽首的大礼，奉上酒觞和玉璧说："寡君派臣子们为鲁、卫请命，说：'不要让军队久留在贵国的土地。'下臣不幸，在军旅中任职，无法逃避责任，又恐怕逃避使命会使您与寡君共同蒙羞。下臣本不够资格充任武士，谨向寡君禀告自己的无能，但无奈国中人手匮乏，下臣才不得不暂摄军职。"

这一套外交辞令虽然漂亮，但言下之意无非是说："请您做我的俘虏吧！"使齐顷公幸免被俘的是，逢丑父事先与他交换了位置，成功地迷惑了韩厥。直到韩厥带着冒牌的齐顷公返回本阵之后，才发现自己中了敌人的偷梁换柱之计。晋军主帅郤克在愤怒中要杀掉逢丑父，后者却高呼道："至今还没有能代替国君承担祸患之人。现在就有这样一个人在此，难道还要杀死他吗？！"

这是一番完全可以打动贵族阶层的言辞，于是郤克说道："一个人不怕牺牲来使自己的国君免于祸患，杀之不吉，还是赦免他来勉励侍奉国君的人吧。"

齐顷公在侥幸脱难之后，执意要救出逢丑父，为此在敌军中三进三出。得益于天下共通的礼制精神，当齐顷公杀入狄人阵营时，狄人拿起武器护持着他；杀入卫军阵营时，卫人也同样保护他免于伤害。虽然说"春秋无义战"，虽然说这已经是个礼崩乐坏的时代，但毕竟礼制精神尚在，战争常常打得这样过于"有分寸"了。

总结这一战中的各方表现：齐顷公在败亡之际，危难关头，仍然秉持着非礼勿动的原则；韩厥明明已经追上齐顷公，却偏偏将擒获敌酋的行为表现得如同在外交场合上参拜对等国家的君主一般；卫国在鞌之战前刚刚大败于齐军，这一次挟愤出征，却只肯求胜而不肯加害对方君主；狄人本不在华夏文明体系之内，理应"素夷狄行乎夷狄"（《中庸》），却偏偏也在与中原国家的交往之中变得"文明化"了，很晓得即便在开兵见仗的时刻也不可做出以臣犯君这样的非礼之举；郤克对齐顷公积怨极深，早有伐齐之想，这一战实在是志在必得，即便如此，竟然也会被逢丑父的言辞打动，不肯违反当时世界的普世价值。

  这样一种普世价值的意义在于不分敌我，不论阵营，不玩名词游戏，所以也难怪后人往往以迂腐视之。注释《左传》的大家如杜预、孔颖达皆从《左传》文本之中寻求内证，极力想要说明齐顷公的做法非但并不高尚，简直就是非礼，但他们有意无意地忽视了鞌之战中各个角色的精彩表现在整部《左传》所记述的战争中是何等的典型与普遍。1

---

1 杜预与孔颖达的举证在《左传》中并不具备典型意义。钱锺书支持杜预、孔颖达的意见，认为周代戎礼就是以杀敌至上。以下引述《管锥编》（三联书店，2001年出版），第337页："'邴夏曰："射其御者，君子也。"公曰："谓之君子而射之，非礼也"'；《注》：'齐侯不知戎礼'；《正义》：'僖二十二年《传》曰："虽及胡耇，获则取之，明耻教战，求杀敌也"；宣二年《传》曰："戎，昭果毅以听之谓礼，杀敌为果，致果为毅。"是戎事以杀敌为礼。'按昭公二十一年，'华豹曰："不狎鄾"，抽矢'；《正义》：'此豹亦不达军之战礼也.'郑玄《箴膏肓》论宣公二年狂狡事亦讥其'临敌拘于小仁，忘在军之礼'。足见'礼'者非揖让之节文（code of courtesy），乃因事制宜（decorum）之谓；故射仪则君子必争，戎礼则君子亦杀。"

13

当然,利益永远是上述普世价值的最大敌人,时时诱人堕落,幸而也时常出现一些深明大义的臣子为了坚守这样的价值原则甚至不惜冒犯君王。

《国语·鲁语上》中,莒国国君立仆为太子,后来因为偏爱仆的弟弟季佗而废长立幼。莒君惯行非礼,不得人心,仆便联合国人杀死莒君,带着莒国的宝物投奔了鲁国。那是鲁宣公即位的第一年,宣公对这样的"远者来之"非常欣慰,派人带着自己的亲笔信向执政大臣季文子下令:"莒太子仆为了我的缘故而杀掉君父,还带着君父的宝物来投奔我,他的确很爱我啊。替我赏赐给他城邑,今日之内务必执行,不可违令。"

意外的是,太史里革从仆人手里截下了书信,擅自更改了内容:"莒国太子杀害君父,还盗窃君父的宝物来到我国,他不但认识不到自己的罪恶,还妄图来亲近我。替我将他流放到东夷,今日之内务必执行,不可违令。"

翌日,司寇来向宣公复命,说已经将莒太子仆驱逐出境。宣公大为惊诧,随即调查出是里革做了手脚。宣公派人逮捕里革,质问道:"违反国君命令的人该判什么罪,你是听说过的吧?"里革答道:

"我拼着一死改写了君命,何止听说过该当何罪?但我还听说过,破坏法度的人是盗贼,掩护盗贼的人是窝主,偷窃宝物的人是内贼,接收内贼所窃之物的人是外贼。对于那种使您成为窝主和外贼的人,我不能不将他驱逐。我的确违反了君令,也应当接受死刑。"

宣公显然认同了里革的道理,当下便释放了他,还坦率地承认是自己动了不应有的贪念。[1]

宣公和里革都不曾想到的是,里革擅自更改君命,与莒太子仆的弑君窃宝之举其实只有程度上的不同而已,性质上一般无二,同属悖逆君父。所以柳宗元有过评述,认为里革正确的做法是劝谏宣公;而如果擅改君命的行为可以得到宽免,那么今后政令还怎能施行呢?(《非国语·莒仆》)

我们不妨暂时忽略宣公与里革在逻辑一致性上的疏忽,而将更多的关注给予里革的那番道理。里革所阐述的原则性,实为周礼的重要精神之一,而随着礼崩乐坏,坚守贵族原则并执着于长远利益的人终于敌不过急功近利的人,于是当时间进入战国时代,周礼精神便终于沦为空谷足音,进而六国一统为秦,高尚真的成为高尚者的墓志铭了。

---

[1]《左传·文公十八年》也记有此事,只是以季文子承担里革的角色。季文子有一篇激动人心的长篇大论,其思想纲要与里革之言并无二致。只是在《左传》的上下文里,季文子之言很有几分指桑骂槐、借题发挥的意思,因为鲁宣公即位并非名正言顺,而是权臣襄仲杀嫡立庶的结果。鲁宣公的情况比之莒太子仆,只是五十步笑百步罢了。

14

奉行功利主义的政客会面临这样的两难局面：对邾庶其、莒太子仆这样的人物欣然接纳并加以赏赐和表彰，确实可以最快地使自身利益最大化，有利于自己在弱肉强食的世界里迅速占据上风，但同时必须避免这样的接纳、赏赐与表彰在自己阵营里所必然产生的消极影响。

这简直是一项不可能完成的任务，而为了政权的巩固，又必须想方设法达到这样的目的，所以才有了所谓"逆取顺守"的政治理论，而这一理论所隐含的意义在于：无论以怎样悖逆人伦的手段，只要成为最终的胜利者，并且采取顺应人伦、符合仁义的原则来治理天下，那么也就因此获得了统治合法性。

对于醇儒而言，这样的理论实在是基于对既成事实的不情愿却不得已的承认。毕竟认知失谐是一种很难被常人接受的心理状态，而为了消除失谐带来的痛感，对原有的道德原则做出妥协永远是一项最佳的心理策略。

另一方面，既然"天下之恶一也"，对于外国的坏人坏事，我们自然也有积极干涉的义务。在道德一元化的思想背景里，国境线与主权从来不是正义的边界。

唐太宗贞观十六年，高丽权臣盖苏文弑君篡权，然后积极与唐朝通好，以珍贵的白金为贡。于是，要不要接受这份贡物便成为一个相当棘手的外交问题。原则主义者处理问题的方式永远比功利主义者简单许多：无论事情如何纷纭复杂，无论利害关系如何微妙，只要坚守原则，不计较利害得失，以不变应万变就好。名臣褚遂良正是以原则主义的精神劝谏太宗不可接受盖苏文的贡品："盖苏文弑君，陛下应当兴兵讨伐，为高丽百姓洗刷国君被杀的耻辱。从前臧哀伯劝谏鲁桓公不可接受宋督的郜鼎，此事记于《春秋》，垂法百世。如果接受了乱臣贼子的贡物，这给后人做了怎样的榜样呢？"（《大唐新语·识量第十四》）

在儒者看来，以唐朝的国力，有义务承担国际警察的职责，这正是文明先进的大国所应有的使命感。现代历史著作往往以现代的价值观解读古代的国际关系，从主权的角度判断侵略与反侵略战争，并以此来辨别战争的正义与非正义，这在价值一元化的古人看来是不可理解的。被孟子理想化的圣君商汤之所以能够"东面而征，西夷怨；南面而征，北狄怨"，之所以各国百姓都盼望着商汤赶紧率领正义之师侵略并吞并自己的祖国，价值一元化是一个不可或缺的思想基础。而在价值一元化的基础上，叛变、背信之类的行为，无论发生于哪个阵营，无论对己方究竟有多大的益处，都是应当受到谴责的。只不过当利益足够大的时候，原则性究竟该不该"合情合理"地松动一些呢？

15

唐文宗太和五年，吐蕃维州副使悉怛谋向唐朝请求归降，率领全部人马赶赴唐西川首府成都。于是，西川节度使李德裕派虞藏俭率兵接管维州，并且上奏朝廷，建议趁此良机直捣吐蕃心腹重地，一雪安史之乱以来吐蕃侵占唐疆之耻。

唐文宗将李德裕的奏折交付尚书省，召集百官详议。

宰相牛僧孺不以李德裕之计为然："吐蕃疆域广阔，失去一个维州完全无损其国力。近来唐与吐蕃修好，双方约定共同削减边防兵力。我朝对夷狄的政策素来以信义为原则，如果批准李德裕的建议，那么当吐蕃派人谴责我们失信时，我们该如何应对呢？何况吐蕃在原州蔚茹川蓄养战马，一旦挟怒出兵，不到三天就会直逼咸阳桥头。那时候长安危急，纵使在西川收复一百个维州又有何用？若依从李德裕之见，徒然使我国丢弃诚信，有百害而无一利。即便普通百姓也不会如此做事，何况陛下贵为天子呢？"（《通鉴》卷二百四十四）

唐代著名的牛李党争，不仅是派系之争，也是政策之争。李德裕时任西川节度使，西川在当时号称"宰相回翔之地"，从西川节度使到宰相只有一步之遥。牛僧孺否定李德裕的意见，也许或多或少带着几分党派成见。但是在我们的论题上，完全可以把问题简化，将牛僧孺与李德裕的政见分歧简化为利益与信义的矛盾。

当然，牛僧孺的意见兼顾了利益与信义二者。从利益上讲，唐朝接收维州势必引起吐蕃的不满，而以唐朝当时的国力，完全不足以应付吐蕃的大举进攻，所以维持与吐蕃的合约局面对唐朝来说是利大于弊的选择；从信义上讲，接收维州会使吐蕃师出有名，也会使唐朝的军事行动失去道义上的立足点，更加违反了以信义为上的基本外交政策。李德裕似乎完全没有考虑到信义问题，而对利益的判断与牛僧孺截然相反。

这里有必要做出说明的是，古人对土地的认识与今人差异很大。他们并不认为土地问题是主权问题，因而属于不容有任何妥协的原则性问题；唐人也并不会追溯维州在历史上的归属权，并以维州曾经归属于汉人政权为据，宣称无论如何维州都是唐朝领土不可分割的一部分。土地问题仅仅是利益问题，如果控制一片土地弊大于利，得不偿失，那么正确的做法就是果断放弃，甚至拱手送人。所以，今人对土地问题的执着精神在李德裕、牛僧孺关于维州事件的争议中并不存在。

从功利主义的角度来看，牛僧孺、李德裕孰是孰非仅仅取决于谁对形势的判断正确。后人对这个问题的确很难辨认清楚。史学家中既有认为牛僧孺对吐蕃军事力量夸大其词的，也有认为唐朝在当时确实不堪吐蕃全力一击的。但就我们的主题而言，对历史局势的辨清与否倒不是那么重要的事情。换言之，无论唐朝与吐蕃所可能发生的军事对抗究竟会以怎样的结局收场，仅仅借此来辨析信义与利益孰先孰后才是我们最为关注的问题。

维州事件的结局是，唐文宗支持牛僧孺的意见，下诏令李德裕将维州归还吐蕃，同时逮捕悉怛谋以及随他一起降唐的全部人员，将他们送还吐蕃，任其处置。吐蕃对待叛徒毫不手软，将悉怛谋等人在边境上以极其残忍的手段悉数处决。（《通鉴》卷二百四十四）

此事的后话是，唐文宗担心李德裕轻启边衅，便于翌年将其调离西川，改任兵部尚书。但文宗随后又认为放弃维州并不妥当，这使得牛僧孺在惴惴不安中请求外调，于太和六年末调任淮南节度使。

及至文宗驾崩，武宗继位，毕竟时过境迁。唐武宗会昌三年，已经入朝为相的李德裕上表追溯太和五年的维州旧事，言辞不胜痛切之至："维州城地势险要，三面临江，是吐蕃与西川平原之间的交通要道，也是我们出兵攻打吐蕃的重要门户。当初河西、陇右之地被吐蕃攻占，只有维州还在大唐治下。吐蕃鉴于维州的重要，秘密地将一名女子嫁给维州的守门人。二十年后，守门人的两个儿子长大成人，在一天夜里偷偷打开城门，将吐蕃军队引入城内。吐蕃因此占据维州，称其为无忧城。[1]从此以后，吐蕃于南路再无后顾之忧，得以全力进犯我国的西部边境，连年骚扰京畿，以至于几朝天子都为此寝食难安。贞元年间，西川节度使韦皋决意收复河湟，而这一战略必须从攻占维州开始。韦皋因此调集一万精兵，几年间昼夜不停地攻打维州，虽然最终擒获了吐蕃大将论莽热而班师告捷，但维州仍在吐蕃之手。待我担任西川节度使的时候，对外宣扬国威，对内加强守备。吐蕃维州守将悉怛谋在熟知我的政令和信誉之后，举

---

[1] 此事颇奇。另据《唐国史补》卷下："吐蕃自贞元末失维州，常借其险，百计复之。乃选妇人有心者，约曰：去为维州守卒之妻，十年兵至，汝为内应。及元和中，妇人已育数子，蕃寇大至，发火应之，维州复陷。"

城归降。而就在我刚刚接受悉怛谋的归降时，南诏便因此震慑，邛崃山以西的八国皆愿归附，吐蕃的合水、栖鸡等城因为骤失维州屏障也自然会迅速退兵。如此一来，不仅我国可以减少八个地方的镇守兵力，而且不必用兵便可坐收千里失地。何况吐蕃就在维州归降的前一年里仍在围攻我国的鲁州，这难道表明他们真有诚意遵守两国签订的长庆盟约吗？！我在接受悉怛谋归降时，曾经指天发誓，当面保证会向朝廷上奏请赏，不承想朝中执意和我作对的牛僧孺等人对我百般攻讦，以至于文宗皇帝命令将悉怛谋等人全部逮捕，交还吐蕃，听任吐蕃诛杀。我怎能背信弃义，不顾这三百人的性命而苟且偷安呢？因此我多次上表朝廷，请求宽赦，但朝廷诏书严厉，不给丝毫的转圜。无奈之下，我只好将悉怛谋等人捆缚上路，甚至用竹筐抬着押送吐蕃。悉怛谋等人齐声喊冤，西川的将士与官吏也无不流泪哭泣，而负责押送的西川将士甚至遭到吐蕃人的嘲笑。随即，吐蕃就在我国境内将悉怛谋等人全部杀害，手段空前残忍，就连婴儿也不放过——他们将婴儿抛向空中，然后用枪尖在下面接住。吐蕃这样做，就是要震慑那些已经与吐蕃离心离德的各族部落。朝廷这种做法，只会使吐蕃人心大快而断绝了以后再有人效忠归降的门路。自古以来，再没有比这件事更愚蠢的了。如今事情已经过去了十二年，恰逢陛下即位，请追念悉怛谋等人的忠魂，对他们加以褒奖并追赠官爵。"于是唐武宗下诏，追赠悉怛谋为右卫将军。（《通鉴》卷二百四十七）

李德裕的这份奏章通过对细节的精心渲染而大大加强了感官刺激，很容易使人在诉诸理性之前率先在情感上同情悉怛谋等人，又借吐蕃之口点出唐政府决策之荒唐，这实在足以打动任何一个情感丰沛的人。唐武宗站在了李德裕的一边，虽然死者已矣，覆水难收，但这个决定为新时代的政治风向（无论朝廷大计还是派系倾轧）树立了一个新的标杆。

但是，当人们以旁观者的姿态，就事论事地重新审视这段历史的时候，竟然也很难判断正确的做法究竟是怎样的。维州事件于是成为中国历史上一个相当经典的两难问题，使得那些相信以史为鉴的士大夫聚讼纷纭。

司马光在编纂《资治通鉴》时留下的"臣光曰"无疑是历史评论中最有分量的声音之一。在维州事件上，他以醇儒姿态评点牛、李是非，以荀吴围鼓事件作为参照，做出了一番堪称经典的史论：

>臣光曰："论者多疑维州之取舍，不能决牛、李之是非。臣以为昔荀吴围鼓，鼓人或请以城叛，吴弗许，曰：'或以吾城叛，吾所甚恶也，人以城来，吾独何好焉！吾不可以欲城而迩奸。'使鼓人杀叛者而缮守备。是时唐新与吐蕃修好而纳其维州，以利言之，则维州小而信大；以害言之，则维州缓而关中急。然则为唐计者，宜何先乎？悉怛谋在唐则为向化，在吐蕃不免为叛臣，其受诛也又何矜焉！且德裕所言者利也，僧孺所言者义也，匹夫徇利而亡义犹耻之，况天子乎！譬如邻人有牛，逸而入于家，或劝其兄归之，或劝其弟攘之。劝归者曰：'攘之不义也，且致讼。'劝攘者曰：'彼尝攘吾羊矣，何义之拘！牛大畜也，鬻之可以富家。'以是观之，牛、李之是非，端可

见矣。"(《通鉴》卷二百四十七)

司马光先是从利害关系上做出分析：唐朝与吐蕃刚刚修好订盟，接收维州而失去国家信誉，这是因小失大；从吐蕃对唐朝的威胁来看，关中显然比维州要紧；所以无论如何维州都是要不得的。悉怛谋的遭际虽惨，却并不值得同情，因为他的所作所为恰如荀吴伐鼓事件中叛降晋国的鼓人一般。最重要的是，李德裕所谈的是利，牛僧孺所谈的是义，匹夫尚且以见利忘义为耻，何况天子？

在司马光的议论中，那则"邻人有牛"的比喻是非常耐人寻味的：邻人有牛跑进了自家，是应该把它送还失主，还是据为己有呢？前者的理据是，据失物为己有是不义之举，还会招来官司。后者的理据是，这户邻居曾经偷过我家的羊，我何必对他讲道义呢？何况牛是很重要的牲畜，得到这头牛就可以彻底改善家里的经济状况。

司马光的评述到此戛然而止，显然在他看来，对"邻人有牛"的比喻不必再做任何更深一层的分析便已经足以说明孰是孰非。想来在司马光的原则里，即便接收维州的利益大到这样的程度，即唐朝可以永久摆脱吐蕃的边境威胁，并且唐朝内部也不至于有人因此效仿悉怛谋的叛乱，但义所不当为者无论如何也不当为。

16

  司马光的论调很容易得到今天一些契约主义者的支持。既然订立盟约，就应当谨守约定，如果一方违约在先，另一方也应当依照盟约进行索赔之类的事情。然而在古代最纯粹意义上的君子观念里，盟约本身就不具备多少道德权重。公羊学有所谓"《春秋》重胥命"的说法，所谓"胥命"，依公羊家的解释，是会盟之一种，它与一般会盟的区别是，一般会盟要搞歃血仪式，胥命却没有这种仪式，即所谓"古者不盟，结言而退"，这就是说，古人社会风气好，如果要有什么约定，口头一说就够了，不搞发誓、赌咒、立盟约那套。(《公羊传·桓公三年》)

  荀子很赞赏过这种君子协定的精神，有议论说，做事不踏实的人总是夸夸其谈，不守信用的人总是言之凿凿，所以《春秋》赞美胥命，《诗经》反对那些一而再、再而三的会盟。(《荀子·大略》)总之，做人纵然不能"先行其言"(《论语·为政》)，至少也要言而有信。

  中国人之所以缺乏契约精神的传统，很大程度上正是因为契约并不具备多少道德权重，只是小人世界里的一种行为模式罢了，君子既不订盟，也不立誓，一切协定都应该是"君子协定"。契约是君子精神沦丧之后不得已而为之的一种权宜之计。

执行契约需要守信，而一个人应该在多大程度上守信，孔子有名言说："言必信，行必果，硁硁然小人哉。"（《论语·子路》）至于君子，自然不必对守信太过执着和拘泥。这并不意味着君子不该守信，而仅仅意味着君子不必将守信视为不可动摇的原则。毕竟人事变幻万千，盟约既不可能预见未来，也不可能将一切的可能因素尽数考虑周详。君子只要本乎仁义而行，当守信与仁义发生冲突的时候，应当牺牲掉的当然是前者而非后者。

严格意义上说，盟誓是一种不足称道的小人行为。盟誓总要约定好违约之后的罚则，例如《左传·桓公元年》中，鲁桓公与郑庄公结盟，盟誓约定"渝盟无享国"，即违约背誓的人将会失去国家。《左传·僖公二十四年》中，晋公子重耳向舅父狐偃立誓，将玉璧投入黄河，请河神为证。这一举动的含义是，一旦自己违约背誓，必将受到河神的惩罚。但人情如此，就连孔子也难免赌咒发誓——孔子见南子，子路很不高兴，孔子指天发誓："如果我做了非礼之事，就让上天厌弃我吧！"（《论语·雍也》）

《左传·昭公三年》中，齐国宰相晏子出使晋国，齐景公趁此机会为晏子扩建住宅，因此拆迁了晏子的一些邻居。晏子回国之后，先是拜谢了齐景公的好意，继而拆毁新居，将邻居们的旧宅恢复原貌，将被拆迁走的邻居请回来说："谚语有说'修建住宅时的占卜不是为了确定住宅本身，而是为了确定能有好的邻居'，各位原先都为此占过卜，违反占卜结果是不祥的。君子不触犯非礼的事情，小人不触犯不祥的事情，这是自古以来的传统，我又怎敢违反呢？"

这里所谓君子与小人是就身份意义而言的。晏子虽然是君子身份，但在这里自谦为小人。就晏子所述的这一古代传统的本身来看，君子所关注的是礼，只介意礼的原则而不介意事情的结果；小人更关注利害得失，事情若有不祥便不应去做。赌咒发誓时所许诺的违约罚则，其实正是晏子所谓之"不祥"，只能对小人形成约束，君子并不该在意这些。

《诗经·小雅·巧言》有所谓"君子屡盟，乱是用长"，盟誓越多，只说明信誉越差，国政越乱。[1]同样的道理，越是喜欢赌咒发誓的人，越是让人怀疑他的信誉。隋唐之际，秦叔宝、程咬金一度投靠王世充。相处一段之后，程咬金对秦叔宝说："王世充喜欢赌咒发誓，这分明是老太婆的做派，哪里像一位拨乱反正的君主？"后来王世充与李世民对战，秦叔宝、程咬金就在阵上揖别王世充，从容投靠了李世民。《大唐新语》将这件事载入《知微》一章，称道程咬金见微知著的眼光。

假令王世充并不喜欢赌咒发誓，而是一个真正讲求信用的人，那么秦叔宝、程咬金还会不会弃之而投唐呢？如果以信誉为指标在当时的各大军事集团里寻找投靠对象的话，窦建德的大夏政权显然要排名在李唐政权之前。据《旧唐书》本传，窦建德虽然只是普通农民出身，但年轻时就很重视然诺，颇有侠义风骨。后来窦建德势力渐大，渐渐生出经略天下之志，就更加重视信誉与仁义。后来窦建德坚持错误的战略来救援王世充，理由之一就是："既然已经答应了

---

[1]《郑笺》的意见可参考："盟之所以数者，由世衰乱多相违背。时见曰会，殷见曰同，非此时而盟谓之数。"

第三章 叛徒·正义的边界 · 323

王世充，怎能因难而退，向天下人展示我的失信呢？"而窦建德守信的结果就是一战而溃败，沦为唐军俘虏，被押至长安闹市处斩。

英雄豪杰知微察人，审慎地选择出处，最要紧的莫过于看清谁才是获胜概率最大的一方，至于信用、仁义之类的事情，终归是排在功利之后的次要之务。君主若意在进取，用人当不拘一格，做事当不拘小节，信用、仁义等无疑都在"一格"与"小节"之列。如果只能在败亡的君子与成功的小人之间二选一的话，即便是君子也难免会有一些踌躇。当然，道义的选择终归属于前者，然而对于君主而言，如果只能在做君子而亡国灭种与做小人而富国强民之间二选一的话，道义的选择又该属于哪边呢？

17

战国时代才是真正礼崩乐坏的时代，原因无他：生存竞争已经残酷到了无以复加的程度，守礼君子只能落到被时代淘汰的可悲下场。如果说"识时务者为俊杰"这句话可以作为一条道德箴言的话，那么在这样的时代最符合道德的生存准则无疑是赤裸裸的丛林法则，而任何以往的君子操守都会被贴上滑稽可笑的标签。

这种情形对于社群主义者而言显然有些棘手，因为它意味着当"笑贫不笑娼"，当"卑鄙是卑鄙者的通行证，高尚是高尚者的墓志铭"成为全社会的伦理共识的时候，是否真的应该承认这样的伦理共识是一种正义标准呢？

《战国策·燕策一》中，苏秦为燕王出使齐国，燕国有人借机向燕王诋毁苏秦："武安君（苏秦）是全天下最不讲信义的人，而您以万乘之尊礼敬于他，这岂不是向天下人昭示自己与小人为伍吗？"于是当苏秦归来时，燕王连住处都没有给他预备。

苏秦知道情形有变，便对燕王进言："臣下本是东周鄙人，刚来见您的时候对您也没有半分功劳，而您却亲自到郊外迎候臣下，使臣下在朝廷上迅速扬名。如今臣下为您出使，取回十座城邑，对处于危急存亡之际的燕国有保全之功，而您却忽然不再信任臣下，这一定是因为有人在您面前中伤臣下，说臣下是无信之人。其实臣下的无信正是您的福分。您不妨想想，假如臣下守信如尾生，廉洁如伯夷，孝顺如曾参，以这三种最高尚的品行来侍奉您，您觉得可以吗？"

燕王不觉得这样有何不可，于是苏秦继续陈述道："如果臣下真有这样的品行，也就不可能侍奉您了。试想一下，曾参不肯远离双亲在外住宿一晚，您又怎么派他出使齐国？伯夷认为武王伐纣是不义之举，因此不肯吃周朝的饭食，宁愿饿死在首阳山上，您又怎么期待他不远千里地来侍奉弱国之危君呢？尾生守信，和女子约定在桥下相会，久等不至，竟然抱着桥下的柱子被水淹死。这样的人，难道愿意远赴齐国宣扬燕、秦两国的声威并获取大功吗？况且臣下远离老母前来侍奉君王，抛弃自我完善的处世之术而追寻进取之道，看来臣下的志趣与您并不相同。您是仅仅满足于自我完善的君主，而我是富于进取心的臣子，臣下之获罪正是所谓的因忠诚守信而得罪君王啊。"

苏秦在这里提出了一个简直令人有些振聋发聩的命题：所谓信行，只是自我完善之道，不是为人效力之道，更不是进取之道。如果世代国君坚守信行，那么疆域永远也不会得到拓展。

继而最具诡辩色彩的是，苏秦将自己描述成一个因为忠诚守信而得罪了国君的人："臣下有个邻居在远方做官，他的妻子因为与人私通而计划着谋杀亲夫。丈夫从远方归家之后，妻子让小妾捧着一杯毒酒送去。小妾这时候面临两难的困境：她明知那是毒酒，若送上去就会毒杀男主人，若说出来就会使女主人被逐。无奈之下，她假装跌倒而扔掉了酒杯。男主人大怒，将她鞭打了一顿。其实小妾这一跌，上救了男主人的性命，下使女主人免受驱逐，而如此的忠心却换来一顿鞭打，这就是因为忠诚守信而获罪啊。臣下的情形，难道不是与这名小妾十分相似吗？臣下侍奉您，努力推行信义而有利于国家，现在竟然获罪，臣下担心继臣而侍奉您的人做事都要畏首畏尾了。"

苏秦这番道理虽然欠缺逻辑，但基本理路大略可以归纳如下：

（1）承认信行的价值，但将其价值仅仅局限于自我完善这一途。

（2）认为信行只可守成，不利进取。

（3）自己的无信其实是一种更大的信行，虽然不利于自己，无法达至自我完善的高深修养，却大大有利于国家和君主。

儒家一向对这种作风嗤之以鼻：一个人若连基本孝道都罔顾，却千里迢迢帮助外国和外国的君主富国强兵，这与竖刁、易牙之辈有何区别？至于所谓进取之道，自然以修身为首务，修身、齐家、治国而平天下，这才是进取的正确次序。

这样的高尚政治风范在历史上确实也可以举得出一些佳例,譬如汉代万石君石奋一家以家风恭谨著称,即便是公认为石氏兄弟中最为简易的石庆,在出任齐国丞相时也能因为齐国人慕其家行的缘故,"不治而齐国大治"。(《汉书·石奋传》)

　　在这样的政治风范里,开疆拓土并非不可,但要么是吊民伐罪,要么是近者悦之,远者来之,只要内政修明,就可以使外国百姓自动自发地归附。但这毕竟是王道,王道的特点是日积月累,润物无声,不可以求朝夕之功。所以,在竞争惨烈的战国时代,王道是注定行不通的,环伺的强邻们不会给你这么多的时间。

　　所以,在这样的背景下,苏秦的说辞似乎还算有几分道理,并且具备了相当程度的现代性:信行分为大信与小信,儒家所推崇的那套东西只是小信而已,不惜违背小信以救亡图存,这才是大信。至此我们很容易联想起儒家对管仲的矛盾态度,而如果请苏秦来解释管仲的一生,恐怕也会称道他是一位舍小信、取大信的圣哲吧?而如果仅仅因为运气的缘故,管仲的政治抱负终究未能实现,儒家与苏秦者流又会做出怎样的评价呢?难道真的只能以成败论英雄不成?

18

　　《史记·龟策列传》载有一则很有寓言意义的故事:宋元王二年,长江之神派神龟出使黄河,神龟行至泉阳,不幸被渔夫捕到。夜半时分,神龟托梦给宋元王,希望有德有义的宋元王能够解救自己。

宋元王惊醒之后,召来博士卫平商议,终于在卫平的帮助下成功救出了神龟。

当神龟被带进王宫之后,先是伸长脖子向着宋元王爬行三步,然后又缩回脖子,倒退回原先的位置。宋元王大惑不解,卫平解释说:"君王大有德义,救神龟于危难之中,而今神龟伸长脖子向前,是表示感谢,缩回脖子后退,是希望能尽快回去。"宋元王惊叹道:"龟竟然能神灵到这般地步啊!赶快派车送它,不要耽搁了它的行程。"

故事进行到这里,似乎要进入善有善报的模式——神龟知恩图报,在宋元王将来陷入危难的时候以神力解救他。然而故事走到了另外的方向,卫平突然拦住了宋元王!

卫平说道:"龟是天下至宝,谁先得到这只神龟就可以成为天子,以之占卜会十言十中,十战十胜。龟生于深渊,长于黄土,知晓上天的大道与上古的事迹。龟漫游三千年而不出自己的疆域,安静平和,行动不用气力,寿命与天地齐同,没人知道它的极限。它随顺万物而变化,随着四季的流转而改变颜色,居止时善于藏匿自己,可以长久地隐伏而不必进食。它在春天变成青色,夏天变成黄色,秋天变成白色而冬天变成黑色,明辨阴阳,通晓刑与德的至理。它可以预知利害,洞见吉凶祸福。用它来卜事则每事必中,用它来卜战则每战必胜。君王若能珍重用之,诸侯皆会臣服。希望大王不要送它回去,还是留下它来安定社稷为上。"

对于这番完全不顾道义的说辞,宋元王颇不以为然:"这只龟神灵异常,自天而降,陷于深渊,处在危难之中。它认为我是个贤德、敦厚而忠信的人，所以才来向我求告。我如果不送它安全回去，和渔夫又有什么区别呢？渔夫贪它的肉，是为不仁；寡人贪它的灵力，是为无德。如果君臣都这样违礼，哪里会有什么福分呢？寡人不忍心这样做，怎能不送它回去呢？"

卫平提出反驳，讲出了一条足以令任何有基本道德操守的人为之恼火的道德原则："我听说大德不必回报，贵重的寄存物不必归还原主；上天赐予的宝物若不接受，上天还会把它夺将回去。如今这只神龟在周游天下，处处通行无碍，唯独在泉阳受到困辱，其间是显有天意的。您若是送走了它，长江之神与黄河之神必定发怒，一定会向您报复。那时候神龟为求自保，一定会与神祇共谋来对付您的。要么会有水灾，要么会有旱灾，您施行仁义反而招灾惹祸。您还是不要送走神龟，免得将来追悔莫及。"

宋元王慨然而叹，反驳道："我听说暴得的东西必定会失去，强取来的东西必定没有功效。桀、纣都是暴强之君，结果身死国亡。如果我听从了你的意见，这就是无仁义之名而有暴强之道。长江与黄河之神会成为汤、武，而我自己成为桀、纣，这怎么可以呢？"

卫平反驳道："不是这样的，您不必有这样的担忧。看那天地之间，石头堆积成山，虽然高耸却并不倒塌，大地因此安然无恙。所以说，事物有的看似危险而实则安全，有的看似轻微却不可移动；人有时忠信却不如诈伪，也有人虽然丑恶却适宜担任高官，而有些美好佳丽的人反而成为旁人的祸患。其间的玄妙道理，若非神圣之人是无法说清的。春、夏、秋、冬各有各的特点，所以春生夏长，秋收冬藏，或为仁义，或为暴强，暴强和仁义都是不可或缺的。……

农夫不强则谷仓不满，商贾不强则不能盈利，妇女不强则布帛不精，官吏不强则威势不成，大将不强则士卒不听从命令，侯王不强则终生没有名望。所以说，强是事之始、分之理、物之纪。若诉诸强力，是没有什么得不到的。您没听说过昆山里珍贵的雉鸡和大海深处出产的蚌珠都汇聚在市场上贩卖吗？圣人得到它们，把它们当作珍宝，而大宝在手就成为天子。如今只是让您不要放走这只神龟而已，而您顾虑的所谓暴强，哪里比得上撬取蚌珠与开凿昆山玉石的行为呢？取得宝物的人没有过错，珍藏宝物的人也没有祸患。如今这只神龟正可以作为一国之宝，您又有什么担忧的呢？"

宋元王依旧不以为然，但反驳的说辞已经渐渐乏力了。卫平继续开导他说："人们为了争夺宝物而兴起了战争，于是小国见亡，大国危殆，杀人父兄，掳人妻子，侵占人家的土地，毁坏人家的宗庙，战攻分争，这就是暴强。所以说，取之以暴强，而治之以文明教化。治理之道，重在不违天时，亲近贤士；若随顺阴阳之变，连鬼神都能役使。那时候诸侯宾服，民众殷喜，邦家安宁，社会除旧迎新。商汤王和周武王正是以这样的方法成为天子的，《春秋》记录其事，使之成为后世的法则。桀、纣的暴强与此不同，他们是把暴强当作家常便饭，这才导致了身败名裂、国破家亡。而商汤伐桀、武王伐纣虽然亦属暴强，却只是顺应时势而动罢了，这才成就了他们的帝王事业，不但终身无咎，直到现在他们的事迹依然为人称道。如今这只神龟是极其珍贵的宝物，有德的侯王才有资格受用它。您正是有德之君，却偏偏不敢接受这件宝物。您如果真的送走它，以后就怕追悔莫及了。"

宋元王终于被卫平的道理彻底折服，于是择日斋戒，在祭坛上杀掉了这只神龟，然后烧灼龟甲，使卜官占卜，卜辞无不灵验。从此宋元王扩充军备，战必胜，攻必取，天下无人能敌。

这个故事里最耐人寻味的是，卫平的说辞是作为正理而非歪理邪说或反面教材被表达出来的。与上文中苏秦的道理相似的是，卫平同样将仁义道德分成不同的等级，认为在一般情况下，信守仁义道德是正确的做法，而在利益大到一定程度之后，背信弃义的暴强之道才是对的，因为这只是为了达到正义的目的而不得不采取的不正义的手段而已，目的或结果证明了手段与过程的合理。

从这个角度来看，卫平与宋元王的对话简直就是汉景帝时辕固与黄生那场著名的"马肝争议"的续篇——当时黄生提出商汤伐桀和武王伐纣都是以下犯上的不正义行为，不该以受命于天之类的说辞加以美化，而辕固反击道："人民痛恨桀、纣，拥戴汤、武，这是民心所向，天意所归。"黄生坚守等级秩序：帽子再破也不能穿在脚上，鞋子再新也不能顶在头上。桀、纣虽坏，毕竟是君主，汤、武再好，毕竟是臣下。君主就算有错，臣下也只应该尽劝谏之力而不该造反。辕固联系现实继续反击："难道说本朝灭秦而立也是错的不成？"

一旦联系到敏感的现实问题，纯学术的讨论便无法继续下去。这个话题确实令统治者左右为难：若承认辕固的说法，等于为叛臣开辟了一条捷径，所有叛乱者都可以名正言顺地打着这个旗号来推翻汉朝；若承认黄生的说法，汉朝的立国合法性就会轰然垮塌，叛乱分子同样有名正言顺的理由兴兵造反。所以汉景帝一言划定学术禁区："吃肉不吃马肝，不算不懂吃。做学问的人不谈汤、武受命，不

算傻子。"(《汉书·儒林传》)

显然卫平在一定程度上是辕固的支持者，并且走得比辕固更远一些，想来颇具醇儒风骨的辕固也不会赞同卫平如此见利忘义的理论。依照卫平的说法，假如有朋友在你这里寄存了一些财物，只要财物足够多，并且你确信在你将这些财物据为己有之后不会受到任何制裁，而你也会善用这些财物的话，那么你唯一正确的做法就是真的将这些财物据为己有。这也算是一种天人合一之道，因为天地间的规律就是这样的，而这规律自然包括了"杀人放火金腰带，修桥补路无尸骸"。暴强之道是万物赖以生存的不二法则，在不适宜的时机不宜暴强，而在适宜的时机必须暴强。

《左传·成公十五年》中，楚国大臣酝酿着出兵北上，侵略郑国与卫国，子囊有些顾虑："我们刚刚与晋国结盟，这么快就背弃盟约，恐怕不合适吧？"子反不以为然道："形势于我们有利就该果断出击，管盟约做什么！"[1]

与卫平一样，子反堂而皇之地提出了背信弃义的主张。如果正义的边界就是国家的边界，如果楚国这一次背盟出兵的确有利于国家社稷，那么站在楚国的立场来看，这样的做法是不是合乎正义的呢？若换到近现代的背景下，依据同样的逻辑，希特勒和墨索里尼在德国人与意大利人的眼里是否应该算作失败的英雄呢？以这样的价值标准重新审视维州事件，正义的天平就会自然向李德裕的一方

---

[1] 可资参照的是《左传·成公元年》的一条记载："元年春，晋侯使瑕嘉平戎于王，单襄公如晋拜成。刘康公徼戎，将遂伐之。叔服曰：'背盟而欺大国，此必败。背盟不祥，欺大国不义，神人弗助，将何以胜？'不听，遂伐茅戎。三月癸未，败绩于徐吾氏。"

倾斜——只要接受悉怛谋的投降并接管维州对唐朝有足够大的利益，那么唐朝与吐蕃之前所订立的盟约也就完全不值一提了。

19

大利是否可以掩盖小恶，这是一个见仁见智的问题。

唐太宗贞观十四年，大将侯君集攻破高昌国，回朝献俘。这是一次重大的胜利，全国为此会饮三天。但是，很快便有人弹劾侯君集，说他在攻破高昌时擅自将高昌珍宝据为己有，手下将士知情之后竞相偷盗掠夺，侯君集无力制止。于是太宗下诏，将侯君集等人收押，听候审理。

在权谋的世界里，贪婪而善战的将领比清廉而善战的将领更受君主的喜爱，因为前者对奖惩机制更加敏感，亦即更容易被君主控制。如果将领因贪婪而获罪，这更是君主乐于见到的事情，因为使功不如使过，这样的将领控制起来会尤其得心应手。但是，在朝堂上以冠冕堂皇的理由为贪婪的将领脱罪，似乎不是一件容易的事情。

中书侍郎岑文本就侯君集入狱事件递上奏疏，他在做的正是这样一种非同寻常的努力。岑文本提出："高昌昏聩，陛下命令侯君集等人加以讨伐，而功成之后不逾旬日又将这些人交付司法部门。虽然他们确属行为不检，自投法网，但恐怕天下人会因此疑心陛下只看到他们的过错而忽略了他们的功劳。臣听说，命将出师最重要的目的就是打败敌人,只要打败了敌人,就算将领贪污也应该受到赏赐;若是打了败仗,就算将领再如何廉洁,也应当予以诛杀。所以,汉朝的李广利、陈汤,晋朝的王浚,隋朝的韩擒虎,通通不是清白之人,却一概受到了封赏。由此来看,将帅武臣大多是些贪婪之辈,很少有廉洁检点之人,所以黄石公《军势》才说:'使智,使勇,使贪,使愚,这样的话,有智慧的人乐于建功立业,有勇气的人乐于一逞怀抱,贪婪的人急于逐利,愚蠢的人不害怕死亡。'希望陛下对侯君集等人记其微功,忘其大过,使之重列朝班,再供驱使。您得到的虽然不是清贞之臣,却不失为贪愚之将。这样一来,陛下虽然有亏于法律,却使德行更加彰明,侯君集等人虽然获得宽宥,其过失却因此更加醒目。"

事情的结果是,岑文本的意见被太宗认真采纳,侯君集等人因此获得开释。(《通鉴》卷一百九十五)

无论在今天看来还是在古代的醇儒们看来,岑文本的这番逻辑可以作为一种行之有效的政治潜规则,却绝对不该成为登大雅之堂的公开言论。而它之所以真的成为登大雅之堂的公开言论,一点也没有遮遮掩掩的意思,并且被唐太宗欣然接纳,可见至少在唐太宗和岑文本看来,这真的是一番无愧于世道人心的正经道理。

至于这样的做法是否当真能够彰显君主的德行并加重罪臣的羞愧感,今人一定会满腹狐疑,然而岑文本的这个想法实在是很有历史渊源的:《汉书·文帝纪》称道文帝的德政,事例之一就是大臣张武等人受贿事发,文帝非但不治其罪,反而多加赏赐,为的是"以愧其心"。诚然,在德政的传统里,最忌讳善恶分明、锱铢必较,所以功可以赏，过也一样可以赏，当感化的力量自上而下充盈天下之后，理想的政治也就自然实现了。

只是在岑文本的道理中既无前例可循，亦难自圆其说的是，高昌既然昏庸无道，那么唐朝伐高昌便有了吊民伐罪的色彩，而这支吊民伐罪的军队同样做起了昏庸无道的事情，这分明是以暴易暴，完全失去了正义性的基底。其所引述的黄石公《军势》是关于战争的技术层面的见解，而该见解在技术层面的成立并不意味着在意识形态层面同样成立。对侯君集等人的赦免，等于间接否认了讨伐高昌之战的正义性。这时候如果想要找个自圆其说的办法，也就只有采用卫平的那套逻辑了。

荀吴伐鼓的《淮南子》版本完全可以质疑岑文本的意见：如果使用馈闻伦的计策，可以兵不血刃而拿下鼓国，荀吴却偏偏不想使小人立功，因为顾忌到小人立功受赏会给全社会发出一个激励信号，鼓励人们起而效仿小人之道。

《旧唐书·魏征传》收录了魏征的四封陈述政治得失的奏疏，其中第四封恰恰引述了上述事例，进而劝谏太宗说，为政的一大根本就在于使君子与小人是非不杂，且不给小人上位的机会。倘使魏征当时有机会反驳岑文本的话，不知道会不会应用这份奏疏里的思路。（事实上魏征大力推荐过侯君集，认为他有宰相之才。在魏征死后，侯君集因被牵连进谋反案而获罪被杀。）

但是，即便在这样的争论里，正义问题依然被化约为功利问题，卫平的逻辑再度浮出水面：无论是荀吴伐鼓还是侯君集伐高昌，只要获取的利益足够大，大到在抵消了因小人上位而给世道人心造成的损害之后还绰绰有余的话,那么不拘小节也就是理所当然的选择了。只要道义归根结底是为利益服务的(无论该利益是私利还是公利,是短期利益还是长远利益),正如在上述诸多事例中我们时时看到的那样,那么卫平的逻辑就会永远屹立不倒。